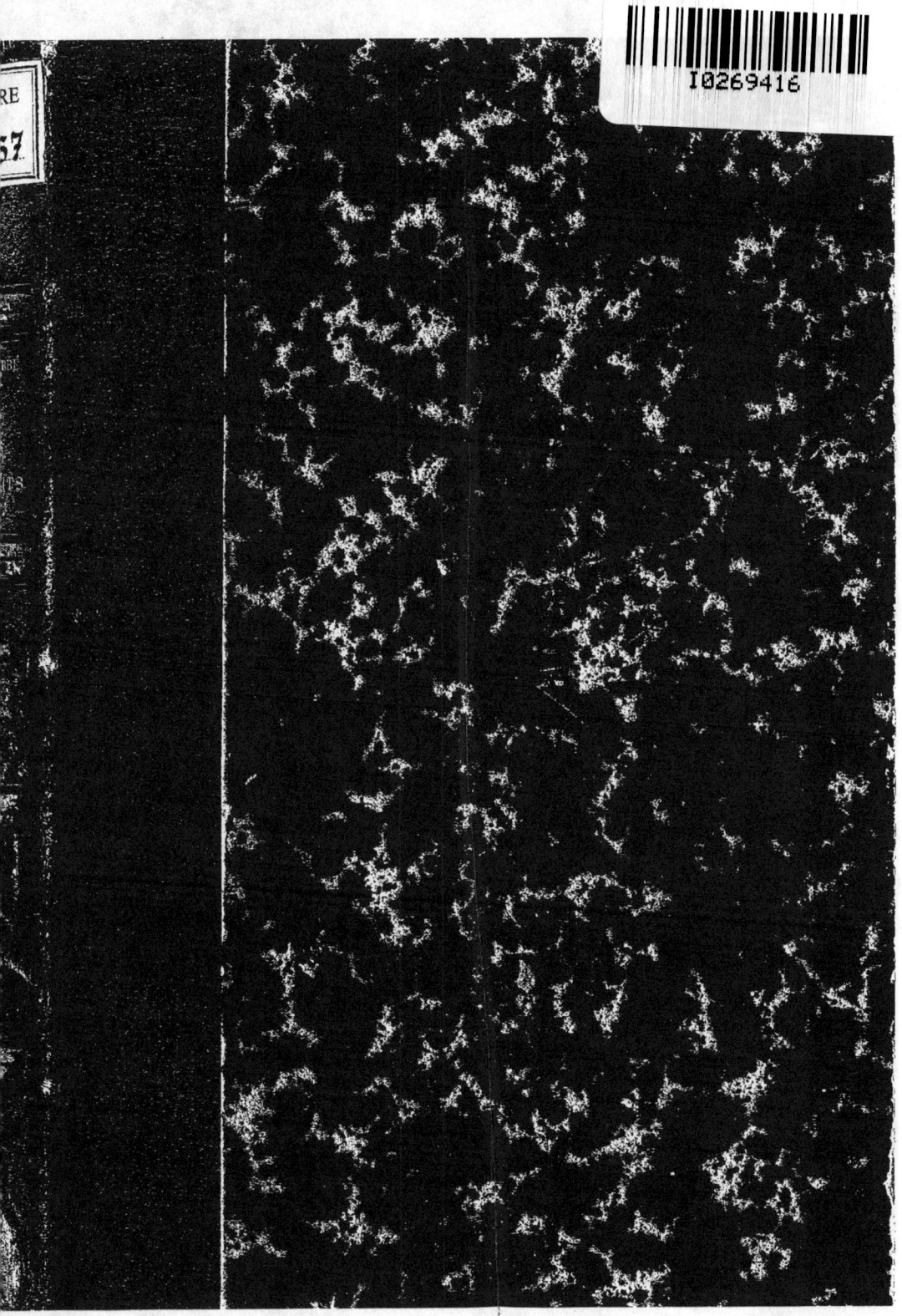

38057

ÉCRITURE DIRECTE

DES ESPRITS.

> A cette même heure sortirent de la muraille des doigts d'une main d'homme, qui écrivaient à l'endroit du chandelier, sur l'enduit de la muraille du palais royal, et le roi voyait cette partie de main qui écrivait. (Daniel, V, 5.)

Strasbourg, imprim. de Vᵉ Berger-Levrault.

PNEUMATOLOGIE POSITIVE ET EXPÉRIMENTALE.

LA RÉALITÉ DES ESPRITS

ET LE

PHÉNOMÈNE MERVEILLEUX

DE LEUR ÉCRITURE DIRECTE

DEMONTRÉES PAR

LE BARON L. DE GULDENSTUBBÉ.

> Alors Moïse se tourna, et descendit de la montagne, ayant en sa main les deux tables du témoignage ; et les tables étaient écrites de leurs deux cotés, écrites deçà et delà. *Et les tables étaient l'ouvrage de Dieu, et l'écriture était l'écriture de Dieu, gravée sur les tables.* (Exode, XXXII, 15 et 16.)

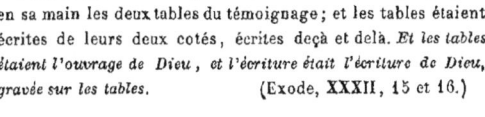

PARIS,
LIBRAIRIE A. FRANCK, RUE RICHELIEU, 67.
1857.

L'auteur se réserve le droit de traduire ce volume dans toutes les langues modernes.

HOMMAGE

à

MONSIEUR LE COMTE DE SZAPARY,

l'Esculape par excellence des temps modernes;

à

MONSIEUR LE COMTE D'OURCHES,

Nécromancien le plus illustre de l'Europe;

ET à

SON EXCELLENCE MONSIEUR LE GÉNÉRAL BARON DE BRÉWERN,

Spiritualiste le plus éminent de notre siècle.

DÉDICACE.

Veuillez agréer, Messieurs, la dédicace d'un livre consacré à la défense de la plus sublime de toutes les vérités que la Miséricorde divine ait daigné révéler à l'humanité de nos jours.

Je compte sur votre indulgence d'autant plus que ledit ouvrage ne contient que les résultats merveilleux de nos recherches et de nos expériences communes; car ce n'est que grâce à votre concours bienveillant et zélé que le beau phénomène de l'écriture directement surnaturelle et d'outre-tombe, constaté pour la première fois le 13 août 1856, a pu être démontré par des expériences répétées et par des faits irréfragables et plus brutalement concluants que tous les raisonnements.

Vous savez, Messieurs, que ma vie tout entière a été vouée à l'étude du monde surnaturel et de ses rapports avec la nature visible et matérielle; j'ai regardé comme le but de ma vie la démonstration irrécusable de l'immortalité de l'âme, de l'intervention directe du monde surnaturel, de la révélation et du miracle par la voie expérimentale.

Les phénomènes de l'inspiration, de l'extase, du médium ou de l'attraction invisible, les coups mystérieux et le mouvement des objets inertes et inanimés sans attouchement ont soutenu mes expériences, en m'encourageant à persévérer dans mes recherches pénibles et arides, mais tous ces faits sont loin d'être concluants; ces phénomènes peuvent tout au plus révéler des forces et des lois inconnues. Il n'y a que l'écriture directe d'outre-tombe et surnaturelle qui nous révèle la réalité d'un monde invisible, d'où émanent les révélations religieuses et les miracles.

Depuis plus de neuf mois nous ne pouvons tarir sur ce sujet, en rendant grâces et louanges à l'Éternel, d'avoir bien voulu terrasser l'hydre du matérialisme, du scepticisme et du rationalisme de la philosophie contemporaine. Désormais le principe de la révélation et des miracles, c'est-à-dire des phénomènes surnaturels, est assis sur la base inébranlable des faits. Désormais l'espérance peut renaître dans l'humanité, ses besoins religieux au sujet de l'immortalité de l'âme, la base de toutes les vérités, étant pleinement satisfaits. Certes, le nombre des spiritualistes n'est pas encore considérable, mais que ce fâcheux contre-temps ne vous décourage pas trop, Messieurs, le Christ, notre divin maître à nous tous, n'a-t-il pas dit ces paroles éternellement consolatrices : « *Si deux ou trois* « *se réunissent en mon nom, je serai au* « *milieu d'eux.* » En effet, ce n'est pas au moyen de la quantité que l'homme parvient à opérer de grandes choses; il n'y a que le dévouement, la patience, la persévérance, l'ardeur et le zèle de la foi et les lumières qui puissent triompher des préjugés du monde. Rappelons-nous que toutes les grandes vérités, plus elles sont sublimes et profondes, plus elles rencontrent une foule d'obstacles, plus elles sont repoussées par le grand nombre. Ce n'est qu'à la suite du choc de la discussion, engagée par des esprits sérieux qui ont pu constater le phénomène merveilleux de la correspondance directe des Esprits, que l'intelligence humaine, étant d'une nature progressive, finit par l'admettre.

Rassurons-nous donc, Messieurs, l'avenir est à nous, obscurs novateurs qui usent leur vie à la lutte; déjà nous apercevons l'aurore d'une nouvelle ère, les signes précurseurs de cette époque bienheureuse que les traditions de tous les peuples ont appelée le retour de l'âge d'or, le Millénium des chrétiens ou le règne de la charité universelle. Oui, Messieurs, continuons à enseigner et à propager les saintes vérités du spiritualisme qui doivent modifier les destinées de l'humanité, en jetant un pont entre notre terre et le monde invisible. Notre petit nombre représente une force réelle, car il n'y a de puissance que dans la vérité et il n'est de plus forte passion que celle qui a la vérité pour auxiliaire. Avançons donc hardiment sur cette route. Sans doute, nous ne verrons guère le beau jour dont l'aube nous apparaît de loin à l'horizon, et que d'illustres génies, tels que Swédenborg, Bengel, Jung-Stilling et le comte Joseph de Maistre, le défenseur zélé du catholicisme, ont pressenti et salué du nom de troisième révélation, selon le prophète Joel, chap. II, 28 : « *Et il arrivera, après ces choses, que je répandrai mon Esprit sur toute chair : et vos fils et vos filles prophétiseront ; vos vieillards songeront des songes, et vos jeunes gens verront des visions.* » Nos noms obscurs seront engloutis sous les décombres et les ruines, qu'amassent sans cesse les siècles, mais nous allons emporter dans une autre et meilleure phase de notre existence cette douce consolation d'avoir choisi la route qui mène à Dieu, car ce que nous représentons est d'essence éternelle.

N'oublions donc pas, Messieurs, que nous devons cette haute vérité à la bonté ineffable de notre Père éternel, qui a daigné nous mettre à même de pouvoir admirer le sens profond des paroles de saint Paul dans le verset 55 du 15ᵉ chapitre de la première épître aux Corinthiens : « *Où est, ô mort, ton aiguillon ? Où est, ô hâdès, ta victoire ?*

Or, ce fameux verset fut écrit directement en grec et signé par un Esprit inconnu, le 4 octobre 1856, en présence du comte d'Ourches et de M. le docteur Georgii, disciple de l'illustre Ling, qui a eu l'extrême obligeance de m'en remettre l'original, afin que je puisse en publier un *Fac-Simile* dans ce volume.

Veuillez agréer, Messieurs, mes hommages les plus distingués.

Paris, ce 10 juin 1857.

L. DE GULDENSTUBBÉ.

PREMIÈRE PARTIE.

INTRODUCTION.

Voici un livre qui contient les premiers éléments positifs de la grande science de la manifestation directe du monde surnaturel, base unique de toutes les religions historiques, depuis la loi majestueuse de Jéhovah, gravée du doigt de Dieu lui-même dans les deux tables en présence de Moïse, jusqu'à la parole divine et pleine d'onction du saint Martyr du Calvaire, depuis le Véda des Indiens jusqu'à la Zend-Avesta de Zoroastre, depuis les cérémonies mystérieuses de l'Égypte jusqu'aux oracles de la Grèce et de Rome.

Une découverte merveilleuse vient d'être faite par l'auteur à Paris, le 13 août 1856, jour où les premières expériences couronnées de succès ont eu lieu : c'est celle de l'écriture directe et surnaturelle des Esprits, sans aucun intermédiaire quelconque, c'est-à-dire ni Médiums ni objet inanimé. Ce phénomène merveilleux confirme ce que Moïse dit (Exode XXXI, 18, XXXII, 15 et 16, XXXIV, 28, XXIV, 12; Deutéronome IV, 13,

V, 22, IX, 10, X, 1-5), concernant la révélation directe du Décalogue, et ce que Daniel raconte au sujet de l'écriture merveilleuse qui eut lieu durant la fête du roi Belsatzar. (Daniel V, 5, etc.)

La découverte de l'écriture directement surnaturelle est d'autant plus précieuse, qu'elle peut être *constatée par des expériences répétées à volonté par l'auteur en présence des incrédules,* qui doivent fournir eux-mêmes le papier, pour éviter l'objection absurde de papiers chimiques que l'incrédulité et le matérialisme n'ont pas manqué de mettre en avant. C'est précisément dans l'application de la méthode expérimentale aux phénomènes surnaturels directs ou miracles que réside l'originalité et la valeur de cette découverte, qui n'a de précédents dans les annales de l'humanité, car jusqu'ici les miracles n'ont pu être réitérés; il a fallu se contenter pour prouver leur réalité, du témoignage de ceux qui les ont vus. De nos jours, où toutes les sciences progressent par la voie expérimentale, l'observation et le témoignage traditionnel le mieux établi ne suffisent plus quand il s'agit d'un phénomène extraordinaire qu'on ne peut pas expliquer par les lois de la physique. L'homme, gâté par les expériences palpables des physiciens, n'ajoute plus foi au témoignage historique, surtout quand il s'agit des phénomènes mystérieux qui révèlent l'existence des puissances invisibles et supérieures aux forces et aux lois de la matière inerte. *Aujourd'hui, en matière morale, comme dans les sciences exactes, notre siècle demande des faits et des observations; nous en apportons. Plus de cinq cents expériences* ont été faites depuis la journée à jamais mémorable du 13 août 1856, par l'auteur et par ses deux amis, le comte d'Ourches et le général baron de Bréwern. Plus de cinquante personnes ont pu constater le phénomène étonnant de l'écriture directe des génies invisibles, donnant elles-mêmes leur papier.

Voici les noms de quelques témoins oculaires, dont la plupart ont assisté à plusieurs expériences :

M. Ravené, senior, propriétaire d'une belle galerie de tableaux à Berlin;

M. le prince Léonide Galitzin, de Moscou;

M. le prince S. Metschersky;

M. le docteur Georgii, disciple de l'illustre Ling, actuellement à Londres;

M. le colonel Toutcheff;

M. le docteur Bowron, à Paris;

M. Kiorboë, artiste distingué, à Paris, demeurant rue du Chemin de Versailles, 43;

M. le colonel de Kollmann, à Paris;

M. le baron de Voigts-Rhetz;

M. le baron Borys d'Uexkull.

La plupart de nos expériences ont eu lieu dans la salle des Antiques au Louvre, dans la cathédrale de Saint-Denis et dans différentes églises et cimetières de Paris, ainsi que dans le logement de l'auteur, rue du Chemin de Versailles, 74, où le premier phénomène a été constaté le 13 août 1856.

Le public lettré sait que les sciences naturelles n'ont

commencé à faire de véritables progrès que dès qu'on a su adresser des questions à la Nature, grâce à la méthode expérimentale. Or, il en est de même du Spiritualisme ; cette science des causes invisibles ne deviendra une science positive que par la voie expérimentale. Il faut donc avoir recours à cette méthode pour abattre et réduire au silence l'orgueil et l'arrogance des physiciens qui ont osé, de nos jours, empiéter même sur le domaine des sciences morales et de la haute philosophie. Certes, il n'y a rien de plus drôle et de plus absurde que de voir des physiciens s'ériger en juges compétents dans une question de métaphysique et de psychologie. Des physiologistes et des chimistes ne sachant pas ce que c'est que la vie, des mathématiciens et des physiciens ne pouvant pas expliquer l'indépendance relative et restreinte du mouvement des corps organiques, tels que les animaux, du joug des lois d'attraction, ont envahi la sphère élevée de la philosophie et de la théosophie, pour enrayer la réalité du monde des causes invisibles et des purs esprits. *Que penser d'un siècle où des hommes tels qu'A. de Humboldt attribuent au hasard la coïncidence de la révolution des astres et celle des grandes époques de l'histoire de l'humanité, telle que la conjonction de Saturne pour l'année 1789*, bien que plus de vingt astrologues allemands, français ou italiens du quinzième et du seizième siècle aient annoncé une grande révolution en France pour cette année mémorable. En vérité, on ne saurait que trop rappeler à M. de Humboldt cette maxime sage et pleine de réserve de son illustre ami, feu M. Arago, savoir : *Celui qui, en dehors des mathématiques pures, prononce le mot* IMPOSSIBLE, *manque de prudence (Annuaire de* 1853).

Que penser des naturalistes, tels que M. Babinet, le fameux prophète du rien visible de 1857 (resté, hélas! jusqu'ici invisible) qui soutiennent que *la volonté ne franchit pas l'épiderme*, erreur absurde et ridicule, réfutée il y a longtemps par le Mesmérisme ou le Magnétisme biologique. Cette reine des sciences naturelles, qui sert de lien entre celles-ci et le domaine moral et surnaturel, est malheureusement encore méconnue et reniée par la majorité de nos académies. Il faut néanmoins convenir, pour être juste envers tout le monde, que la faute n'en est pas aux académies seules, mais elle tient encore à l'inconséquence des disciples de Mesmer. Ces derniers, tout en s'occupant de la force vitale, de l'agent de la vie elle-même, n'osent pas remonter des effets aux causes, de la force vitale à l'âme; ils s'arrêtent *à moitié chemin*, n'ayant pas le courage logique de franchir le seuil du monde des Esprits et de regarder en face les merveilles de la sphère surnaturelle.

Du reste, la souveraineté absolue des physiciens et des philosophes sceptiques, matérialistes, rationalistes et panthéistes, tient avant tout à la décadence de la religion, grâce à l'incapacité radicale des représentants du christianisme de prouver par des faits irréfragables la réalité d'un monde surnaturel des causes invisibles.

Le clergé a laissé tomber de ses mains débiles le sceptre de la science, que les naturalistes et les sophistes sceptiques ont ramassé pour bafouer la plus sublime et la plus sainte des religions. L'absurde crainte de démons a rendu les prêtres et les théologiens orthodoxes inaptes à combattre par la voie expérimentale les matérialistes et les incrédules. Cette *démonophobie* est devenue malheureusement de nos jours une véritable *démonolâtrie*. Les prêtres ayant peur des démons et ne voulant, par conséquent, pas s'occuper des phénomènes surnaturels, ont, *à leur insu*, contracté avec le diable *un pacte*, en vertu duquel le règne de l'incrédulité et du matérialisme des physiciens et le scepticisme des sophistes modernes, *ce règne du démon par excellence*, continue à subsister dans tout son éclat et tend plutôt vers l'apogée que vers la décadence. Certes, la plaie la plus hideuse de nos jours est sans contredit le matérialisme et l'incrédulité. De là un sensualisme plus grossier que celui des Épicuriens, une vie toute pour les sens et pour la terre; *de là cet égoïsme hideux, source de l'anarchie morale et sociale* et de cette dissolution de tout ce qui relie les enfants du même Dieu; *de là cette hostilité permanente entre la foi et la raison, la philosophie et la religion, ces deux sœurs qui n'auraient jamais dû se brouiller et se séparer.* Certes, on n'est pas pessimiste en soutenant qu'il n'y a aujourd'hui non-seulement plus de religion sur la terre, mais encore que le spiritualisme, cette base unique de la religion que le doigt de Dieu a gravée dans le cœur de tout homme venant au monde, a cessé d'être une intuition intime de l'âme humaine. Cette lumière interne et inhérente à la nature de l'homme est éteinte. L'humanité a renié de nos jours la foi en l'immortalité de l'âme et la croyance en la réalité d'un monde surnaturel des causes invisibles, *unique* source des révélations religieuses. En effet, les idées innées du spiritualisme sont intimement liées au sentiment religieux proprement dit ou à l'idée de la dépendance de l'absolu. Les deux idées fondamentales du spiritualisme, savoir l'immortalité individuelle de l'âme et la réalité du monde invisible qui se révèle et se manifeste de différentes manières dans notre monde terrestre, ne sont que le corollaire nécessaire de l'idée de Dieu ou de l'Absolu, et *vice versâ*. On peut même prétendre que l'idée de l'immortalité de l'âme et la conviction de ses rapports avec le monde surnaturel est même plus intime et plus primitive que celle de Dieu, créateur et auteur suprême de l'Univers. Toutes les religions positives reconnaissent cette haute vérité, en n'enseignant pas aux hommes la doctrine de l'immortalité de l'âme, mais en la supposant partout. L'essence du spiritualisme consiste, en effet, dans la conviction intime que le monde surnaturel des causes invisibles, dont l'âme de l'homme fait partie, a des rapports intimes et continuels avec le monde matériel des effets visibles, grâce au gouvernement universel de la Providence. De là les manifestations continuelles et permanentes du monde invisible dans l'histoire de l'humanité; de là *les miracles qui, loin de déroger aux lois de la Nature, ne sont qu'une condition nécessaire de l'organisation de l'Univers, de ce livre immense dans lequel les séraphins les plus élevés n'ont pas encore lu. Les miracles ne manifestent que la puissance de l'esprit sur la matière, en suspendant jusqu'à une certaine limite les effets de ses forces inertes.*

La Bible, ce livre écrit par la disposition des Anges, n'enseigne nulle part formellement l'idée de l'immortalité de l'âme, gravée par l'Éternel lui-même dans le cœur de l'homme, mais *elle la suppose partout.* C'est le cri intime de la conscience de Job, lorsqu'il dit (chap. XIX, 26 et 27) : « *Et lorsqu'après ma peau « ceci aura été rongé, je verrai Dieu* dans ma chair ; *je « le verrai moi-même*, et mes yeux le verront, *et non « un autre.* » La conviction profonde de cette vérité, base unique de toutes les autres, a poussé également le prophète Balaam à s'écrier (Nombres XXIII, 10) : « Que je meure de la mort des justes et que ma fin « soit semblable à la leur ! » Il en est de même d'*Esaïe* qui dit (XXVI, 19) : « Tes morts vivront, *même* mon « corps mort vivra ; ils se relèveront. Réveillez-vous « et vous réjouissez avec chant de triomphe, vous habi- « tants de la poussière ; car ta rosée est comme la rosée « des herbes, et la terre jettera dehors les trépassés. »

La pratique de la nécromancie, selon Samuel (I Samuel, chap. XXVIII, 3-25), et suivant le Deutéronome (XIII et XVIII) suppose nécessairement la doctrine de l'immortalité de l'âme ; il en est de même des visions et des apparitions dont la Bible est remplie ; nous rappellerons également ici dans la mémoire du lecteur l'ascension d'Hénoc (Genèse V, 24; Hébreux XI, 5; Sapience IV, 10-14), et d'Élie (II Rois, II, 11). Ces ascensions démontrent aussi une vie à venir et les rapports intimes qui existent entre le monde des causes et celui des effets.

Dieu ayant créé l'homme juste selon l'Ecclésiaste (VII, 29), l'humanité n'avait pas encore atteint du temps de la révélation biblique ce degré de dégradation jusqu'à renier par de vains discours les vérités inhérentes à la nature de l'âme. *Les matérialistes passèrent alors pour des fous* (Proverbes I, 7; Sapience III, 2). *Il y avait, en effet, et du temps de l'ancienne loi et des prophètes beaucoup de polythéistes et une foule d'hommes irréligieux, mais même parmi les contemporains du Christ, la secte des Saducéens seule professait des idées matérialistes. Au surplus, l'influence des Saducéens fut très-minime,* si on la compare à celle des Pharisiens.

Les traditions sacrées des autres peuples de l'antiquité, tels que les Indiens, les Égyptiens, les Perses et les Grecs, tirent également l'origine de leurs vérités religieuses (suivant leurs livres saints), de la révélation et des manifestations des Génies du monde surnaturel et des esprits des aïeux pieux (Mounis, Pitris, Mânes, Héros, etc.). Les penseurs les plus profonds de ces peuples admettent non-seulement l'immortalité, mais encore l'éternité et la préexistence des *âmes individuelles*. C'est pourquoi il y en a parmi eux des philosophes qui croient que les vérités innées ou inhérentes à l'âme humaine ne sont que l'écho de sa préexistence et le ressouvenir de ce qu'elle a appris dans une autre phase de son existence. Parmi les écoles de la philosophie indienne il n'y avait que les *Tschawakas* qui fussent matérialistes; en Grèce et à Rome nous ne pouvons guère ranger dans cette classe que l'école de Cyrène et bon nombre de disciples d'Épicure. Quant à Thalès et l'école ionique, malgré leurs tendances naturalistes, ils admirent la réalité des Génies et des Démons du monde invisible; il en fut de même de Démocrite.

Il n'en est plus de même de nos jours, où le matérialisme règne en souverain absolu sur la terre. On se fait un devoir de douter de ce qui n'est point matériel ni susceptible d'être analysé par la chimie. Jamais l'esprit n'a répudié avec plus d'orgueil la vérité des miracles. Qui est-ce qui croit aujourd'hui à ces sortes de superstitions ? Depuis tantôt trois siècles, les écrivains ne croient plus à rien. Le mérite de nos esprits forts consiste à ne rien savoir et à douter de tout, de Dieu, du bonheur présent et de la vie future. Ils ne s'aperçoivent pas que l'esprit vraiment *fort* ne reste pas dans la petite sphère des choses sensibles, mais qu'il se porte dans la région des êtres immatériels pour étudier dans cette région *nullement imaginaire* et très-*subsistante,* la nature et le pouvoir de ceux qui l'habitent. Si quelques hommes sortent de l'ornière commune, on les traite d'ignorants et d'imbéciles; on jette à la face du petit troupeau de spiritualistes modernes l'épithète de fou et de charlatan. L'incrédulité a donc de nos jours jeté des racines beaucoup plus profondes que dans l'antiquité. Rome même ne perdit jamais sa foi religieuse à ce degré; il est vrai que les anciens matérialistes n'avaient pas l'appui des *physiciens,* les sciences naturelles n'étant pas cultivées comme aujourd'hui.

La religion étant basée sur le spiritualisme, nous voyons dans tous les temps et chez tous les peuples la décadence de la foi vivante et de la charité divine, s'ensuivre surtout de l'extinction des idées spiritualistes. Or, la religion est l'âme de la vie sociale, c'est elle seule qui pénètre et vivifie l'activité morale et sociale de l'humanité; aussi la société manque d'âme, seule puissance qui rattache la terre au ciel et périt par le ver rongeur de l'anarchie et du despotisme, quand la religion est tombée en décadence. Le même fait se reproduit à toutes les époques critiques de l'histoire; en Grèce et à Rome; plus les dieux s'en allèrent, plus la gloire et la liberté furent remplacés par l'Ochlocratie et par la Tyrannie.

De notre temps, depuis la grande révolution française, la foi religieuse étant tombée, la foi politique ne vécut que quelques années et tomba aussi. La défiance entra dans tous les cœurs; le dévouement ne fut plus qu'un mot. L'intérêt et l'égoïsme devinrent des vertus. L'affreuse maxime : *Chacun pour soi,* est adoptée par tout le monde. De vils fabricants deviennent des millionnaires, en exploitant la majorité de la nation qui se compose toujours de consommateurs, à l'aide du système protecteur, système prétendu national, mais en vérité aussi antinational qu'antihumain. Notre siècle, en suivant la voie fatale du matérialisme et du scepticisme est arrivé au panthéisme grossier et aux jouissances matérielles et purement terrestres; l'espérance ayant disparu pour ne plus renaître, on est parvenu au règne honteux des banquiers et des juifs qui, grâce à l'agiotage et aux tripotages de la Bourse, extorquent les petits rentiers pour amasser des trésors que les vers et la rouille consument. (Matthieu VI, 19.)

L'auteur de ce volume s'est occupé de philosophie, de théosophie, de sciences occultes, d'histoire et de critique. Il voit avec peine que le scepticisme a remplacé la foi, que la véritable métaphysique a été absorbée dans la logique, par les sophistes modernes; qu'il n'y a pas aujourd'hui plus de philosophie que de religion, malgré les tentatives qu'on ait faites, surtout en Allemagne, de concilier ces deux sphères de l'intelligence humaine. Tous ces efforts ont dû échouer, n'étant pas assis sur la base solide d'un spiritualisme positif. Toutes les tentatives, en effet, sont stériles, si elles manquent de la base solide des faits irréfragables qu'aucun raisonnement ne saurait renverser, car *un fait est toujours un fait, et c'est pour cette raison que rien ne peut faire qu'il n'ait pas existé.* On a créé une foule de théories plus ou moins ingénieuses, ignorant les faits qui manifestent la réalité du principe de la révélation directe d'un monde surnaturel que l'on ne saurait confondre avec la révélation indirecte, modifiée par le génie spécial de l'homme inspiré par l'esprit ou par les anges de Dieu. Les philosophes, dans leurs tentatives de concilier la philosophie avec la religion, la foi avec la raison, ont absorbé la religion comme une sphère inférieure dans la philosophie; les théologiens orthodoxes, de leur côté, ont sacrifié la philosophie à la religion; c'est-à-dire, les exigences légitimes de la raison à une foi aveugle, à l'autorité infaillible des traditions religieuses, émanées d'une source divine et basées sur le témoignage historique du passé. Certes, loin de nous de nier la haute importance du témoignage des siècles passés, mais il faut bien convenir que ce témoignage historique ne suffit plus de nos jours; notre siècle exige plus de preuves et de démonstrations palpables de la réalité du monde surnaturel. Ceux même qui ont gardé une foi respectueuse à l'Église, ne se contentent plus de ses preuves incomplètes concernant l'origine céleste des révélations contenues dans la Bible, le seul recueil qui contient la haute sagesse de Dieu, enseignée aux hommes par la disposition des anges, et sans laquelle il n'est point de salut pour l'homme déchu et dégénéré de son origine céleste. Quant aux preuves tirées de l'excellence de la doctrine morale du christianisme, elles sont loin d'être suffisantes; ces preuves ne sauraient avoir qu'une valeur secondaire, de même que les démonstrations morales de l'immortalité de l'âme. *Le Christ et les apôtres ont surtout insisté sur leurs œuvres et sur leurs miracles pour confirmer leur mission céleste.*

Il en est de même de la démonstration qui résulte de l'expérience interne de l'homme, preuve qui ne saurait avoir qu'une valeur subjective et personnelle, tout homme n'ayant pas *ici-bas* la chance d'acquérir cette expérience, ce développement de la vie religieuse interne, qui n'est qu'une insigne faveur du ciel, grâce au souffle de l'esprit de Dieu. On sait d'ailleurs que le Christ et les apôtres ont regardé leurs œuvres, et principalement leurs miracles comme l'unique critérium de leur foi. Il faut, en effet, reconnaître l'arbre aux fruits; or, le Christ et les apôtres n'admettent que la foi qui transporte les montagnes et opère des prodiges.

Nous engageons donc tous ceux qui ont consacré leur vie au service religieux, à bien examiner les maux particuliers et spéciaux dont notre siècle est atteint, pour pouvoir y remédier, en ramenant la foi et l'espérance parmi les peuples. *Or, c'est un fait constaté par l'histoire de l'humanité, que la grande plaie de l'antiquité consistait dans la tendance au polythéisme,* au culte des Esprits, des Génies et des Aïeux en particulier, *tandis que de nos jours l'humanité est tombée dans l'excès du matérialisme.* Il faut donc, avant tout, réhabiliter les idées du spiritualisme; il faut démontrer par la voie expérimentale que l'âme est immortelle, que la mort n'est qu'un *voyage* ou *passage* d'une sphère inférieure et matérielle dans une sphère supérieure et spirituelle; il faut prouver qu'il n'y a point d'interruption dans l'existence de ceux qui ont quitté la terre, que nos amis et nos parents morts se rencontrent, se reconnaissent et s'aiment non-seulement dans la sphère spirituelle, mais qu'ils continuent encore à avoir des rapports avec nous, grâce à la Providence universelle de Dieu, qui a établi des relations réciproques entre tous les êtres de l'univers. Il faut démontrer que ces esprits sympathiques sentent surtout un attrait invincible pour nous, que la mort même est impuissante à effacer ; que ces esprits nous consolent, nous guident, nous avertissent et nous inspirent souvent à notre insu. Certes, ces pensées sont bien douces et consolantes ! En effet, il n'y a pas un seul chrétien qui refuserait de recevoir une preuve matérielle et morale à la fois de l'existence de l'âme dans un monde meilleur, telle que le phénomène de *l'écriture directe des esprits.*

Lorsque nous perdons ceux qui nous sont chers, nous nous jetons dans les bras de la religion, mais malgré l'espérance que nous puisons à cette source, tous les hommes désirent intérieurement avoir une preuve matérielle de l'immortalité de l'âme. Il faut donc démontrer par des faits palpables et sensibles la réalité substantielle du monde des esprits ; il faut montrer des miracles, et le monde finira par y croire, aucun raisonnement ne pouvant jamais parvenir à faire qu'un fait bien constaté n'ait pas existé. Eh bien, c'est ce que nous ferons dans ce volume, étant intimement convaincu qu'une démonstration aussi palpable, aussi sensible et évidente que celle de notre phénomène, donnera un zèle enthousiaste à la pensée consolante de la vie future, et la rendra absolue en préparant la conversion de tous les hommes aux bénédictions de la foi du Christ. Il faut donc déplorer l'aveuglement et l'inconséquence de la plupart des chrétiens prétendus orthodoxes. Ces grands professeurs de croyance dans le monde spirituel, ces partisans des miracles bibliques ne croient qu'aux miracles basés sur les traditions du passé et refusent obstinément de croire aux miracles de nos jours, bien que le gouvernement universel de la *Providence soit resté le même,* bien que les lois qui gouvernent le monde n'aient pas varié, bien que saint Luc lui-même ait dit (chap. I, 70) que les *saints prophètes ont été de tout temps.* En effet, la révélation divine est universelle; nous ne pouvons pas supposer que la Divinité juste et impartiale fasse pour un peuple ce qu'il refuserait absolument de faire pour une autre nation. Saint Jean dit (Év. Jean I, 9) *que la lumière divine éclaire tout homme venant au monde.* L'Ancien Testament admet également l'universalité de la révélation divine, bien qu'il y ait des degrés différents de cette révélation et que les Israélites soient sous ce rapport particulièrement privilégiés; car suivant les Nombres (XXIII, 9) le prophète Balaam dit: *Ce peuple habitera à part, et il ne sera point mis entre les nations.* Au surplus, l'exemple de Balaam prouve que, tout étranger qu'il fût, il avait des communications célestes, étant inspiré par les anges de l'Éternel. Il résulte de même de la Génèse *que la révélation fut surtout universelle dans les temps primitifs, appelés avec raison l'âge d'or* de l'humanité, suivant les *traditions unanimes* de tous les peuples de l'antiquité.

Le petit nombre des chrétiens orthodoxes qui sont

obligés d'admettre la réalité des miracles de nos jours, ne pouvant faire que des faits palpables et faciles à prouver par des expériences répétées, n'aient pas existé, les croient émanés du pouvoir démoniaque; ils attribuent aux démons tous les phénomènes mystérieux et merveilleux qui ont eu lieu dans les derniers siècles. Selon ces *docteurs orthodoxes, le démon* est le souverain maître de l'univers, tandis que le bon Dieu est relégué comme un vieux saint suranné et impotent dans une niche de l'univers. On vient même d'imprimer de nos jours de petits traités religieux à Genève, suivant lesquels l'Éternel, en sa qualité de juge suprême de l'univers, est comparé au vieux Isaac affaibli. De même que ce patriarche ne pouvait plus distinguer ses fils, de même on espère tromper Dieu lors du dernier jugement, en se revêtant de la robe sans tache du Christ, sans que la foi se soit manifestée par les œuvres. Attribuer tout aux démons, c'est un contresens inexplicable, et qui a, en outre, le tort de n'être nullement conforme à la lettre ni à l'esprit de la Parole de Dieu, le Christ lui-même ayant dit *qu'on ne reconnaîtra* l'arbre qu'aux fruits. Il est triste de voir l'Église chrétienne tout entière atteinte de cette folie absurde, grâce à l'astuce rusée de Satan, qui est parvenu à faire des représentants du christianisme les défenseurs principaux de son empire de ténèbres, c'est-à-dire du matérialisme. En vérité, les théologiens de notre temps prendraient, plus encore que les anciens pharisiens, le Christ, s'il revenait dans le monde, pour un démoniaque ou pour un

fou. Selon saint Jean (X, 19—21) : « Il y eût encore
« de la division parmi les Juifs à cause de ces discours,
« car plusieurs disaient : *il a un démon et il est hors du
« sens ;* pourquoi l'écoutez-vous? Et les autres disaient :
« *ses paroles ne sont point d'un démoniaque ; le démon
« peut-il ouvrir les yeux d'un aveugle ?* » — Hélas ! de
nos jours la démonophobie a fait encore plus de progrès, puisque nos théologiens croient même aux guérisons démoniaques. Des pasteurs protestants, tels que
feu M. Adolphe Monod, n'ont pas osé recourir au magnétisme, ne voulant pas être guéri par un remède démoniaque. Son ami, M. le pasteur Meyer, croit encore que
le somnambulisme est un moyen démoniaque, un produit infernal de l'esprit de Python, et que le *chrétien*
ne doit, par conséquent, jamais faire usage de ce
remède, *dût-il même lui être salutaire !* Aussi M. Adolphe
Monod, aveuglé par ces préjugés démoniaques, a préféré les soins que lui prodiguait son frère, médecin
habile, à qui il est arrivé un jour de confondre la petite
vérole avec la fièvre typhoïde. Quant à nous spiritualistes, nous nous rangeons de l'avis de ces juifs qui ne
croyaient pas aux guérisons démoniaques ; nous acceptons à la lettre la parole du Christ : « *Reconnaissez
l'arbre à ses fruits.* » *Nous nous servons de la marque
de saint Jean*, qui dit dans sa première épître (1 Jean,
chap. IV, 2) : « *Tout Esprit qui confesse que Jésus-Christ
« est venu en chair, est de Dieu* », *pour reconnaître un
bon esprit.* Les pasteurs voudraient ajouter quelque
chose à la parole de Dieu, pour la réduire à la portée

de leur intelligence bornée, mais nous spiritualistes, nous acceptons la haute sagesse de Dieu révélée aux hommes par la disposition des Anges, *pleinement,* sans y modifier une phrase ou une virgule.

C'est au milieu de telles idées que l'auteur de ce volume a pris la défense du monde surnaturel, en prouvant sa réalité par un grand nombre de faits irréfragables et par des expériences qu'il a pu jusqu'ici répéter en présence des incrédules, grâce à la miséricorde infinie de Dieu.

Il faudrait avoir vraiment du courage et de l'audace pour oser faire paraître en plein dix-neuvième siècle un livre aussi mystérieux et étrange, si l'auteur ne savait pas que les faits merveilleux que ce volume contient, ont de l'analogie avec les phénomènes sur lesquels toutes les religions positives, toutes les traditions sacrées et les mythologies de tous les peuples sont basées. Quant aux idées et aux opinions qu'il avance, elles sont d'accord avec les croyances de soixante siècles. Il n'y a que le dix-huitième siècle et les cinquante ans du dix-neuvième (exclusivement adonnés à l'étude des sciences prétendues exactes, à une critique sceptique et négative, et surtout au culte du veau d'or, inauguré par l'industrie et le commerce), qui aient professé des idées diamétralement opposées au spiritualisme, en reniant les anciens systèmes religieux.

Nous savons donc bien que le spiritualisme est incompréhensible aux esprits, tels que la philosophie sceptique, l'étude exclusive des sciences exactes et la critique historique les a faits. Mais au milieu de ces sociétés sceptiques, il reste toujours des hommes qui ont pour mission de faire revivre les anciennes croyances, afin de ramener la foi et l'espoir parmi les peuples. Or, si l'auteur réussit à faire examiner et peser les faits que contient ce volume par ces esprits sérieux, il croit avoir atteint son but, étant convaincu que ces phénomènes merveilleux vont porter un coup mortel au matérialisme, au scepticisme, au rationalisme et au panthéisme logique. L'auteur croit avoir jeté les premiers fondements d'une science positive du spiritualisme, en établissant la *croyance aux Esprits du monde invisible* sur une base inébranlable.

Ce volume étant avant tout un livre rempli de faits et d'expériences, nous allons le diviser en *deux parties*. L'auteur traitera dans la première partie du spiritualisme en général et des obstacles que cette doctrine a rencontrés dans le courant des siècles, à mesure que l'humanité s'éloignait des sources primitives de la révélation. Nous relevons surtout les deux obstacles principaux qui ont arrêté et entravent encore les progrès du spiritualisme depuis le moyen âge, c'est-à-dire le *scepticisme* matérialiste et la *démonophobie*.

Le public lettré sait que la *démonophobie* date surtout du moyen âge, étant le produit des superstitions absurdes de cette période de ténèbres, qui n'a été qu'un long sommeil de la pensée durant dix siècles consécutifs. L'autre obstacle, qui consiste dans le matérialisme, a pris naissance au prétendu siècle des lumières et règne encore de nos jours en maître absolu dans nos écoles, grâce à l'étude exclusive des sciences dites exactes, grâce à la critique négative et absurde de nos historiens, de nos philologues et archéologues, grâce aux tendances sceptiques et panthéistes de la philosophie moderne, dans laquelle la véritable métaphysique ou la haute philosophie des causes invisibles étant absorbée dans la logique, ne tient plus aucune place.

Après avoir esquissé les traits généraux de la décadence graduelle du spiritualisme et des religions positives et révélées, depuis que l'humanité s'est écartée de la direction primitive des dieux et des génies ou de l'âge d'or de l'innocence, l'auteur rapporte les phénomènes qui offrent une analogie plus ou moins frappante avec l'écriture directe des Esprits, tels que la révélation directe du Décalogue, l'écriture directe durant le grand festin du roi Belsatsar, la statue parlante de Memnon et les manifestations directes des esprits dans les lieux fatidiques ou hantés.

Puis l'auteur fait mention en peu de mots de ses recherches et de ses expériences dans le domaine du spiritualisme, qui ont abouti au résultat merveilleux de *l'écriture directe et surnaturelle des Esprits*.

Ensuite viennent soixante-sept *Fac-simile* des écritures directes des différents Esprits depuis les hyéroglyphes d'Égypte, la Grèce et la Rome antique jusqu'à nos jours; l'auteur est possesseur de plus de cinq cents de ces écritures en vingt langues diverses, mais il n'a pas pu les publier toutes pour ne pas rendre ce livre trop volumineux. C'est aussi pour cette raison que l'auteur ne publie que quelques extraits des écrits des *Esprits sympathiques*, c'est-à-dire des esprits des parents et des amis défunts de l'auteur; il est vrai que la plupart de ces épîtres ou lettres d'outre-tombe, contenues souvent dans plusieurs pages, ne renferment que des conseils et des détails trop intimes pour que l'on puisse les livrer au public; néanmoins l'auteur, qui possède plus de deux cents écrits de ces esprits sympathiques, en donne quelques extraits, parce que ces lettres ont une certaine importance, l'identité de la main et de la signature pouvant être constatées surtout par ceux qui ont également connu ces individus durant leur vie terrestre.

Les écrits les plus remarquables sont signés (toujours en présence de témoins oculaires) par les plus grands esprits de l'antiquité, tels que *Platon*, le fameux orateur *Isocrate*, *Cicéron*, *Virgile*, *Jules César*, *Octavien Auguste*, *Juvenal*, etc., et par les plus grands apôtres du christianisme, tels que *saint Jean* et *saint Paul*, et par les docteurs du moyen âge, tels qu'*Abélard*.

Ces écrits grecs et latins contiennent des maximes de philosophie et de morale, ayant principalement rapport à la vie future des hommes, ou des versets du Nouveau Testament ayant également trait à l'immortalité et à l'avenir glorieux des enfants de Dieu.

Les rois et les reines de France, depuis Dagobert jusqu'à Louis XVIII, depuis la reine Blanche jusqu'à Marie-Antoinette, ont de même tracé quelques *figures magiques* et les *initiales* de leurs noms sur leurs monuments à Saint-Denis, ou à Versailles et à Fontainebleau; nous en publions quelques-unes, telles que celles de *saint Louis*, de *François Ier* et de *Marie-Antoinette*, de *Marie Stuart*, etc.

Ces figures magiques, tracées directement par les esprits, ont opéré quelquefois des guérisons merveilleuses et instantanées, si on les applique aux malades, conformément aux ordonnances du médium ou de la somnambule de l'auteur, endormie par lesdites figures.

Au surplus, l'auteur va publier dans un second volume, qui traitera de l'inspiration ou de la *révélation indirecte des esprits*, à l'aide des voyants, des extatiques et des médiums, plusieurs explications de *ces figures directes*, selon le médium et suivant la somnambule lucide ou extatique.

Les *Fac-simile* de toutes les écritures *directes et surnaturelles des Esprits*, ont été exactement calqués sur l'original.

La seconde partie de ce volume contient les preuves historiques du spiritualisme. Nous remontons aux sources spiritualistes des livres sacrés et des traditions religieuses des *Indiens*, des *Chinois*, des *Perses*, des *Égyptiens*, des *Grecs* et des *Romains*, en y intercalant les idées des philosophes *indiens* et *grecs* et des *rabbins*. L'Inde, ce berceau de la race *aryenne*, forme le centre autour duquel nous groupons les idées des autres peuples de l'antiquité, en les illuminant quelquefois par la clarté resplendissante de la Bible et surtout de cette loi majestueuse que l'Éternel lui-même a gravée dans les deux tables qu'il remit à Moïse sur le Sinaï. Nous résumons les idées de l'antiquité sur la hiérarchie céleste, sur les génies et les démons, sur l'immortalité, l'éternité et la préexistence de l'âme, sur les incarnations diverses de l'âme, sur le corps éthéré et matériel, sur la métempsychose ou sur les diverses phases de l'expiation de l'âme jusqu'à sa délivrance finale; puis nous traitons des rapports des *Esprits* avec les hommes, des manifestations directes des génies et de l'inspiration, ou des révélations indirectes des esprits par l'intermédiaire des voyants, des prophètes, des extatiques, des oracles, des pythies et des sibylles, etc.

CHAPITRE I.

Spiritualisme de l'antiquité.

Le spiritualisme n'est pas une doctrine nouvelle, mais les éléments de cette philosophie, basée sur les idées innées et inhérentes à la nature humaine, sont presque aussi anciens que le monde. On en rencontre des traces chez tous les peuples, en remontant aux temps les plus reculés de leurs traditions historiques. Le spiritualisme, c'est un fait primitif, constaté par les annales de l'humanité et par l'analyse des facultés de l'homme individuel, par la psychologie. Le spiritualisme, c'est cette lumière surnaturelle, cette étincelle céleste de l'esprit de Dieu, qui éclaire tout homme venant au monde. Le spiritualisme, c'est l'intuition première de l'âme à son réveil. L'idée du spiritualisme est par cette raison intimement liée au sentiment religieux ou à l'idée de la dépendance de l'Absolu et de l'Infini. On pourrait presque soutenir que ces deux sentiments ou plutôt germes d'idées à l'état d'instincts, ces deux idées en herbe, si l'on veut, se confondent l'une avec l'autre en formant ce qu'on appelle le *sens interne* ou *spirituel* de l'homme. En effet, les deux idées fondamentales du spiritualisme, savoir celle de l'immortalité de l'âme et celle de la révélation du monde invisible des purs esprits, ne sont que le corollaire de l'idée de Dieu ou de l'Absolu et *vice versâ*. L'idée de l'immortalité de l'âme et celle de l'existence réelle et substantielle des êtres spirituels, est même plus primitive, plus intime encore que celle de la Divinité, cause suprême de l'Univers; car il n'y a que l'esprit de l'homme seul qui puisse témoigner de la réalité de cet Être invisible et incompréhensible, que personne n'a vu, et dont on ne pourra sonder la profondeur, les séraphins les plus élevés ne pouvant pas même le pénétrer. C'est précisément pour cette raison, que la conviction de l'immortalité de l'âme est plus intimement gravée dans le cœur de l'homme que celle de Dieu lui-même, ainsi qu'il résulte des annales de tous les peuples et des récits des voyageurs qui ont fréquenté les contrées habitées par les peuples les plus sauvages. Le spiritualisme est donc non-seulement la véritable base subjective du sentiment religieux inhérent à la nature de l'âme, mais encore la base objective, l'unique source de toutes les religions historiques. C'est un fait bien constaté par tous les érudits que les traditions sacrées de tous les peuples tirent leur origine d'une révélation plus ou moins directe, ou d'une communication céleste quelconque. Or, le principe de la révélation suppose la réalité d'un monde supérieur des *causes,* qui se manifeste plus ou moins directement dans le monde inférieur *des effets.* Aussi les légendes religieuses et les livres saints de tous les peuples parlent de l'intervention des dieux, des demi-dieux, des anges, des esprits, etc., pour enseigner aux hommes les vérités religieuses et morales; les traditions religieuses de tous les peuples sont remplies de visions et d'apparitions, à l'aide desquelles les êtres supérieurs et immatériels entrent en rapport avec les hommes, pour les instruire et les préserver des dangers et des accidents majeurs, etc. Les apparitions ont lieu tant à l'état de veille qu'à l'état de sommeil. Les prophètes, les voyants, les sybilles et les pythies, les oracles en un mot, ont des communications avec des génies supérieurs, qui les inspirent et les mettent à même de prédire l'avenir, de lire dans les destinées des individus et des peuples. Les voyants, les hommes inspirés, les prophètes et les oracles ont été les fondateurs des croyances religieuses et morales, et les organisateurs de la mythologie et des traditions sacrées. Les oracles et les prophètes étaient les chefs des nations de l'antiquité sous le rapport intellectuel et moral; ils précédèrent l'établissement des institutions politiques de l'antiquité. Il n'y a du reste que les dieux qui inspirent les oracles, afin que ceux-ci puissent annoncer aux peuples les décrets émanés de l'Olympe et dévoiler les secrets de l'avenir. Aux yeux des Anciens, l'homme seul entre tous les êtres vivants, jouit du privilége d'être en relation avec les dieux. La nuit dans ses songes, le jour, par le vol des oiseaux, par les entrailles des victimes, par des exhalaisons souterraines, enfin par mille présages divers, les dieux parlent à ses sens pour manifester à son intelligence, soit le présent, soit l'avenir. Ainsi donc, il n'y avait dans les énigmes des prêtres de l'antiquité ni raisonnements, ni démonstrations théologiques, mais seulement une révélation, une manifestation surnaturelle. Cet enseignement par la révélation ne ressemblait en aucune manière aux enseignements, *prétendus* religieux, ou plutôt à cette exposition dogmatique qu'on fit plus tard aux époques sceptiques. On écoutait religieusement les prophètes des premiers temps; on raillait ceux qui leur succédaient. C'est que les premiers ne parlaient que par inspiration et avec conscience, tandis que les seconds, hommes de métier (caste de prêtres, clergé lévitique), ne croyaient souvent plus aux doctrines qu'ils prêchaient dans les temples et aux oracles qu'ils firent rendre dans leurs antres et sur leurs trépieds.

Il n'y a donc jamais eu de religion positive sans la *théophanie*. Certes, il en est des degrés infinis, si l'on compare les différentes révélations. Loin de nous la pensée, de vouloir confondre la révélation directe du décalogue, écrite du doigt de Dieu lui-même, cette loi sublime que le Christ seul a pu accomplir ici-bas avec les traditions sacrées des autres peuples, telles que le Véda, le Zend, les livres sibyllins, etc. Nous ne mettons donc pas au même niveau la loi la plus parfaite, venant directement de l'Éternel *lui-même* avec les révélations religieuses des autres peuples, mais nous croyons aussi que leurs traditions sacrées renferment des communications célestes. Il y eut même chez ces peuples de l'antiquité plus tard, lorsque l'ancienne ère théogonique et révélatrice fut close, et que la religion fut en pleine décadence, des hommes revêtus d'une mission divine, des réformateurs tels que Laot-seu, Cont-seu, Pythagore, Zoroastre, etc., de même que les Juifs avaient leurs prophètes. Nous ne pouvons pas supposer que la Divinité juste et impartiale fasse pour un peuple, ce qu'elle refuserait absolument à une autre nation. Il faut donc admettre la révélation universelle de Dieu, dont il y a des traces dans toutes les religions historiques. La Bible même, tout en prétendant que les Israélites sont sous ce rapport particulièrement privilégiés, reconnaît pourtant l'universalité de la révélation divine, qui offre une analogie frappante avec la providence universelle de Dieu. Ce caractère universel de la révélation primitive résulte surtout de la lettre et de l'esprit de la Genèse. Saint-Luc même dit (chap. I, 70), que les saints *prophètes ont été de tout temps*. Balaam fut également inspiré par l'ange de l'Éternel (Nomb. XXII et XIII), bien qu'il ne fût pas Israélite. Saint-Jean (I, 9) dit, que la lumière divine éclaire tout homme, venant au monde.

D'après les autorités du christianisme même, Dieu est invariable et ne change jamais; voilà pourquoi nous nous basons sur ses lois immuables qui sont les vrais éléments de sa volonté, pour y asseoir la conviction que le monde surnaturel des causes agit et exerce une influence permanente sur le monde matériel des effets. Ce qu'on appelle miracle ou manifestation surnaturelle, n'existe que si l'on se place au point de vue restreint de la nature matérielle; mais au point de vue absolu et général, il n'y a plus de miracle, la révélation de la nature supérieure des causes faisant partie de l'économie et de l'organisation de l'univers. L'intervention des esprits du monde surnaturel ne modifie que jusqu'à un certain degré les effets des lois physiques; ce qui a surtout lieu dans certains cas ayant trait au moral et à la destinée de l'homme en général. Les esprits s'approchent de nous pour enlever de nos yeux le bandeau de la superstition et de l'erreur, afin de diriger nos pensées vers l'Éternel qui entend le soupir plein d'harmonie, éclatant en louanges et montant vers le royaume céleste.

On trouve, dans les temps primitifs de tous les peuples de l'antiquité, certaines traces des idées de la préexistence de l'âme et de ses incarnations successives, de ses migrations terrestres (de la métempsychose), à la suite de la chute des anges, de cette révolte d'une partie du ciel dans le ciel même, épopée immense dont nous ne savons que le nom (Épître de Jude, 6). Ces germes d'idées prouvent également l'ancienneté des croyances spiritualistes. Il en est de même de la nécromancie et de la magie en général, qui sont les plus anciennes sciences de l'homme. On connaît la fameuse coupe de divination de Joseph (Génèse XLIV). Le Deutéronome (XIII et XVIII) et le premier livre de Samuel (1 Samuel XXVIII) parlent de la magie et de la nécromancie. Il en est de même de la fameuse verge d'Aaron et des magiciens d'Égypte (Exode VII).

Il y a un fait surtout, dont on ne saurait trop tenir compte puisqu'il s'agit d'une croyance populaire qui s'est conservée chez la classe la plus nombreuse de tous les peuples jusqu'à nos jours ; nous voulons parler de la peur des spectres et des fantômes. Cette frayeur étrange, ne pouvant être que le résultat de la réalité objective des apparitions, prouve non-seulement la croyance universelle et générale de l'humanité en l'immortalité de l'âme, mais encore en l'influence réelle et substantielle *des purs esprits* sur notre monde matériel, c'est-à-dire *à leurs manifestations visibles et palpables*. L'étude approfondie des traditions sacrées de l'antiquité nous démontre que les apparitions des esprits étaient plus fréquentes dans les temps primitifs, vu la nature plus portée vers la contemplation des hommes lors de cette époque mythologique et héroïque. Le génie de l'antiquité avait en général une disposition très-remarquable pour la contemplation mystique et pour l'extase religieuse. Dans l'Orient surtout, la vie contemplative l'a toujours emporté sur la vie active. — Un *autre fait* d'une haute importance pour le spiritualisme et aussi ancien, aussi populaire que la frayeur des spectres, *c'est le respect des morts.* L'antique culte des aïeux défunts, des Pitris et des mânes a donné lieu au respect des morts.

En effet, rien de plus naturel que ce culte, que les Anciens, plus versés que nous dans les mystères de la pneumatologie, ont voué à leurs ancêtres. Les nombreuses écritures directes des Esprits des parents et des amis de l'auteur prouve que les Esprits des aïeux continuent à veiller en qualité de Génies familiers et d'anges gardiens sur la destinée de leurs descendants, et à prodiguer à ces derniers de tendres soins, des avis, des avertissements et des conseils amicaux. Aussi la postérité reconnaissante a institué des cérémonies religieuses et des fêtes, des tombeaux et des mausolées magnifiques en leur honneur. Il semble même que les premières cérémonies religieuses que les hommes aient rendues aux êtres invisibles et surnaturels, fussent les funérailles, et que les premiers édifices consacrés à l'exercice public de la religion aient été les tombeaux et les mausolées. Quant à Dieu, la haute antiquité ne l'a pas adoré dans des temples construits de mains d'homme. Dieu voulant être adoré en esprit et en vérité, on n'a d'abord non plus institué un culte public en son honneur (Genèse IV, 26). Personne n'osa en effet bâtir une maison à l'Éternel, que les Cieux des Cieux ne peuvent contenir, selon 2 Chron. II, 6. Il n'y avait que les dieux seuls, c'est-à-dire les esprits (Jean X, 34. 35.), auxquels on rendit un culte public dans les édifices consacrés à leur mémoire, parce qu'ils hantèrent certains lieux de préférence. Il n'en fut pas de même de l'Éternel, qui ne fut pas comme les autres dieux, un Dieu *des montagnes* ou des plaines, mais dont le souffle puissant pénètre et embrasse l'univers tout entier. C'est pour cette raison que même de nos jours les *Bedouins* n'aiment pas fréquenter les mosquées, parce qu'ils prétendent qu'*Allah est trop grand pour demeurer dans un lieu de culte, l'univers tout entier étant son temple.*

Le culte des aïeux a malheureusement dégénéré peu à peu en polythéisme; l'homme pouvant abuser des choses les plus sacrées, a commencé par confondre l'adoration qu'il doit à l'Être suprême seul (à l'intelligence créatrice, la source universelle de tout ce qui existe) et le respect dû par lui aux Esprits de ces ancêtres illustres et aux Génies supérieurs qui composent la hiérarchie céleste et dont Dieu se sert pour révéler à l'humanité les vérités religieuses et morales. L'erreur des hommes est facile à concevoir, si l'on se dépouille des préjugés modernes, en consultant les légendes et les traditions sacrées de tous les peuples qui sont remplies de phénomènes surnaturels. Le public lettré sait que nos savants prennent tous ces phénomènes merveilleux pour des fictions, des fables, des mythes, tant individuels que collectifs et même pour des personnifications absurdes des phénomènes de la nature et des idées abstraites. D'après ces traditions anciennes, les Génies supérieurs et les purs Esprits ont dû se manifester souvent, d'une manière palpable et visible, aux hommes des âges héroïques. En Grèce même, suivant les traditions, une foule de Génies et de héros ou Esprits des ancêtres illustres, se montrèrent aux mortels; on voyait surtout les dioscures, montés sur leurs coursiers, conduire même des armées (Pindare, Pyth. I, 1, 127). L'homme des âges mythologiques, ayant donc des rapports continuels avec les esprits, grâce à sa nature contemplative, et ne pouvant jamais apercevoir une manifestation directe de l'Éternel qu'aucun œil mortel n'a vu depuis la chute, commença peu à peu à adorer *l'armée des cieux* et oublia l'Auteur tout-puissant de l'univers. De là le polythéisme, cette grande phase de la décadence religieuse. De là, cette multitude de dieux qui a remplacé le monothéisme primitif et qui est devenu une des sources principales de la décadence de l'humanité et de sa division en tribus différentes. Du reste, le polythéisme n'a jamais exclu absolument un monothéisme supérieur, ce qui résulte non-seulement de l'idée d'un Dieu suprême et des *dii deæque omnes* des Gréco-Romains, mais encore surtout des formes les plus anciennes du polythéisme, telles que le *sabéisme*. Selon le sabéisme, dont le nom semble venir de Saba (armée du ciel), l'homme fut encore bien persuadé de l'existence d'un seul Dieu, créateur de l'univers, mais il adora surtout les anges et les intelligences qu'on croyait résider dans les astres pour gouverner le monde sous la suprême direction de la divinité. Les sabéens honoraient les Esprits célestes, dont ils faisaient des images, comme des divinités inférieures; ils les regardèrent comme leurs médiateurs auprès de Dieu. Ces intelligences célestes (al-Ilâhât) devaient intercéder pour eux, en implorant la miséricorde de Dieu. (*Allah Taâla, le Dieu très-haut.*)

Le polythéisme revêtit peu à peu un caractère historique et successif, grâce aux Esprits des aïeux et au culte superstitieux qu'on leur rendait. Les miracles que ces Esprits opéraient, la protection et le patronage qu'ils accordaient, donnèrent lieu à leur divinisation pure et simple, à des apothéoses condamnables, en vertu desquelles le culte d'un Dieu fut remplacé par un autre; un Dieu adopté plus tard comme tel, renversa l'autel d'un autre. En Grèce, à une époque postérieure, l'oracle de Delphes prononça sur la canonisation des héros ou Esprits qui s'étaient illustrés par leurs vertus et leurs hauts faits durant leur vie terrestre. Surtout lorsqu'une circonstance extraordinaire, un prodige s'était attaché au nom ou à l'image d'un personnage mort, la Pythie consultée, décidait qu'on devait lui sacrifier comme à un Dieu. (Pausanias, VI, 2.)

De là, en Grèce, la confusion des héros avec les démons et les dieux. De là, dans l'antiquité tout entière, le caractère *historique* et progressif du polythéisme, qui contribua surtout à diviser l'humanité en peuples, animés d'un esprit hostile, les uns envers les autres, selon les différents cultes que chacun rendait à ses dieux.

L'homme, ayant détourné ses regards de Dieu, centre unique du monde immatériel, devait de jour en jour plus se matérialiser; son sens interne s'obscurcit peu à peu. On voit (chose triste à dire) la conscience se troubler d'âge en âge, le sublime don de la contemplation s'effacer de plus en plus, l'extase devenir rare, et la lumière divine, qui éclaire tout homme venant au monde, perdre son éclat primitif. Le cerveau, cet organe matériel des facultés intellectuelles de l'âme et le crâne, son enveloppe osseuse, dont la conformation dépend du développement du cerveau, paraît s'aplatir. Un phrénologiste surtout pourra s'en rendre compte, en comparant les bas-reliefs des Assyriens avec les statues de la Grèce et de Rome.

L'homme, devenant tout à fait terrestre et commençant à se préoccuper avant tout de l'organisation politique de la société, de l'agriculture, du commerce, etc., n'a plus la même élévation de l'âme à Dieu, et n'aspire plus aux rapports avec le monde surnaturel. Les besoins de l'homme, changeant de nature, les manifestations du monde surnaturel ont dû cesser d'exercer la même influence sur l'humanité. *L'échelle de Jacob, attachant jadis la terre au ciel, rompit.* Désormais le sublime don de l'inspiration et des miracles ne fut que l'attribut de quelques âmes d'élite, *les amis de Dieu* (Θεόφιλοι), selon l'Iliade (XXIV, 553), par la bouche desquels les Dieux parlaient, et qui entretenaient avec la divinité un commerce de tous les instants.

Cette grande révolution eut lieu bientôt après l'établissement du polythéisme, et de cette grande confusion des langues et des idées. D'abord les hommes véritablement inspirés, les voyants, furent les seuls interprètes des révélations du monde surnaturel; mais bientôt, les rapports avec ce monde des causes invisibles devenant de jour en jour moins intimes, une caste héréditaire se forma, pour satisfaire aux besoins religieux, gravés en caractères ineffaçables dans le cœur de l'homme, même le plus grossier. Le sacerdoce ne devint donc qu'un métier, la propriété d'une classe d'hommes dépourvus de toute véritable vocation céleste. La lettre morte des traditions remplaça *l'esprit vivifiant de la révélation et de l'inspiration*, l'impuissance et la fraude *le don des miracles*, pour continuer à exercer un prestige quelconque sur le vulgaire. Les prêtres n'étudiaient que la lettre morte des traditions révélées, sans en pénétrer l'esprit vivifiant, accordé seul aux hommes inspirés, aux voyants et aux prophètes, qui communiquaient sous l'égide du Saint-Esprit avec le monde surnaturel, étant eux-mêmes des révélateurs des vérités religieuses et morales, tels que Moïse, *les voyants, les prophètes* et *les sages de l'antiquité.*

Malheureusement le ministère prophétique est devenu de plus en plus, faute d'hommes inspirés, un simple secours extraordinaire, que Dieu n'a employé que quand les brebis et les gardiens, peu différents des loups, fraternisent avec eux dans le même esprit. De là l'opposition que le clergé lévitique a toujours fait aux prophètes ; les prêtres ont persécuté les prophètes dans tous les temps, ou les ont dédaignés presque toujours, quand ils ne les ont pas persécutés. L'Église chrétienne même (chose triste à dire) n'a presque jamais prêté attention aux prophètes véritables, ne considérant pas que, le prophète n'étant qu'un voyant en Dieu, l'ascétisme, la contemplation et l'extase sont les ouvertures de ce monde lumineux où il plonge.

Nous regardons donc comme la seconde phase de la décadence non-seulement des croyances religieuses en général, mais encore de toutes les religions positives, y compris le polythéisme, l'époque de l'établissement du sacerdoce. En effet, depuis que les hommes véritablement inspirés, les voyants et les prophètes ont cessé d'être les seuls interprètes des révélations du monde des causes invisibles, le sacerdoce sublime de Melchisédec n'est devenu qu'un métier, l'inspiration étant remplacée par les fonctions cléricales. Quant au peuple, il confondit la tradition sacrée avec la révélation, les prophètes avec les prêtres ; il adora les livres sibyllins comme les oracles qui les avaient écrits, les chênes prophétiques comme ceux qui les avaient consacrés et rendus divins, tel qu'Orphée et Mélampe en Grèce et Hermès ou Anoubis en Égypte. Tout devient peu à peu le symbole ou la représentation sacrée d'une des divinités païennes. C'est ainsi que nous arrivons à la *troisième phase de la dé-*

cadence des croyances religieuses, durant laquelle le polythéisme spiritualiste tend à l'idolâtrie, au fétichisme, au culte de la nature, etc. Les forces naturelles, ainsi que les principes abstraits, remplacent peu à peu les êtres immatériels.

Si nous jetons un coup d'œil sur les différents pays, nous voyons que le mélange des races joue ici un grand rôle. La *race blanche* ou *Aryenne* et la *race jaune de l'Asie centrale et du Nord de l'Europe* conservent plus ou moins des idées spiritualistes. Il n'en est pas de même des peuples, tels que les Assyriens et les Égyptiens, grâce à l'influence de la race noire, dont l'imagination ardente et le sens plastique transforme bientôt le spiritualisme dans un fétichisme et dans le culte des objets vivants de la nature, tels que l'adoration d'Apis en Égypte, et dans l'idolâtrie des choses mortes et inertes, telles que le veau d'or et le Bel. Certes, il fallait aux sens grossiers des Noirs des objets visibles en qualité de symboles des êtres invisibles. Au reste, si nous attribuons à l'influence des Noirs l'idolâtrie et le fétichisme, il faut bien reconnaître, pour être juste envers tout le monde, que le culte grossier de ces sauvages renferme plus d'éléments spiritualistes que le scepticisme et le matérialisme de la philosophie rationaliste et panthéiste de l'Europe moderne depuis une centaine d'années.

De nos jours, M. Gobineau, dans son ouvrage sur l'inégalité des races, voulant à tout prix bannir l'influence de la révélation du monde surnaturel et le développement des idées *de l'histoire*, a réduit les annales de l'humanité à une simple science naturelle; il traite l'homme en vil bétail, dont les espèces et les races se détériorent et dégénèrent par des mélanges. Cet écrivain a émis les théories les plus absurdes sur la décadence des différentes phases de la civilisation. Il n'existe point d'erreur plus grossière que de vouloir tout réduire à des mélanges ethniques. *Le spiritualisme n'a pas été seulement le culte primitif de la race blanche, mais encore celui de la race jaune. Les Finnois et les anciens indigènes de l'Amérique n'ont été, sous ce rapport, nullement inférieurs à la race blanche. De nos jours ces peuples arriérés sont* même beaucoup *plus spiritualistes que les Européens civilisés de la race Aryenne.* Il n'y a que les Noirs seuls, dont le penchant à l'idolâtrie et au fétichisme est connu de toute ancienneté, qui soient inférieurs sous ce rapport aux autres races. C'est un fait bien constaté que leur influence pernicieuse a altéré le spiritualisme primitif des Assyriens et des Égyptiens. En Égypte (d'après Jules l'Africain) le *culte d'Apis* fut établi sous le règne de Kaiechos, second roi de la seconde dynastie (dynastie Thinite), lorsque l'influence des vaincus de race noire se faisait déjà sentir dans les mœurs, les coutumes et dans les institutions religieuses et politiques : ἐφ οὗ οἱ βόες Ἄπις ἐν Μέμφει καὶ Μνεῦς ἐν Ἡλιόπολει καὶ ὁ μενδήσιος τράγος ἐνομίσθησαν εἶναι θεοί. (Bunsen, l'Égypte, tome II, p. 103.)

L'Égypte ne fut admirable que dans la plus haute antiquité ; alors c'est vraiment le sol des miracles ; sa décadence commence de bonne heure. De là la prohibition jetée sur *l'imitation des formes humaines* par la Bible chez les Hébreux et par le Coran chez les Arabes, voisins des Chamites mulâtres, peuples si enclins à outrepasser les bornes d'une légitime admiration. Tout penseur doit reconnaître, avec la

Bible et le Coran, l'utilité spiritualiste de cette défense. Peut-être l'influence de la race noire a eu sa part à l'abus qu'on a fait aux Indes de la doctrine de la Métempsychose, en croyant que l'âme humaine, l'esprit intelligent, puisse s'incarner dans les corps des différents animaux, pour expier ses péchés et ses fautes commises dans sa vie antérieure; de là aussi le culte de la vache et une foule d'autres pratiques religieuses absurdes, depuis l'introduction du culte de Schiwa.

Le paganisme et le polythéisme, dégénérant peu à peu en idolâtrie, ont dû aboutir au scepticisme et à l'incrédulité durant les dix derniers siècles de l'antiquité jusqu'à la réhabilitation finale des anciennes traditions religieuses par l'éclectisme de l'école d'Alexandrie, pour mieux tenir tête au christianisme. *L'époque critique et sceptique de la philosophie ancienne fut la quatrième phase de la décadence des croyances religieuses de l'antiquité.*

Cette ère de la décadence religieuse fut marquée aux Indes par l'apparition du *bouddhisme*. Cette doctrine, tout en acceptant, du reste, la cosmogonie, la théologie et la démonologie du brahmanisme, affirmait pouvoir conduire les hommes non-seulement dans *le sein de Brahma* (d'où, après un certain laps de temps, l'ancienne théologie enseignait qu'il fallait sortir, par suite de l'épuisement des mérites, pour recommencer la série des existences terrestres), *mais dans l'essence du Bouddha parfait,* où l'on trouvait le *nirwana*, c'est-à-dire le complet et éternel néant. Ainsi le bouddhisme, cette théorie purement rationaliste et humaine, laquelle ne fut ni inspirée ni révélée, effaça jusqu'à l'abîme de la négation panthéiste l'immortalité individuelle au sein de Brahma.

Le bouddhisme nous montre pleinement à quel point d'avilissement tombe une théorie rationaliste qui s'aventure hors des écoles, et entreprend la conduite des peuples. Procédant à l'inverse de ce qui se voit dans les véritables religions, théosophies et même philosophies, au lieu de faire que la loi morale découle de l'ontologie, c'est, au contraire, l'ontologie qui découle de la loi morale suivant cette doctrine. De là une théologie sans âme, un culte rempli de niaiseries, telles que le cylindre de prières, qui, placardé sur des manuscrits d'oraisons, et mis en rotation par une force hydraulique, est censé envoyer au ciel l'esprit pieux contenu sous les lettres, et en réjouir les dieux.

Cette décadence générale des croyances religieuses devait, selon les vues miséricordieuses de la Providence, qui n'abandonne jamais l'humanité, susciter des réformateurs et des prophètes. Les trois plus illustres de ces réformateurs qui aient établi un théisme moral sublime, unique base de toute véritable religion, furent Zoroastre en Perse, Laot-seu en Chine, et Pythagore en Grèce. Nous ne parlons pas des Israélites, de ce peuple élu et privilégié par excellence (Nombres XXIII, 9), et chez lequel les prophètes n'ont pas cessé d'annoncer la nouvelle phase de la révélation dans la personne du Messie.

Zoroastre (Zerduscht) fut un réformateur des croyances brahmaniques, dont on trouve des traces dans le Zend-Avesta (Burnouf, Comment. sur le Gaçna, tome Ier, page 342). Il s'est révolté contre l'usurpation des Brahmanes, qui non-seulement avaient confisqué les anciennes fonctions sacerdotales de tout père de famille libre, mais qui s'étaient arrogé peu à peu, à l'aide de la consécration royale, la conduite suprême du gouvernement. Tout porte dans le magisme un caractère protestant, et c'est là que se voit la colère contre le brahmanisme (Lassen, *Indische Alterth.*, tome Ier, pages 516, 525). Les *devas*, les *bons esprits*, selon les Indiens, devinrent, dans le langage sacré des Zoroastriens, les *divs*, c'est-à-dire les *mauvais esprits* ou *démons* (terme absurde, adopté de nos jours pour désigner les mauvais esprits, bien que le mot δαιμών, chez les Grecs, ne désigna aucune qualité, ni bonne, ni mauvaise, d'un esprit). Le nom d'*Indra* même est donné à un mauvais génie par les Zoroastriens. On connaît la haute portée morale du dualisme zoroastrien, si supérieur sous ce rapport au polythéisme *gréco-romain*. Du reste, on en rencontre des traces dans la doctrine égyptienne d'Isis, d'Osiris et de Typhon. Il en est de même de la mythologie grecque et des philosophes les plus illustres de cette nation, tels que Pythagore, Héraclite, Empédocle et Platon (Plutarque, *De Iside et Osiride*, 45-55). Le bon principe est bien supérieur au mauvais, qui ne se manifeste que *dans la région sublunaire*.

On conçoit que dans une esquisse aussi rapide de la décadence des anciennes croyances religieuses, nous ne pouvons que citer les noms de ces trois immortels réformateurs, sans même effleurer leurs doctrines sublimes; plus tard, dans les chapitres qui traitent des esprits et de leurs rapports à l'âme humaine, nous parlerons de leurs idées remarquables, concernant ces sujets intéressants de la science surnaturelle.

Du reste, en Grèce Pythagore ne fut pas le seul réformateur spiritualiste parmi les philosophes; en général, tous les penseurs les plus profonds de cette nation tendirent vers la sphère élevée du spiritualisme. C'est au spiritualisme que nous devons encore la philosophie profonde de Héraclite, la morale céleste de Socrate, inspiré par le fameux génie familier (*démon*) de ce grand homme, et l'idéalisme sublime de Platon, l'une des plus belles conceptions que l'esprit humain ait jamais enfantées. Une foule d'autres penseurs suivirent les traces de Pythagore, de ce précurseur du Christ parmi les Grecs, qui, le premier dans sa fameuse confédération, a réalisé le principe de la charité. Cicéron (*de Off., lib. I*) et Aulus Gellius (*lib. I, cap. 9*) disent : « *Pythagoras ulti-« mum in amicitia putavit, ut unus fiat ex pluribus.* » Ces paroles de Pythagore offrent une analogie frappante avec celles du Christ (Jean XVII, 21) : « *Afin que tous soient un,* « *ainsi que toi, Père, es en moi, et moi en toi; afin qu'eux* « *aussi soient un en nous, et que le monde croie que c'est toi* « *qui m'as envoyé.* » Saint Paul dit de même (Romains XII, 5) : « *Ainsi nous qui sommes plusieurs, sommes un seul corps* « *en Christ, et chacun réciproquement les membres l'un de* « *l'autre.* »

Au reste, malgré les progrès du scepticisme, non-seulement les philosophes spiritualistes, qui examinaient au flambeau de la raison la haute sagesse de l'antiquité, se prononcèrent en faveur des anciennes croyances religieuses, mais encore les oracles continuèrent à exercer un prestige immense sur la majorité du peuple, du bas peuple surtout, en Grèce et à Rome. Certes, la plupart des oracles ont été établis *dans des siècles d'ignorance?* — selon nos *prétendus savants* et *sophistes;* mais on peut leur répondre que c'est un fait constaté par l'histoire, *que les oracles ont subsisté durant les siècles les plus éclairés,* selon nos savants modernes eux-mêmes. Tel fut le prestige des oracles même dans ces siècles de lumières, qu'ils tinrent encore le premier rang, en présidant aux destinées des nations; on les consultait quand l'État était en danger, ou lorsqu'on voulait connaître l'avenir. Certes, la haute considération dont jouissaient les oracles devait peu à peu tomber en discrédit, surtout aux yeux des philosophes sceptiques, depuis que les hommes et les femmes inspirées par les dieux furent remplacés par la caste sacerdotale, qui ne faisait qu'un métier en exerçant les nobles fonctions du sacerdoce et de la prophétie. L'amour de l'or et de l'argent entraîna même quelquefois les Pythies, choisies parmi les femmes inspirées et visionnaires, à la fraude et à un ignoble trafic des vérités surnaturelles. On connaît la fameuse corruption de la supérieure des prêtresses de Delphes par Cléomène Ier, roi de Sparte, qui voulait priver Démarate de la coroyauté, en attaquant la légitimité de la naissance de ce dernier. Cette fourberie fut découverte quelque temps après, et la prêtresse privée de sa dignité pour venger l'honneur de l'oracle. Que certains oracles se soient laissés corrompre, cela n'explique rien, la fourberie et la fraude n'étant que l'imitation de la vérité et de la réalité. Comment ces fourbes et ces imposteurs ont-ils pu, sans discontinuation, se succéder perpétuellement les uns aux autres, et si bien cacher leur jeu pendant trente siècles que personne ne s'en soit aperçu? Comment s'est-il pu faire que tant de nations n'aient jamais reconnu qu'ils étaient les dupes de quelques fourbes? Par quel artifice ces derniers avaient-ils pu faire en sorte qu'il n'y eut de l'esprit que parmi eux, et que tous les autres hommes en fussent absolument dépourvus? Un homme qui passe pour avoir eu beaucoup d'esprit aux yeux de l'Académie française, dont il fut jadis un membre immortel, Fontenelle, a voulu résoudre ce problème pour combattre l'autorité des oracles, en disant que, si on lui donnait une demi-douzaine de personnes à qui il puisse persuader que ce n'est pas le soleil qui fait le jour, il ne désespérerait pas de faire embrasser cette opinion à des nations entières? — (Eugène Bareste, Nostradamus, p. 69 et 165).

En vérité, le spirituel académicien comptait beaucoup sur la stupidité des hommes, sans connaître sa stupidité personnelle, malgré son souverain mépris du genre humain! —

L'autorité des oracles ne fut, en effet, jamais renversée; même du temps de César et d'Auguste, et au commencement de l'ère chrétienne, époque où la décadence du polythéisme avait atteint son apogée, grâce aux critiques des *Péripatéticiens,* des *Cyniques* et des *Épicuriens.* Beaucoup d'historiens illustres de cette époque, tels que Diodore de Sicile, Denys d'Halicarnasse, Dion-Cassius, Florus, etc., furent très-portés aux oracles et aux phénomènes surnaturels. Il en est de même de l'illustre Plutarque, qui, dans son intéressant ouvrage *De la cessation des oracles,* se prononce ouvertement en faveur des oracles; il dit : « *La ruine de* « *plusieurs villes* de la Grèce *détruites* ou *dépeuplées,* les « irruptions subites des Barbares et la chute de plusieurs « Empires *attestent la vérité des oracles.* » Les malheurs que vient d'éprouver Cumes, n'étaient-ils pas une dette que le temps a acquittée envers les Sybilles, qui les avaient anciennement prédits. Plutarque ajoute plus loin : « S'il est difficile « de croire que la divinité n'ait point eu de part à ces évé- « nements, à plus forte raison n'a-t-on pu les prédire sans «son inspiration.» (Œuvres morales de Plutarque, traduites par Ricard, t. II, p. 261, etc.; édit. de 1844.)

Quand l'oracle, non content d'annoncer l'événement, spécifie souvent la manière, le temps, l'occasion et les personnages, alors ce n'est plus une conjecture incertaine; c'est une prédiction réelle de ce qui doit arriver.

Tel est le fameux oracle, qui prédit qu'*Agésilas* resterait boîteux d'une blessure, et les désastres *de Lacédémone vers la fin de son règne*:

«Tremble Lacédémone, au faîte de la gloire,
«Crains que ton roi boîteux, nuisant à tes succès,
«Par des maux imprévus n'arrête tes progrès,
«Et de longs flots de sang ne souille ta victoire.»

(Plutarque, traduct. de Ricard, t. II, p. 262.)

A Rome, cette image affaiblie de la Grèce au point de vue religieux et spiritualiste, on consulta même encore l'oracle de Delphes avant la fameuse bataille de Pharsale, qui devait décider des destinées de la République. Tous les lettrés connaissent la description des fureurs surnaturelles de la Pythie par Lucain. (Pharsale, vers. 71-223.)

Pourtant, en général, on n'osa plus consulter les oracles au sujet des affaires publiques depuis la chute des républiques en Grèce et à Rome. Lucain dit que l'oracle de Delphes est muet depuis que les rois craignent l'avenir et ne veulent plus laisser parler les dieux. Il en a été de même chez tous les peuples. Suivant la Bible, les rois d'Israël et de Judée persécutèrent les prophètes. Saül extermina déjà les devins et ceux qui avaient l'esprit de Python, bien qu'il eut lui-même recours à eux dans des cas de nécessité extrême (XXVIII, 3-25). Lucain déplore cet aveuglement des princes, en disant que c'est le plus grand malheur de notre siècle d'avoir perdu cet admirable présent du ciel. Saint-Paul dit également (1 Thess. V, 20) : « *Ne méprisez point les prophé-* « *ties.* » Le même apôtre y ajoute dans la première épître aux Corinthiens (chap. XIV, 1, 39) ce qui suit : « *Désirez avec* « *ardeur* les *dons* spirituels, mais surtout *celui* de *prophé-* « *tiser.* »

C'est donc un fait constaté par l'histoire, que même dans les plus mauvais jours du polythéisme, les prêtres et les Pythies ont continué d'opérer des miracles et de prédire l'avenir des nations et des individus ; jamais les oracles ne se sont tout à fait tû ; Rome même n'a jamais perdu sa foi religieuse à ce degré, comme l'Europe moderne, malgré les lumières supérieures du christianisme.

La décadence du polythéisme fit des progrès rapides depuis Aristote. Certes, loin de nous de nier le spiritualisme de cet grand homme, qui ne méconnaît pas la valeur des recherches concernant les êtres et les essences invisibles (*De cœlo*, II, 12) ; mais il faut bien convenir qu'Aristote, le premier, a détourné les regards de l'humanité de cette sphère pour les diriger principalement vers les régions inférieures de la logique abstraite, de la politique, de la morale et des sciences exactes et physiques.

La décadence du spiritualisme entraîna avec elle celle de la liberté, de la gloire et de l'indépendance de la Grèce. Le scepticisme et la frivolité frayèrent le chemin à la tyrannie et au joug de l'étranger. Ce fut en vain que quelques stoïciens croyaient pouvoir remplacer la religion par la philosophie ; certes, la morale de cette école fut sublime et austère ; mais cette doctrine purement rationaliste et humaine n'eut aucune base religieuse. Aussi, cette philosophie, ne pouvant pas même tenir lieu du polythéisme, nous démontre l'impuissance de l'intelligence humaine et la nécessité indispensable de la révélation surnaturelle pour satisfaire aux besoins religieux et moraux de l'homme.

Ce fut au milieu de cette décrépitude de toutes les croyances religieuses et de toutes les idées que *la seconde grande phase de la révélation,* que l'on ne saurait comparer qu'à la révélation primitive, fut annoncée aux hommes par le Christ, pour délivrer l'humanité du joug des ténèbres. Chose étrange, à peine le christianisme, dont l'histoire primitive ne fut qu'un continuel prodige, eût-il entamé le domaine du paganisme, que le polythéisme commence à se rajeunir pour pouvoir mieux se défendre contre son nouvel adversaire. L'école de Pythagore, du plus illustre réformateur de la Grèce, renaît. L'illustre adepte de Pythagore, Apollonius de Tyane, parcourt le monde en Messie du paganisme et opère une foule de miracles; la renommée de sa haute sagesse et de sa sainteté retentit d'un bout à l'autre du vaste Empire romain. Les mystères d'Isis et d'Osiris, les restes de l'ancien culte des Égyptiens furent exhumés; il en fut de même de la sagesse des Mages et des Indiens. C'est alors qu'on vit renaître une foule de pratiques superstitieuses et de cérémonies, dont on avait oublié le sens profond; les oracles redoublèrent d'activité et de zèle; Apollonius de Tyane lui-même, au dire de Philostrate, son biographe, visita tous les oracles de la Grèce. On remua ciel et terre pour écraser la nouvelle religion du Nazaréen; la terre fut de nouveau rattachée au ciel et la philosophie à la révélation.

Les néo-pythagoriciens et les néo-platoniciens aboutirent à

la fameuse école d'Alexandrie, le plus vaste éclecticisme de toutes les philosophies et de toutes les traditions religieuses qui ait jamais existé. Le polythéisme se régénéra donc, en remontant aux révélations primitives, et en puisant aux sources plus profondes des anciens penseurs. Ce recours au spiritualisme primitif de toutes les traditions sacrées, alors connues dans le monde gréco-romain, grâce à la réconciliation de la foi et de la raison, de la religion et de la philosophie opérée par l'école d'Alexandrie, a mis le polythéisme à même de tenir tête durant plusieurs siècles aux assauts continuels et violents d'une religion évidemment bien supérieure et dont les adeptes furent réchauffés et éclairés par les rayons du soleil levant. La lutte fut rude; il fallait combattre le paganisme par le talent et avec l'arme intelligente de la persuasion; néanmoins, malgré l'excellence de la doctrine morale du christianisme, et bien que le sang des martyrs coulât à flots, les apôtres et leurs successeurs n'auraient jamais triomphé, s'ils n'eussent pas opéré des miracles pour contre-balancer les oracles. Les miracles et les prodiges *seuls* confirmèrent la Parole du Seigneur. (Marc XVI, 20.)

Cette *dernière phase* du polythéisme, *sa renaissance* finale à la vie, dans ses derniers jours, pour combattre le christianisme qui aspira à l'Empire du monde, est certes un des tableaux les plus intéressants que les annales de l'humanité offrent à l'observation d'un historien philosophe.

Cette ébauche de la décadence graduelle du spiritualisme et des religions positives est basée sur la *tradition des âges*, dont on trouve des traces chez tous les peuples de l'antiquité. L'idée principale sur laquelle repose cette tradition des âges, c'est la décadence morale dont est frappée l'humanité depuis qu'elle s'est écartée de la direction primitive des dieux et des génies, du sentier de la vertu et de l'innocence primordiale; l'humanité a été toujours alors s'avançant dans la voie du mal. Le public lettré connaît la doctrine des *Yougas,* développée par les Hindous, les quatre périodes des Perses, qui fixaient la durée du monde à 12,000 ans, répartis en quatre périodes. Il en est de même des quatre âges, selon les traditions des Grecs et des Romains, aux yeux desquels la dégénérescence graduelle a trouvé dans la série des *métaux une image naturelle;* l'*or,* l'*argent,* l'*airain* et le *fer* sont devenus pour ces peuples le type de ces quatre stations de l'humanité, par lesquelles l'homme est descendu de la félicité divine à la misère.

On saisit dans cette tradition des âges des traits d'une analogie assez remarquable avec les premiers chapitres de la Genèse.

CHAPITRE II.

Le spiritualisme depuis l'avénement du Christ.

Le christianisme, cette nouvelle révélation, a parcouru les mêmes phases que l'ancienne révélation primitive. Ce n'est pas ici le lieu de donner une esquisse de la décadence de cette nouvelle religion; nous voulons seulement faire en peu de mots le parallèle des anciennes religions et de la révélation nouvelle.

L'*âge d'or du christianisme* fut, sans contredit, contenu dans les premiers siècles après l'avénement du Christ. C'est dans ces siècles des martyrs que la foi qui transporte les montagnes et opère les miracles se manifeste de la manière la plus éclatante. Aussi le *christianisme parvint,* au bout de plusieurs siècles, grâce à cette *ardeur de la foi, à l'Empire du monde romain.* Néanmoins, on aperçoit déjà, dans le troisième et le quatrième siècle de notre ère, les signes précurseurs de la décadence de la nouvelle religion.

Le nombre de ses adeptes ayant crû et les besoins religieux ayant augmenté, les hommes inspirés par l'Esprit saint ont cessé d'être les seuls interprètes du christianisme. Une classe d'hommes de métier, le *sacerdoce* les remplace; hélas! les prêtres étaient souvent dépourvus de toute véritable vocation céleste. Ils étudiaient la lettre morte du Code sacré, sans en pénétrer l'esprit vivifiant, accordé à ceux qui par une foi fervente parviennent à une communication plus ou moins directe avec le monde surnaturel, comme beaucoup de saints et de saintes que l'Église romaine elle-même a canonisés. *L'établissement du sacerdoce fut* donc dans l'histoire du christianisme, comme dans celle des anciennes religions, *l'une des principales phases de la décadence.* Le sacerdoce entraînant avec lui une hiérarchie mondaine, une Église trop visible et trop matérielle, un pouvoir social et souvent une alliance monstrueuse de l'Église et de l'État (*la Césaréopapie*), devait altérer le caractère simple et céleste du christianisme primitif.

Quant aux doctrines, l'influence du polythéisme se fit bientôt sentir; le monothéisme sublime fut peu à peu absorbé dans la théorie de la Trinité; l'invocation des saints dégénéra en une véritable adoration; enfin, *grâce à la Marialâtrie, Dieu a changé même presque de sexe au moyen âge.*

Toutes *ces erreurs devaient aboutir à l'idolâtrie dans les siècles d'ignorance durant le moyen âge*. Nous devons malheureusement à cette ère, où la pensée a sommeillé, un autre héritage plus funeste encore que ces velléités de polythéisme et d'idolâtrie, savoir : la *démonophobie*. Ce chef-d'œuvre du Satan est le grand cheval de bataille de Béelzébub, à l'aide duquel il a voulu même battre en brèche les miracles du Christ, en faisant passer notre Seigneur lui-même pour un démoniaque ou pour un fou (Jean X, 19-21). *Or, la démonophobie déracine dans le cœur de l'homme la sympathie pour le monde surnaturel, en brisant l'échelle de Jacob que Dieu a établie pour rattacher la terre au ciel.*

L'idolâtrie et la *démonophobie* devaient *avoir pour conséquence nécessaire le scepticisme.* C'est en vain que la réforme essaya de rétablir l'âge d'or du christianisme primitif; certes, le génie et le courage ne manquèrent pas au géant de Wittenberg, mais il fut trop peu secondé par la race bien affaiblie de ses successeurs. La réforme pouvait ébranler l'autorité infaillible de la papauté, et conquérir pour le genre humain les biens précieux du libre examen et de la liberté de conscience; mais la foi qui transporte les montagnes et opère les miracles n'embrasa pas le cœur de la plupart des réformateurs. Leurs tentatives de restaurer l'âge d'or devaient donc échouer; *la théologie étroite et bornée de Calvin effaça le domaine merveilleux et l'influence du monde surnaturel. Le scepticisme et le rationalisme arrêtèrent bientôt le mouvement de la réforme.* Le criticisme et le panthéisme des abstractions logiques et l'étude des sciences naturelles ont fini par étouffer tous les germes de la foi et de la théosophie. *L'état actuel de la religion est malheureusement ce qu'il y a de plus triste au monde.* La foi de la plupart des prêtres et des pasteurs n'est qu'une foi historique et morte, incapable de transporter des montagnes et d'opérer des miracles; ils ne guérissent plus les malades et ne viennent que pour administrer la dernière onction au malade, condamné par la médecine à une mort inévitable; nos pasteurs ne tiennent plus compte des passages à jamais mémorables de l'épître de Saint-Jacques (chap. V, 14, 15). Pour éviter au lecteur la peine de les chercher dans la Bible, nous citons ces deux versets remarquables : « *Y a-t-il quelqu'un parmi vous qui « soit malade? qu'il appelle les anciens de l'Église, et qu'ils « prient pour lui, et qu'ils l'oignent d'huile au nom du Sei- « gneur. Et la prière faite avec foi sauvera le malade, et le « Seigneur le relèvera, et s'il a commis des péchés, ils lui « seront pardonnés.* » L'exemple du Christ et des apôtres n'a plus aucune importance pour les pasteurs et les prêtres. C'est en vain que Gassner et le prince de Hohenlohe *ont suivi les traces des apôtres;* le diacre Paris *a*, comme jadis le prophète Elisée (2 Rois XIII, 21), *opéré des miracles* même après sa mort. Tous ces faits sont bien constatés même par les sceptiques; mais, chose étrange, les orthodoxes ont peur du diable et des démons, comme jadis les pharisiens du temps de Christ. *La démonophobie aveugle qui croit même aux guérisons démoniaques,* détruit les relations avec le monde surnaturel et raffermit de plus en plus le pouvoir du matérialisme et du scepticisme, ce règne de Satan par excellence. M. de Mirville, le champion le plus érudit de la démonophobie, regrette même la défaite prochaine du matérialisme, qu'il prévoit (Des esprits et de leurs manifestations fluidiques, p. 447 et suiv.). L'aveuglement du parti orthodoxe, en effet, tient à la folie et ne saurait être attribué qu'à l'influence occulte et morale du prince des ténèbres lui-même. Les prêtres et les pasteurs affectent une croyance aveugle et ne savent plus qu'ils prêchent ce qu'ils ne pratiquent pas ; ils s'arrogent encore le droit de pardonner les péchés, sans tenir compte des paroles du Christ (S. Marc II, 9) : « *Car lequel est le plus aisé, ou de dire au paralytique:* « *Tes péchés te sont pardonnés; ou de lui dire: Lève-toi, et* « *charge ton petit lit, et marche.* » Le Christ confirma *par le miracle de la guérison* son pouvoir de pardonner les péchés ; mais nos prêtres et pasteurs faisant un triage arbitraire de la parole de Dieu, croient que la foi qui transporte les montagnes et opère les miracles, n'a été accordée qu'aux apôtres, mais que le droit de pardonner les péchés, de prêcher, d'instruire et d'enseigner leur est dévolu. Or, selon la parole de Dieu, celui qui n'est pas inspiré de Dieu, *ne doit ni prêcher, ni guérir, ni opérer des miracles, ni pardonner les péchés.* Selon 1 Corinth. XII, 4, il y a diversité de dons, mais il n'y a qu'un même esprit et le don de guérison est donné par ce même esprit (1 Corinth. XII, 9). Il ne faut donc pas dédaigner ni la prophétie, ni la guérison, si l'on ne fait que prêcher. La décadence de la religion aboutit toujours à celle de la haute science, c'est-à-dire de la philosophie et de toutes les sciences morales, politiques et historiques ; il n'y a que les sciences prétendues exactes, telles que les mathémathiques et la physique, qui puissent faire des progrès dans un tel état des choses ; on peut même dire, que l'abaissement de la haute science des causes, grâce au scepticisme et au matérialisme, est surtout favorable à la culture de ces sciences inférieures, inanimées et matérielles, n'ayant pas d'autre but que de développer l'industrie et le commerce et le bien-être matériel de l'homme. Aussi, de nos jours, l'inclination de l'homme le porte à ne rechercher que les choses matérielles; voilà pourquoi: il devient de plus en plus sceptique à l'égard des choses invisibles, et plus il a de moyens de satisfaire son matérialisme, plus il a de peine à s'élever aux recherches de la vérité dans une sphère tout à fait intellectuelle et spirituelle. Aussi nos académies des sciences ne s'occupent que *des vers à soie, des crustacés*, etc., sans songer au domaine moral. M. Biot, dans son discours de réception à l'Académie française (le 5 février 1857) dit: « *Celui qui a constaté dans le moindre animal microsco-* « *pique, dans la plus faible pousse d'un végétal vivant au-* « *tant de merveilles que tout le ciel même nous offre, se* « *trouve aussi complétement dispensé de prendre part aux* « *affaires publiques, que s'il vivait dans Saturne ou dans* « *Jupiter.* » — *Paroles absurdes et impies*, qui démontrent le dédain que les physiciens professent pour les sciences morales et pour leur application aux sociétés humaines! Certes, un jour viendra, où l'humanité se moquera de ces physiciens matérialistes, qui croient être les seuls dépositaires des lois de la nature, dont ils ne connaissent que les apparences matérielles. En effet, la science moderne est bien déchue depuis le dix-huitième siècle surtout, si on la compare *à cette haute philosophie des Anciens, qui donnait la connaissance des causes*. La science des Anciens était une œuvre complète; elle embrassait aussi bien les causes que les effets: la *psychologie*, la *pneumatologie*, la *métaphysique, que la logique et la physique*; elle était, pour nous résumer en un mot, *la science des rapports du monde des esprits et du monde des corps, tandis que nos Académies l'ont réduite à une partie mesquine et étroite, à la matière seule. Les savants modernes ont rejeté du sanctuaire des sciences le plus beau fleuron, l'étude de l'âme et du monde des causes surnaturelles et invisibles;* ils ne tiennent plus compte des types et des protypes de Platon, de ces formes immatérielles, qu'Aristote même, malgré son penchant au réalisme, a admises, et que Zenon, malgré son empirisme, a respectées.

En Allemagne, qui passe pour la patrie ou le foyer de la philosophie moderne, il n'y a pas eu de théosophe ou philosophe véritable depuis le fameux cordonnier Jacques Bœhme, que l'on a appelé avec raison le *philosophus teutonicus*. De nos jours, c'est-à-dire depuis une centaine d'années, l'Allemagne n'a produit qu'une foule de philosophes sceptiques et critiques et des logiciens plus ou moins abstraits. On ne peut en excepter que Hamann, Novalis, Eschenmayer et Bader, ainsi que les théologiens Œttinger et Rothe; il en est de même de l'illustre J. Kerner, l'auteur de « La voyante de Prévorst.» Malheureusement, des pseudo-philosophes et des pseudo-critiques, tels que Weber, Strauss (l'auteur phantastique de la vie de Jésus), etc., ont osé tourner en ridicule les recherches approfondies de cet homme remarquable dans le domaine de la psychologie.

En Suède, le dix-huitième siècle, cet âge qui a inauguré le règne du matérialisme, a vu naître le célèbre Swédenborg, le précurseur du spiritualisme moderne.

En France, pays que jadis, au moyen âge, saint Bernard, les deux Victorins (Hugo et Richard) et Jean Charlier de Gerson ont illustré, nous ne pouvons guère compter que saint Martin et peut-être le comte Joseph de Maistre et Ballanche, dont les idées renferment, du reste, une dose très-faible de mysticisme.

Quant à l'*éclectisme de Cousin,* ce chaos ne mérite pas le nom d'une philosophie quelconque; aussi l'auteur a eu le bon esprit de renoncer aux études philosophiques pour consacrer ses veilles à la biographie des dames galantes et des cotillons du dix-septième siècle.

Si nous passons de la philosophie à la théologie, nous rencontrons en Allemagne, où cette science est encore cultivée, des discussions stériles au sujet de l'intervention directe de la divinité et du monde surnaturel, de la révélation et des miracles. Tous les lettrés connaissent les concessions absurdes que des théologiens prétendus orthodoxes, tels que Néander, Tholuck, Nitzsch, J. Müller, etc., ont faites, en matière de miracles, aux rationalistes et à l'école spéculative et critique. *La tendance de naturaliser* et de sacrifier *les miracles objectifs* de la Bible aux prétendus *miracles moraux et subjectifs de la régénération de l'humanité,* selon les idées bornées *de J. H. Fichte jeune, a envahi malheureusement même les esprits de la plupart des professeurs de théologie orthodoxe* et l'école de Schleiermacher, laquelle flotte sans boussole quelconque entre les orthodoxes et les rationalistes, les critiques négatifs et l'école spéculative. Le prétendu théisme spéculatif de Fichte *a enrayé l'intervention directe de la divinité et du monde des esprits* dans les destinées humaines. La divinité ne se manifeste que d'une façon immuable par les lois de la nature, dont l'histoire ou le développement du genre humain n'est que le complément moral. On ressent dans la sphère de la théologie protestante, *deux genres* d'influences funestes, savoir l'influence du scepticisme et du criticisme de Kant et de la logique abstraite, inanimée et formaliste de Hegel, *d'un côté*, et, *de l'autre*, l'*influence*, non moins pernicieuse, de la critique historique et négative, inaugurée par Niebuhr. Hegel, *ayant absorbé* la véritable métaphysique, c'est-à-dire la haute science des causes invisibles et des rapports du monde surnaturel au monde matériel et visible, *dans une logique fade et bornée*, devait creuser la fosse de la philosophie véritable et de toutes les sciences morales. Niebuhr, *de son côté, a effacé* toutes les traces merveilleuses, en un mot, la *théophanie dans l'histoire primitive*, en remplaçant les faits si simples et si vrais de la mythologie par des hypothèses, tristes produits du dévergondage de son imagination féconde. C'est un fait bien constaté par le public lettré que *Strauss, Bauer, Feuerbach et le matérialisme grossier des incrédules procèdent aussi bien de Niebuhr que de Hegel.*

Quant aux simples pasteurs orthodoxes, voyant les miracles niés et la base surnaturelle et spiritualiste de la religion minée et sapée, ils réclament à haute voix le *rétablissement des Symboles* du seizième siècle; *ils croient arrêter, par des digues aussi faibles que surannées, le torrent dévastateur de l'incrédulité.*

L'*Église catholique*, en matière de miracles, se trouve placée sur un terrain beaucoup plus favorable; il faut rendre cette justice au rocher de saint Pierre d'avoir toujours *cru à la continuation des miracles et des révélations surnaturelles jusqu'à nos jours;* l'Église catholique reconnaît même que la doctrine de l'Église se développe dans les temps.

Saint Augustin dit à ce sujet *que le genre humain reçoit, comme un seul homme, des instructions du ciel, propor-*

tionnées à ces divers âges. Saint Thomas dit que la révélation se développe non quant à la substance de la foi, mais quant au *nombre des articles de foi*. « *L'Église*, dit l'abbé Gaume, dans son Catéchisme de persévérance, cette divine épouse de l'Homme-Dieu (selon l'illustre Mœhler, dans sa Symbolique) est comme Jésus-Christ : à mesure qu'il avançait en âge, nous dit l'Écriture, Jésus avançait en sagesse et en grâce devant Dieu et devant les hommes. La plénitude de l'Esprit saint réside et a résidé, dès le commencement, dans la révélation divine ; mais elle ne montre la sagesse éternelle que par des degrés proportionnés aux âges divers de l'humanité. »

Les idées progressives de ces savants docteurs ne peuvent malheureusement se faire jour dans la vie pratique de l'Église, le libre examen étant opprimé par la hiérarchie cléricale, et la démonophobie arrêtant tout progrès du spiritualisme. La *démonophobie* a jeté des racines aussi profondes, qu'on pourrait l'appeler presque la *maladie héréditaire de l'Église*. *Les prêtres ne tiennent plus compte des idées sages, émises par l'illustre pape Benoît XIV,* dans son ouvrage de la Canonisation des Saints. Ce grand pontife et théologien établit nettement « qu'*une révélation privée ne doit pas être jugée une ruse infernale*, par la raison qu'on y révèle quelque mystère non expressément déclaré par l'Écriture et la tradition ; il ajoute qu'on ne saurait *borner la puissance de Dieu*, en soutenant qu'il ne puisse pas révéler à quelqu'un des vérités quelconques ; que cette nouveauté est seule à craindre et à rejeter, qui consiste à émettre un enseignement entièrement nouveau, opposé à la loi ancienne. Il restera donc toujours démontré pour tout esprit droit qu'on ne saurait borner la puissance de Dieu, que nous ignorons beaucoup de choses, et que le Créateur peut nous révéler bien des choses qui nous sont inconnues.»

Dans le troisième livre de la Canonisation des Saints (chap. 43), Benoît XIV trace les traits caractéristiques qui constituent une véritable révélation ou communication céleste :

1° C'est par les mœurs et la vie de celui qui a la science surnaturelle qu'on peut discerner de quel esprit elle vient.

2° Par la qualité de cette science ; car, si elle n'est point dirigée à l'honneur de Dieu, à l'amplification de la foi chrétienne, ou à l'utilité du prochain, on pourra suspecter qu'elle vient du démon.

3° Par son ouvrage ; car, si elle tend à acquérir des avantages temporels, à capter la faveur des princes, etc., il faudra en conclure qu'elle se rapporte au diable.

4° S'il n'y a rien dans ces révélations et ces visions qui éloigne de Dieu, si tout se rapporte *à lui seul*, on ne doit plus douter que ces révélations ne soient surnaturelles et divines.

Sainte Brigitte, au tome II de ses Révélations, dit que le signe distinctif des révélations *c'est le fruit, ce sont les effets qu'elles produisent selon la règle tracée par l'Évangile : Vous les connaîtrez à leurs fruits.* C'est pourquoi, quand nous voyons que, par ces visions ou révélations, l'esprit est éclairé, les hommes vicieux et incrédules ramenés à la religion, c'est un signe certain que de telles choses, qui ont produit d'aussi beaux résultats, viennent de l'Esprit saint, le démon ne pouvant faire ou obtenir rien de semblable.

Sainte Thérèse, dans son livre «De la perfection», réfute

ceux qui ont toujours peur des démons, quand il s'agit des visions ou des apparitions ; elle dit : « Admirez l'aveuglement de ceux qui ne sachent pas même ce que c'est que de prier, remplissent de crainte l'esprit des autres, touchant les apparitions et les révélations surnaturelles. En vérité, c'est une belle imagination, à ceux qui se laissent ainsi abuser, de croire que, *pour se garantir du mal, il faut éviter de faire le bien ; je ne crois pas que jamais le diable se soit avisé d'un meilleur moyen pour nuire aux hommes.* O mon Dieu ! vous voyez comme on explique vos paroles à contresens ; défendez votre propre cause, et ne souffrez pas de telles faiblesses en des personnes consacrées à votre service. »

Or *Moïse établit,* dans le Deutéronome (chap. XIII, v. 1-3), *nettement le trait caractéristique d'un faux prophète. Celui qui, au lieu d'adorer l'Éternel, va d'après d'autres Dieux, est un faux prophète.* Voici les trois premiers versets de ce chapitre remarquable : « 1. *S'il s'élève au milieu de toi un
« prophète ou un songeur de songes, qui fasse devant toi
« quelque signe ou miracle ;* 2. *Et que ce signe ou ce mi-
« racle, dont il t'aura parlé, arrive ; s'il te dit : Allons
« après d'autres Dieux que tu n'as point connus, et les ser-
« vons :* 3. *Tu n'écouteras point les paroles de ce prophète,
« ni de ce songeur de songes ; car l'Éternel, notre Dieu,
« vous éprouve, pour savoir, si vous aimez l'Éternel, votre
« Dieu, de tout votre cœur et de toute votre âme.* »

Eh bien ! chose étrange, malgré ces hautes et saintes autorités de l'Église et de la Bible que nous venons de citer, l'immense *majorité des prêtres continue à croupir sous le joug honteux de la démonophobie.* On n'ose pas avoir recours à la démonstration expérimentale de la réalité du monde surnaturel. Les physiciens et les matérialistes seuls tirent parti de cet état triste de la théosophie et de la théologie, en s'arrogeant le droit de résoudre même les questions de métaphysique.

Ce résumé bien incomplet de l'état actuel du christianisme suffit à nous démontrer que cette religion, la plus parfaite qui ait jamais été révélée à l'humanité, a dégénéré encore plus de nos jours que le polythéisme du temps des épicuriens, des péripatéticiens et des stoïciens sous le règne des premiers césars de Rome. Néanmoins, chose étrange, aucun homme doué de bons sens n'ose révoquer en doute le caractère éminemment spiritualiste de la religion chrétienne; malheureusement la démonophobie des prêtres et des pasteurs, *d'une part*, et le matérialisme, le scepticisme, le rationalisme, la critique négative, l'étude excessive des sciences prétendues exactes, *de l'autre*, ont presque déraciné le germe du sens religieux dans le cœur de l'homme.

L'enseignement de l'Église, tout en étant vrai, renferme certaines lacunes. Au moyen âge, le fidèle n'éprouvait pas ce besoin irrésistible de s'expliquer les vérités fondamentales de la révélation; il acceptait le dogme posé. Aujourd'hui, son esprit demande que jour se fasse sur ces vérités, tout en les croyant sur l'infaillibilité de la révélation biblique. Il y a, en outre, une autre cause de la nécessité d'une démonstration palpable de la réalité du monde surnaturel et d'une explication rationnelle et nette du principe de la révélation. Qui ne voit l'immense travail qui se passe dans les esprits? Que de discussions sur les droits et sur les devoirs, sur les principes sociaux? *Ce travail ne fait qu'agrandir le chaos de la société actuelle, parce qu'il se fait sans Dieu.* Quel autre remède à tant de besoins, qu'un recours intelligent au spiritualisme primitif, l'unique base de toutes les religions révélées, en y joignant des expériences, pour établir, par des faits irréfragables, la réalité de la révélation surnaturelle du monde des esprits.

La bonté infinie de l'Éternel veut toujours satisfaire aux besoins qu'Il a créés, nous en sommes intimement convaincu que cette loi invariable constitue le véritable progrès des lumières. Dès que l'homme a besoin de miracles, les miracles se feront comme jadis, bien que l'humanité fût plus spiritualiste et eût une foi religieuse plus fervente. Certes, dès que les hommes désireront sincèrement les choses spirituelles et y croiront, *ils les auront*. Les résultats étonnants que nous venons d'obtenir, semblent indiquer que l'époque à laquelle l'humanité accomplira son rapprochement d'amitié avec le monde surnaturel, n'est pas très-éloignée. D'illustres génies, tels que Swédenborg, Bengel, Jung Stilling et le comte Joseph de Maistre, etc., ont pressenti nos manifestations merveilleuses.

Le comte Joseph de Maistre, qui a consacré ses veilles et ses méditations à la défense de la révélation chrétienne en général et du catholicisme en particulier, a salué cette époque de la réconciliation universelle, sans offenser l'Église du nom de *troisième révélation*. Ce temps d'expansion de lumières est le signe précurseur du millénium selon l'Apocalypse (XX, 1-7), et du règne du Saint-Esprit suivant Joel (II, 28). Nous savons bien que beaucoup de théologiens bornés ont voulu restreindre l'application du verset remarquable de Joel au premier jour de *Pentecôte seul, après la résurrection du Christ.* D'autres n'admettent pas le millénium, en restreignant l'établissement du règne de Dieu, *à la seule éternité*, bien que, selon la volonté expresse du Christ lui-même, nous demandions le règne de Dieu. Qu'on nous démontre que nos espérances sont chimériques, en donnant le démenti à tant de textes de la Bible qui nous assurent tout le contraire, comme si Dieu voulait laisser la terre se consumer dans l'injustice; comme si la société, à l'exemple de Lazare, ne devait pas sortir du tombeau; comme si l'état de crise du christianisme, cette mort mystique du Christ dans ce monde, telle que l'ont faite les doctrines matérialistes, rationalistes et sceptiques de notre époque, ne devait pas être suivie de sa triomphante résurrection.

En effet, si le polythéisme gréco-romain a pu se régénérer pendant la lutte contre la révélation bien supérieure du christianisme, à plus forte raison cette dernière religion *qui représente un principe infini* et *éternel, renaîtra à une vie nouvelle*, et *saura terrasser un adversaire* purement *terrestre, tel que le matérialisme.*

CHAPITRE III.

Écriture directe du Décalogue par l'Éternel, ou la révélation directe de la loi la plus sainte et la plus sublime sur le Sinaï, que le Christ lui-même n'est pas venu abolir mais accomplir.

Les traditions religieuses de tous les peuples de l'antiquité attribuent leurs saintes écritures, ou au moins ce qu'il y a de plus sacré dans ces livres *depuis le décalogue jusqu'au koran, non à l'inspiration* (ou à une révélation *indirecte* par l'intermédiaire des hommes inspirés par l'Esprit de l'Éternel et vivifiés par la disposition des anges et des représentants invisibles du Dieu des dieux), *mais à une révélation directe du monde surnaturel* ou *à une écriture directe, tracée par l'Éternel lui-même, ou par ses messagers célestes.*

Nous citons les passages de l'Exode ayant trait à *l'écriture directe du décalogue.*

Suivant l'Exode (XXIV, 12) «l'Éternel dit à Moïse: Monte
« vers moi sur la montagne et demeure là; et je te donnerai
« *des tables de pierre; et la loi et les commandements que*
« *j'ai écrits*, pour les enseigner. »

L'Exode (XXXI, 18): « Et Dieu donna à Moïse, après qu'il
« eut achevé de parler avec lui sur la montagne de Sinaï,
« *les deux tables du témoignage, tables de pierre écrites du*
« *doigt de Dieu.* »

L'Exode (XXXII, 15 et 16): « Alors Moïse se tourna et
« descendit de la montagne, ayant en sa main les deux tables
« du témoignage; et *les tables étaient écrites de leurs deux*

« côtés, écrites de çà et de là. Et les tables étaient l'ouvrage
« de Dieu, et l'écriture était de l'écriture de Dieu, gravée
« sur les tables. »

L'Exode (XXXIV, 28) : « Et Moïse demeura là avec l'Éternel
« quarante jours et quarante nuits, sans manger de pain et
« sans boire d'eau ; et l'Éternel écrivit sur les tables les
« paroles de l'Alliance, c'est-à-dire les dix paroles. »

Le Deutéronome, qui résume la loi et les cérémonies du culte, contenues dans l'Exode, le Lévitique et les Nombres, renferme également des passages ayant rapport à l'écriture directe du décalogue.

Voici ces versets du Deutéronome :

(Deutéronome IV, 13.) « Il (l'Éternel) vous fit entendre
« son Alliance, laquelle il vous commanda d'observer, savoir,
« les dix paroles qu'il écrivit dans deux tables de pierre. »

(Deutéronome V, 22.) « L'Éternel prononça ces paroles à
« toute votre assemblée sur la montagne, du milieu du feu,
« de la nuée et de l'obscurité, avec une voix forte, et il ne
« prononça rien davantage ; puis il les écrivit dans deux
« tables de pierre, qu'il me donna. »

(Deutéronome IX, 10.) « Et l'Éternel me donna deux
« tables de pierre, écrites du doigt de Dieu, et ce qui y était
« écrit, c'étaient les paroles que l'Éternel avait toutes pro-
« férées, lorsqu'il parlait avec vous sur la montagne, du
« milieu du feu, au jour de l'assemblée. »

(Deutéronome X, 1-5.) « En ce temps-là, l'Éternel me
« dit : Taille-toi deux tables de pierre, comme les premières,
« et monte vers moi en la montagne, et puis tu te feras une
« arche de bois.

« Et j'écrirai sur ses tables les paroles qui étaient sur les

« *premières tables que tu as rompues, et tu les mettras dans*
« *l'arche. Ainsi je fis une arche de bois de Sittim, et je taillai*
« *deux tables de pierre comme les premières ;* et je montai
« en la montagne, ayant les deux tables en ma main. *Et il*
« *écrivit dans ces tables, comme il avait écrit la première*
« *fois, les dix paroles que l'Éternel vous avait prononcées*
« *sur la montagne, du milieu du feu, au jour de l'assemblée ;*
« puis l'Éternel me les donna.

« Et je m'en retournai ; et je descendis de la montagne ;
« et je mis les tables dans l'arche que j'avais faite, et elles y
« sont demeurées, comme l'Éternel me l'avait commandé. »

Ces passages des livres de Moïse suffirent pour prouver *l'écriture directe du décalogue par l'Éternel.* Le Nouveau Testament fait aussi allusion à cette révélation directe du décalogue. Suivant les Actes des apôtres (VII, 53), S. Étienne dit au souverain Sacrificateur et au tribunal :

« Vous qui avez reçu la loi par la disposition des anges
« (εἰς διαταγάς ἀγγέλων) et qui ne l'avez point gardée. »

L'Épître aux Hébreux dit de même (Hébreux II, 2) : « *Car*
« *si la parole prononcée par les anges a été ferme, et si*
« *toute transgression et désobéissance a reçu une juste*
« *rétribution,* » etc.

Le célèbre philosophe Philo (de Mose, lib. III, 684 ; ed. Mang. II, 163) dit également que le Pentateuque a été révélé de *trois manières différentes :*

1° *La révélation directe et personnelle,* Dieu prononçant les dix paroles et les écrivant ensuite lui-même dans les deux tables (ἐκ προσώπου τοῦ θεοῦ).

2° *Le dialogue entre Moïse et Dieu.*

3° *La parole ou l'écriture inspirée par Dieu et par ses*

représentants, Moïse écrivant, inspiré par Dieu, rempli et saisi de l'Esprit saint de l'Éternel.

En effet, il y a différents modes de révélations; il ne faut pas confondre *la révélation directement surnaturelle avec la révélation indirecte qui est l'œuvre des hommes inspirés par le Saint-Esprit et par les anges.*

On pourrait, il nous semble, appliquer le système de la révélation *directe et indirecte,* aussi aux *autres miracles* contenus dans la Bible; nous ne parlons que des miracles objectifs, en laissant de côté le miracle purement subjectif et personnel de la conversion ou de la régénération morale, opérée par la grâce de Dieu et par la vertu de son saint Esprit; car ce miracle subjectif, malgré sa haute importance morale, n'a qu'une valeur personnelle et individuelle, et ne saurait jamais être démontré nettement et d'une façon palpable. C'est pourquoi le *Christ lui-même a toujours confirmé ses paroles par des miracles objectifs et matériels.* Il dit (Matthieu XI, 4 et 5) aux disciples de S. Jean-Baptiste qui lui demandèrent: «Es-tu celui qui devait venir, ou devons-nous
« en attendre un autre? — *Allez et rapportez à Jean les choses*
« *que vous entendez et que vous voyez. Les aveugles recou-*
« *vrent la vue, les boiteux marchent, les lépreux sont net-*
« *toyés, les sourds entendent, les morts sont ressuscités* et
« l'Évangile est annoncé aux pauvres. »

Dieu n'a pas permis à S. Jean-Baptiste de faire des miracles, pour qu'on ne le prît pas pour le Messie, car si S. Jean avait opéré les miracles d'Élie et d'Élysée, on n'aurait pas pu reconnaître le véritable Messie.

De nos jours, où l'on préfère les miracles subjectifs et moraux aux miracles objectifs et véritables, on ne tient plus compte de ces paroles mémorables du Christ. Aussi S. Jean-Baptiste qui n'opérait que des conversions, eût passé aux yeux des théologiens protestants pour un plus grand prophète que le Messie lui-même, si Jésus et Jean eussent vécu de notre temps.

Le Christ et les apôtres insistent surtout *sur la valeur immense des miracles*, comme preuves de leur mission céleste; suivant S. Jean (X, 37 et 38), Jésus dit : « *Si je ne « fais pas les œuvres de mon Père, ne me croyez point*. Mais « si je les fais, et que vous ne vouliez pas me croire, *croyez « à ces œuvres*, afin que vous connaissiez et que vous croyiez « que le Père est en moi et moi en lui.* »

Les miracles sont, comme toutes les bonnes œuvres en général, en outre encore *un critérium de la foi*, car le Christ et les apôtres ne reconnaissent *que la foi qui transporte les montagnes.*

Quant à ces miracles objectifs, on pourrait à nos yeux en établir *deux classes* ou *catégories*, c'est-à-dire les *miracles directs et indirects*.

Les *miracles directs* supposent une intervention directe du monde surnaturel, sans l'intermédiaire de l'homme; les miracles indirects n'ont pas lieu sans le concours de l'homme qui en est l'intermédiaire nécessaire et indispensable, comme dans le phénomène de l'inspiration. Il faut ranger parmi les *miracles directes de la Bible : la manne céleste dans le désert* (Exode XVI), le miracle de *Gabaon* et de la *vallée d'Ajalon* (Josué X, 12-14) et toutes les apparitions objectives des anges et des esprits des morts, bien qu'elles ne fussent aperçus généralement que par des hommes inspirés et extatiques, appelés pour cette raison là : *les voyants*. Les livres apocryphes contiennent aussi plusieurs *miracles directs*, tels que le cantique des trois jeunes Hébreux au milieu de la fournaise du feu ardent, le *châtiment d'Héliodore*, etc. (2 Maccabées III, 24-40.)

Parmi les miracles indirects, opérés par l'intermédiaire de l'homme, il faut compter toutes les guérisons miraculeuses et les résurrections des morts, etc.

Quant aux *autres traditions* sacrées, qui émanent également d'une *révélation directe*, suivant l'opinion des peuples qui ont adopté ces croyances religieuses, nous ne citons qu'au sujet du *Véda* le § 94 du livre XII des lois de Manou :

« Le Véda est un œil éternel pour les *Pitri's*, les *Dévas*
« et les *hommes; le livre saint ne peut pas avoir été fait*
« *par les mortels*, et n'est pas susceptible d'être mesuré par
« la raison humaine. »

Quant au koran, il y a encore (selon la tradition) une petite chambre dans la chapelle où naquit Mahomet, dans laquelle *l'ange Gabriel* apportait au *roi des prophètes les feuilles du koran, le livre de toute vérité*. (Poujoulat, tome I, p. 132 et 133 ; Voyage à Constantinople et dans l'Asie mineure.)

CHAPITRE IV.
Écriture mystérieuse lors du grand festin du roi Belsatsar.

La Bible contient encore un autre phénomène de l'Écriture directement surnaturelle dans le cinquième chapitre du livre du prophète Daniel. Nous citons d'abord les versets *5* jusqu'à *7,* puis le *13*ᵉ, et ensuite *le verset 22 jusqu'à la fin* dudit chapitre.

Voici le verset 5 : « Et à cette même heure-là sortirent « *de la muraille des doigts d'une main d'homme, qui écri-* « *vaient, à l'endroit du chandelier, sur l'enduit de la mu-* « *raille* du palais royal; et *le roi voyait cette partie de main* « *qui écrivait.* »

V. 6. « Alors le visage du roi fut changé, et ses pensées « le troublèrent, et les jointures de ses reins se desserraient, « et ses genoux heurtaient l'un contre l'autre.

V. 7. « Puis le roi cria à haute voix qu'on amenât les « astrologues, les Caldéens et les devins; et le roi parla et « dit aux sages de Babylone : Quiconque lira cette écriture, « et me déclarera son interprétation, sera vêtu d'écarlate, « et il aura un collier d'or à son cou, et sera le troisième « dans le royaume.

V. 13. « Alors Daniel fut amené devant le roi, et le roi, « prenant la parole, dit à Daniel : Es-tu ce Daniel, qui es « d'entre ceux qui ont été emmenés captifs de Juda, que le « roi, mon père, a fait emmener de Juda ? »

Nous laissons de côté ce que Daniel dit au roi concernant l'orgueil de son père, et continuons seulement à citer la dernière partie dudit chapitre, depuis le 22ᵉ verset jusqu'à la fin :

(V. 22.) « Toi aussi, Belsatsar, son fils, tu n'as point hu- « milié ton cœur, quoique tu susses toutes ces choses.

(V. 23.) « Mais tu t'es élevé contre le Seigneur des cieux, « et on a apporté devant toi les vaisseaux de sa maison, et « vous y avez bu du vin, toi et tes gentilshommes, tes femmes « et tes concubines; et tu as loué les dieux d'argent, d'or,

« d'airain, de fer, de bois et de pierre, qui ne voient, ni
« n'entendent, ni ne connaissent, et tu n'as point glorifié le
« Dieu, dans la main duquel est ton souffle et toutes tes
« voies.

(V. 24.) «Alors de sa part a été envoyé cette partie de
« main, et cette écriture a été écrite.

(V. 25.) «Or, c'est ici l'écriture qui a été écrite : *Mene,
« Mene, Thekel, Upharsin.*

(V. 26.) «Et c'est ici l'interprétation de ces paroles : *Mene,*
« Dieu a calculé ton règne, et y a mis la fin.

(V. 27.) «*Thekel,* tu as été pesé en la balance, et tu as été
« trouvé léger.

(V. 28.) «*Upharsin,* ton royaume a été divisé, et il a été
« donné aux Mèdes et aux Perses.

(V. 29.) « Alors, par le commandement de Belsatsar, on
« vêtit Daniel d'écarlate, et on mit un collier d'or à son
« cou, et on publia de lui qu'il serait le troisième dans le
« royaume.

(V. 30.) «En cette même nuit Belsatsar, roi de Caldée, fut
« tué.

(V. 31.) «Et Darius, le Mède, prit le royaume, étant âgé
« d'environ soixante-deux ans. »

CHAPITRE V.
Statue parlante de Memnon.

Le phénomène extraordinaire de la statue parlante de
Memnon a beaucoup d'analogie avec l'écriture directe et

surnaturelle, étant également une manifestation directe du monde invisible.

Suivant le témoignage des voyageurs, cette statue faisait entendre des sons harmonieux, qui réjouissaient l'âme de ceux qui l'écoutaient.

Selon la tradition, Memnon, fils d'Aurore, régna, en Éthiopie, l'espace de cinq âges ou générations, et les Éthiopiens le pleurèrent comme s'il était mort dans sa jeunesse.

La statue de Memnon, tournée vers l'Orient, *parle*, d'après Philostrate (*De vita Apollonii, lib. VI, cap. 6*), *dès qu'un rayon du soleil levant vient tomber sur sa bouche*.

Juvénal (Satyr. XV) dit qu'on pouvait saisir même le sens des paroles de cette statue ; il dit, dans le verset 50 de ladite Satyre : «*Dimidion magicæ resonant ubi Memnone chordæ*» (là résonnent les cordes magiques du mutilé Memnon).

De nombreuses inscriptions attestent que, peu après le lever du soleil, des hommes ont entendu sortir de la statue tantôt des sons, tantôt *des paroles distinctes*.

Nous n'avons pas besoin de dire au public lettré que l'oracle de cette célèbre statue de Memnon fut l'un des plus fameux et des plus anciens, et aussi l'un de ceux qui durèrent le plus longtemps.

Suivant les lois de Manou (liv. IV, §. 105), les traditions indiennes parlent souvent d'un bruit surnaturel (*Nirghâtâ*). On pourrait comparer ce bruit surnaturel aux *coups mystérieux* des Esprits, obtenus de nos jours pour la première fois, il y a dix ans, en Amérique.

En Grèce, les disciples de Pythagore parlent aussi des voix et des sons mystérieux qu'on entend surtout près des tombes (Jamblich, *Vita Pythag.*, 139, 148) ; ils tiennent même compte du genre d'harmonie que l'âme fait entendre, pour conclure de là que l'âme est heureuse ou malheureuse. L'auteur de l'*Epinomis* (*Epinomis*, §. 8, *ap. Plat. oper.*, édit. Becker, p. 29) dit que les êtres surnaturels se font connaître à nous *par des voix et des paroles prophétiques*, entendues par des personnes saines et malades. On connaît aussi la voix du ciel disant : « Celui-ci est mon Fils « *bien*-aimé, en qui j'ai pris mon bon plaisir. » (S. Matthieu III, 17.)

CHAPITRE VI.
Des lieux hantés et fatidiques.

C'est un fait constaté non-seulement par nos expériences au Louvre, près des urnes et des statues, dans la cathédrale de Saint-Denis et dans les cimetières, mais encore confirmé par la tradition unanime de tous les peuples, à savoir :

1° Qu'un lien mystérieux reste entre l'âme du défunt et sa dépouille mortelle ;

2° Que l'habitude et le charme du souvenir attire l'âme de préférence vers les lieux où elle a habité durant son incarnation terrestre, et qui ont été le théâtre de ses actions. C'est ainsi que, suivant nos expériences, François Ier se manifeste principalement à Fontainebleau, tandis que Louis XV et Marie-Antoinette rôdent autour des Trianons.

Le sol classique n'a donc pas seulement pour les survivants, et surtout pour le public lettré, un attrait puissant par le prestige du souvenir, il y a encore quelque chose de plus mystérieux et de plus réel, de plus substantiel, que le souvenir dans ces lieux que l'on appelle avec raison *hantés*. Chose étrange! Nos savants, nos archéologues, tels que Lepsius, Bunsen, Abbeken, etc., vont visiter et fouiller le sol classique, attirés par l'intérêt historique, par la magie du passé glorieux des peuples de l'antiquité; mais ces érudits, plongés dans le matérialisme grossier des temps modernes, ne soupçonnent pas même qu'il y ait là *une magie plus réelle et plus substantielle* que celle du passé. De même que l'homme qui a quitté, il y a longtemps, le sol natal, y reporte souvent ses regards, surexcité par le souvenir de son enfance qu'il y a passé; de même que le somnambule lucide, déjà plus dégagé des bornes de la matière, peut diriger son intuition intellectuelle vers des lieux et des personnes éloignées, grâce à sa vue merveilleuse à distance, de même aussi, à plus forte raison, l'esprit, affranchi entièrement du joug de la matière, est attiré par le penchant irrésistible du souvenir et par l'habitude dans les lieux qui ont été jadis le théâtre de ses actions, ou dans les endroits où repose sa dépouille mortelle, avec laquelle l'âme a partagé, durant sa vie terrestre, ses peines, ses douleurs et ses joies.

De nos jours, le passé glorieux de l'Égypte, de l'Assyrie, de la Grèce et de Rome n'est qu'une lettre morte pour les savants; les musées, remplis de chefs-d'œuvre, n'ont de l'attrait que pour les artistes, amateurs des belles formes; mais il y a là plus que de vaines formes; *une réalité vivante* se déroule devant nos yeux étonnés, lorsque nous voyons ces chefs-d'œuvre animés par le souffle puissant de l'esprit qui jadis a vivifié leurs modèles corporels.

Nos expériences nombreuses et variées démontrent que les manifestations des esprits dans les lieux hantés sont d'autant plus faciles, si les conditions des lieux sont restées telles qu'elles étaient durant leur vie terrestre ; c'est alors qu'ils préfèrent généralement les lieux où ils ont vécu et où sont leurs affections et leurs habitudes, aux tombeaux, où il n'y a que les restes de leur dépouille mortelle.

De même que la patrie de l'homme (durant sa vie terrestre) n'est pas toujours la ville natale, mais sa patrie est surtout aux lieux où l'âme est enchaînée, de même l'esprit, délivré des liens de la matière, tient surtout aux lieux où sont ses affections et ses habitudes. Au reste, ce serait une erreur que de supposer qu'un véritable lien matériel attache l'âme encore longtemps après la mort à sa dépouille mortelle ou aux lieux où elle a fait son séjour terrestre. L'attraction morale, *la sympathie purement spirituelle seule l'attire dans ces lieux* ; les pensées des hommes se rencontrent dans ces lieux hantés ou classiques plus facilement avec celles des esprits qui, grâce *à leur ubiquité*, se manifestent presque avec la rapidité d'une pensée pure.

La Bible nous donne les preuves les plus frappantes des rapports intimes entre l'âme du défunt et sa dépouille mortelle, en racontant (II Rois XIII, 20 et 21) le miracle que les ossements du fameux prophète Élisée ont opéré. Voici ce passage remarquable : « Et Élisée mourut, et on l'ense-
« velit. Or, l'année suivante, quelques troupes de Moabites
« entrèrent dans le pays. Et il arriva que, comme on ense-
« velissait un homme, voici, on vit venir une troupe de sol-
« dats, *et on jeta cet homme-là dans le sépulcre d'Élisée ; et*

« *cet homme, étant roulé là-dedans, et ayant touché les os*
« *d'Élisée, revint en vie,* et se leva sur ses pieds. »

Au reste, c'est une grave erreur de croire que ces miracles bibliques sont des phénomènes tout à fait exceptionnels ; *les miracles ont eu lieu plus souvent qu'on ne pense ;* mais les hommes de nos jours, plongés dans le matérialisme, ont perdu *le sens, la faculté de les observer.*

Le dix-huitième siècle même a vu, à Paris, un miracle analogue à celui *des ossements d'Élisée.* Le public lettré connaît les guérisons miraculeuses et instantanées que la tombe du fameux diacre Paris *a opérées* à Paris. Quant à nous, nous avons quelques mots d'outre-tombe, *tracés directement par l'esprit de cet illustre diacre,* en présence de plusieurs témoins, à l'église de Saint-Médard, derrière le maître-autel, le 15 octobre 1856, lieu où jadis a reposé la dépouille mortelle de ce pieux prêtre, avant la défense,

« De par le roi à Dieu,
« D'opérer des miracles en ce lieu. »

Le phénomène merveilleux de la résurrection de Lazare (S. Jean XI, 38-44) n'eut lieu que lorsque Jésus fut venu au sépulcre, en faisant lever la pierre mise dessus. On sait également que Jésus lui-même apparut, pour la première fois après sa résurrection glorieuse, à Marie-Madeleine, suivant S. Jean (XX, 11-17), près de son sépulcre.

La doctrine chrétienne de la résurrection de la chair suppose nécessairement la continuation d'un lien mystérieux entre l'âme et sa dépouille mortelle, grâce à la sympathie qui attire l'une vers l'autre. Les esprits conservent quelquefois aussi des liens intimes avec certains objets qui leur ont appartenus et qui leur furent chers. Une vertu mystérieuse s'attache à ces objets.

La Bible, ce livre saint qui satisfait à tous nos besoins moraux et intellectuels, nous fournit aussi à ce sujet un nouvel exemple frappant, en parlant du miracle que le *fameux manteau du grand prophète Élie a opéré* après son ascension dans le *second livre* des Rois (II, 14). Voici ce verset remarquable : « Élisée prit le manteau d'Élie, qui était tombé « de dessus lui, et frappa les eaux et dit : Où est l'Éternel, « le Dieu d'Élie, l'Éternel lui-même? Il frappa donc les eaux, « et elles se divisèrent çà et là, et Élisée passa. » Ce miracle du manteau d'Élie offre une analogie frappante avec les Amulettes, dont il est aussi question dans les Actes des apôtres (XIX, 11, 12). Voici ce verset : « Et Dieu faisait des prodiges « extraordinaires par les mains de Paul ; de sorte qu'on por- « tait même sur les malades *les mouchoirs et les linges qui* « *avaient touché son corps;* et ils étaient guéris de leurs ma- « ladies, et les malins esprits sortaient. »

Au surplus, nos expériences si variées prouvent amplement que les esprits affranchis des obstacles matériels, peuvent se manifester partout, s'ils éprouvent de la sympathie pour un individu terrestre, et surtout que cette sympathie soit réciproque; n'importe, que cette sympathie ait été scellée durant la vie terrestre, ou peut-être dans une autre phase de l'existence des âmes, ou par les œuvres des hommes illustres que la postérité admire et révère. Néanmoins c'est un fait que l'on ne pourra plus contester, que les esprits se manifestent de préférence, et plus aisément dans les lieux vers lesquels leurs souvenirs les reportent. Les anciens Rabbins (Mennasseh XI, 6.) reconnurent également cette vérité, en soutenant que l'habitude attire l'âme vers les lieux où elle a demeuré durant sa vie terrestre. Les derniers cabbalistes croyaient que l'âme vitale et fluidique (Nephesch) reste auprès du corps jusqu'à la putréfaction complète. Selon les anciens rabbins, le lien intime entre l'âme et le corps dure pendant la première année après la mort. Ils ont emprunté cette opinion, surtout au miracle, opéré *par les ossements d'Élisée environ un an après la mort de ce saint voyant* et prophète (II Rois XIII, 20 et 21). C'est durant cet intervalle qu'on peut évoquer l'âme du mort, selon eux. Celui qui l'évoque ou le nécromancien la voit, mais ne l'entend pas, celui qui la consulte l'entend sans la voir. On sait que les rabbins ont emprunté la nécromancie à la Bible, et surtout au premier livre de Samuel (XXVIII) où il est question de l'évocation de l'esprit de ce saint prophète.

Les Indiens croyaient également qu'un lien restait entre l'âme et sa dépouille mortelle; de là, le grand respect des morts dans l'Inde. Les Indiens croyaient même que les âmes des morts assistaient d'une manière invisible aux funérailles, aux repas funéraires et aux Straddhas ou cérémonies religieuses qui se faisaient chez les parents du mort, pour honorer sa mémoire. (Lois de Manou, III, §. 237.)

Suivant les traditions sacrées des anciens Perses (Anquetil-Duperron, III, p. 585), les âmes rôdent autour de leur dépouille mortelle jusqu'au quatrième jour après la mort.

Selon les anciens Égyptiens (Diodore de Sicile, I, 54), l'âme rôde pendant un long espace du temps autour du corps, jusqu'à la décomposition totale de la dépouille mortelle. C'est peut-être aussi pour cette raison que les Égyptiens voulaient empêcher la décomposition des corps, en les embaumant, afin de prolonger les relations intimes de l'âme avec le corps. De là peut-être aussi les ornements excessifs des tombeaux qui s'adressèrent aux yeux d'un peuple aussi spiritualiste que les Égyptiens principalement à l'âme du défunt.

L'opinion que l'existence de l'âme demeurait encore liée au corps qu'elle avait abandonné, opinion si fort accréditée chez les Égyptiens, régna aussi chez les Grecs. Les funérailles se terminaient chez ce peuple par un banquet et par des jeux solennels : tels furent ceux qu'on célébra lors des funérailles de Patrocle (Iliade, XXIII, v. 29, etc.); car on s'imaginait réjouir ainsi l'âme du mort. L'âme conserve des rapports si intimes avec sa dépouille mortelle, que c'est principalement à l'âme du défunt, que sont dus les honneurs des funérailles. (Virgile, Énéide, IV, 34.)

Selon l'école de Pythagore qui avait emprunté, comme la plupart des hommes illustres de la Grèce ancienne, beaucoup d'idées aux Égyptiens (Plutarque, d'Isis et d'Osiris, traduction de Ricard, tome V, p. 328), les âmes demeurent et passent encore quelque temps au lieu du sépulcre et dans le voisinage de la tombe. Jamblich (*Vita Pythag.*, 139, 148) dit qu'on avait entendu la voix de Philolaus auprès de la tombe de son cadavre; celui qui avait entendu cette voix d'outre-tombe raconte ce phénomène à Eurytus; ce dernier lui demande quel genre d'harmonie cette âme faisait entendre, parce que d'après les pythagoriciens une voix bien harmonieuse et mélodieuse indique l'état bienheureux d'une âme.

Platon (Phædon, 80, 113 et 114) croit que les âmes qui ont des penchants sensuels, planent autour du tombeau de leurs corps; les passions sensuelles attachent l'âme presqu'avec un clou au corps, en la rendant elle-même corporelle.

Au *moyen âge* on a trop généralisé cette idée de Platon, en croyant que les esprits malheureux et terrestres seuls, conservent des liens intimes avec leurs dépouilles mortelles. On a même souvent confondu ces derniers avec les démons ou les mauvais esprits, en prétendant que les démons se manifestent principalement dans les cimetières, pour effrayer les hommes.

La Bible réfute formellement cette opinion absurde par l'exemple du miracle *des ossements d'Élisée qui fut l'un des voyants les plus célèbres qui aient jamais existé,* l'un des saints prophètes qui aient opéré le plus de miracles.

La plupart des prêtres et des pasteurs de notre temps même, partagent cette erreur *anti-biblique,* en préférant l'opinion de Platon à l'exemple frappant contenu dans la sainte Écriture.

Le fameux *diâcre Paris qui a opéré* également *des miracles sur la tombe,* fut, suivant l'opinion unanime des hommes impartiaux, un pieux prêtre et un homme irréprochable.

Les *Chinois* croyaient que les âmes des hommes qui n'avaient été ni tout à fait bons, ni tout à fait méchants, errent longtemps près de leurs tombes et flottent autour des lieux, où elles avaient jadis demeuré, durant leur incarnation terrestre; elles tiennent à ces lieux entraînés par le charme de leurs souvenirs. Cet état des esprits, flottant dans l'air, est non-seulement une punition, mais encore une expiation, si elles se convertissent et implorent la clémence divine. (Mémoires des Missionnaires, XV, 250, etc.)

Selon l'opinion unanime de l'antiquité, un lien reste donc entre l'âme du défunt et sa dépouille mortelle. Ce sentiment, étant gravé dans le cœur des anciens, a donné lieu aux funérailles solennelles, à la consécration des tombeaux et *au respect des morts en général*. C'est pour cette raison qu'on a accordé au cadavre de l'homme les droits et les honneurs dus à l'âme seule. De là aussi le désir vif des neveux de reposer près de leurs ancêtres. Abraham ayant acheté un lieu de repos pour Sara (Genèse, XXIII), tous ces neveux jusqu'à Jacob et Joseph y *furent enterrés*. (Genèse, XLIX, 29-32; Josué, XXIV, 32; Génèse, L, 25.)

Le livre des récompenses et des peines par un docteur Taosse, traduit en français par Julien (1835, 8), dit (art. 465) : « Ceux qui méprisent les âmes de leurs ancêtres, qui diffèrent « leurs funérailles, qui ensevelissent les morts, sans observer « les rites, qui ne portent pas le deuil pendant le temps « prescrit, qui négligent de visiter et de nettoyer les tombes « et d'offrir des sacrifices à leurs ancêtres, ou qui les offrent « sans être pénétrés d'un véritable respect, *sont cruellement* « *punis.* »

L'article 466 dudit livre raconte un fait ayant rapport au respect des morts :

« Un gardien des archives de l'État, qui négligeait ses « devoirs, *vit l'ombre de sa mère* en songe, laquelle lui « adresse de sévères reproches : ««Depuis que vous m'avez ««abandonnée, lui dit-elle, les animaux ont creusé ma sé-««pulture; les épines et les ronces ont fermé le chemin qui ««y conduisait. Vous avez chargé deux femmes de m'of-««frir aux diverses saisons de l'année les sacrifices que ««j'attendais de vous. Est-ce ainsi que doit se conduire un

«« fils ? Le dieu de l'enfer voulait d'abord vous punir, mais
«« comme vous remplissez fidèlement les devoirs de votre
«« charge, il vous accorde grâce pour le moment. A l'avenir,
«« tâchez de visiter exactement ma tombe aux époques pres-
«« crites, et d'offrir chaque année des sacrifices pour pro-
«« curer le repos à l'âme de votre mère. »»

Les Grecs s'imaginaient déjà aux *temps homériques* qu'il pouvait résulter pour les morts un grave préjudice, si leur dépouille ne recevait pas de sépulture. Il leur était alors refusé de pénétrer dans le Hadès (Iliad. XXIII, 69), et leurs âmes erraient, inquiètes et souffrantes, à la surface du sol, tant que des mains pieuses n'avaient pas rempli à leur égard les derniers devoirs. De là la crainte qu'avaient les Grecs que leur cadavre fût privé de sépulture, ou dévoré par les chiens ou les oiseaux de proie. C'est le vif désir d'Elpenor (Odyssée XI), dont l'âme erre, sous la forme d'une ombre, partout, qu'on lui rende les derniers honneurs. Il en est de même d'Archytas (Horat., Od. I, 28). Lucain (IX) dit :
« *Cineresque in litore fusos colligite atque unam sparsis*
« *date manibus urnam et animamque sepulcro condimus.* »

Les Anciens avaient tant de soins pour leurs tombeaux, et les tenaient en si grande estime, que plusieurs docteurs du christianisme, tels que S. Clément d'Alexandrie, Eusèbe, Lactantius, Arnobius, etc., croyaient que les édifices consacrés aux exercices de religion ont tiré leur origine de là. En effet, cette hypothèse n'est pas invraisemblable, si l'on tient compte des rapports du respect des morts et des tombes au culte des ancêtres et des aïeux. Les mânes des ancêtres se manifestèrent de préférence, conformément à la sympathie, cette attraction morale, à leurs descendants, surtout dans les lieux vers lesquels leurs souvenirs les attiraient. Or, c'est en visitant leurs tombes, que les survivants pensaient le plus à eux, et entraient, par conséquent, en communication plus ou moins directe avec les esprits des morts, grâce à leurs prières, invocations, évocations, sacrifices, etc. Il semble que la superstition, exagérée seule, la confusion de l'adoration et du respect, ait appris aux hommes à bâtir des temples, les hommes n'osant guère, avant le sage Salomon, construire *une maison à l'Éternel*, que les cieux des cieux ne peuvent contenir, suivant la Bible (II Chroniques II, 6, et I Rois VIII, 27).

On ne peut guère réfuter l'opinion de ceux qui pensent que l'établissement du culte et des cérémonies religieuses remonte à l'origine du polythéisme. Selon les anciennes traditions indiennes, les *pitris* passent pour avoir institué les cérémonies du culte; car les *pitris* seuls connaissent la véritable théologie. (Lois de Manou, I, §. 12, etc.)

Ce respect universel des morts, des tombes et ce culte des mânes et des ombres des esprits des ancêtres, est une des preuves les plus évidentes du caractère éminemment spiritualiste de tous les peuples de l'antiquité. C'est un fait constaté par l'histoire, que, dès l'instant qu'on a cessé de croire au spiritualisme, on a aussi cessé d'honorer les morts par des soins touchants. L'homme qui commença à ne sentir et à ne chercher rien au delà de la mort, ne devait non plus honorer, ni respecter la dépouille mortelle de son prochain. Les Romains et les Grecs commencèrent à dédaigner le culte des mânes au moment où le spiritualisme commençait peu à peu à faire place au scepticisme, à l'indifférence et au matérialisme; il en est de même de notre temps.

On a prétendu de nos jours que l'usage des bûchers, salutaire et poétique en même temps, fût encore un indice infaillible du caractère spiritualiste d'un peuple ; on ne tient pas compte des anciens Égyptiens, des Israélites et des Perses, qui furent, certes, au moins aussi spiritualistes que les Indiens et plus spiritualistes que les Grecs et les Romains, bien qu'ils n'eussent pas adopté les bûchers comme ces derniers. Néanmoins nous en convenons avec ceux qui ont émis cette hypothèse que l'introduction de l'usage des bûchers parmi les nations sceptiques et matérialistes de l'Europe moderne, ne serait pas seulement salutaire au point de vue hygiénique, mais contribuerait encore à rétablir le respect des morts, condition indispensable de la restauration du spiritualisme, grâce aux urnes des ancêtres décédés, qui seraient des *memento dans les logements*.

CHAPITRE VII.

Premiers phénomènes de l'écriture directe des Esprits constatés par l'auteur durant le mois d'août 1856.

L'étude approfondie de la haute sagesse de la Bible, concernant l'anthropologie, la psychologie et la pneumatologie, c'est-à-dire les rapports de l'humanité avec Dieu et avec le monde surnaturel, sera toujours la base et le point de départ de toute véritable science, laquelle doit aboutir au fameux γνῶθί σεαυτὸν de l'illustre sage de Lacédémone. Puis viennent en seconde ligne les traditions sacrées de l'Inde, ce foyer central de la race Aryenne et blanche, d'où sont partis beaucoup de rayons pour la Chine *d'une part*, et pour la Perse, l'Égypte, la Grèce et Rome *de l'autre*. Les différentes écoles de philosophie des Indiens, surtout le système dualiste de Sankhya et l'école orthodoxe de Védanta ont une haute importance pour le spiritualisme. Il en est de même des *poëtes indiens et grecs*, qui expriment généralement la mythologie et les anciennes traditions sacrées mieux que les penseurs. Quant à ces derniers, il faut néanmoins reconnaître que les efforts des philosophes les plus profonds de tous les siècles, et parmi toutes les nations, ont toujours tendu vers la sphère élevée du spiritualisme.

Parmi les penseurs grecs, il faut mettre au premier rang l'illustre Pythagore, qui a éclairé d'une vive lumière les mystères de l'âme humaine et de ses rapports avec le monde surnaturel. C'est au sage de Samos et à son école qu'on doit cette fameuse confédération pythagoricienne, ce sublime modèle d'une association morale, fondée sur le principe de *charité* et de *fraternité*. La haute et vaste intelligence de Pythagore franchissait non-seulement les bornes de la politique nationale, mais encore les limites du cosmopolitisme humanitaire. Ce penseur visa plus haut, en voulant faire de l'homme surtout un citoyen du monde surnaturel des purs esprits.

C'est le spiritualisme qui a aussi inspiré la morale céleste de Socrate et l'idéalisme de Platon, l'une des plus sublimes conceptions de l'esprit humain. Il en est de même de la cabbala des Juifs et de la *philosophie d'Alexandrie*, ce vaste éclectisme de toutes les traditions sacrées et de tous les systèmes de philosophie de l'antiquité, qui a servi, durant plusieurs siècles, de bouclier au polythéisme décrépit.

Dans le cinquième siècle de notre ère, le théosophe grec Diogenes Aéropagita, plus tard, au moyen âge, S. Bernard de Clairvaux, les deux Victorins (Hugo et Richard), puis Jean Charlier de Gerson, se rattachent au spiritualisme et à la théosophie mystique. Depuis la réforme, nous ne rencontrons en Allemagne que l'illustre cordonnier Jacques Bœhm, appelé avec raison *philosophus teutonicus, le philosophe allemand par excellence;* puis Van Helmont, en Flandre, Swédenborg, en Suède, et S. Martin, en France.

Du reste, l'étude approfondie des traditions sacrées et des théosophies spiritualistes est loin d'être suffisante; il faut réunir la pratique à la théorie; il faut avoir recours aux moyens spiritualistes des Anciens; il faut s'initier dans la science des mages et des voyants; il faut être versé dans les mystères de la nécromancie et de l'évocation des bons esprits; bien que la simple prière adressée à l'Éternel, sans désirer ou désigner un individu quelconque de l'autre monde, vaille encore bien mieux. Il faut parvenir à cette concentration de la pensée et de la volonté, dans laquelle ont excellé jadis les *Yoguis*. Il faut surtout acquérir l'esprit de prière, ce don céleste, qui entretient le feu sacré de la foi. On doit se dépouiller de tous les intérêts, de tous les préjugés terrestres, afin que les esprits puissent nous communiquer leurs pensées. Il faut, dans tous les instants de la vie, *combattre l'égoïsme* et toutes les autres passions qui tyrannisent ceux qui s'y abandonnent; *l'âme n'ayant pas de toilette de dimanche, voilà pourquoi telle on l'orne tous les jours; telle elle doit aller parée au sanctuaire du spiritualisme.*

L'*amour*, la *sagesse*, la *pureté* de l'âme doivent remplacer les passions terrestres. Il faut que les expériences spiritualistes soient pleines de recueillement religieux ; que la musique élève et réjouisse les cœurs, afin que les esprits puissent participer à l'harmonie des âmes et *répéter au ciel les accords de la terre*. Il faut que la rivalité soit bannie de ces cercles fraternels, *afin de ne pas ternir la beauté des âmes, où les anges ne doivent pas trouver d'ombre à la lumière* qu'ils viennent y déposer. Ce n'est que de cette façon que l'auteur est parvenu à obtenir le beau phénomène de l'*écriture directe des esprits*.

Du reste, l'auteur s'est occupé d'abord, il y a dix ans, beaucoup de magnétisme, il est vrai *uniquement* au point de vue spiritualiste. L'auteur a toujours cru que cette science était *le précurseur et l'aurore du spiritualisme ;* il n'a jamais partagé les erreurs de la société du mesmérisme de Paris, qui a voulu faire du magnétisme une science naturelle et physique, basée sur un prétendu fluide, *dont on n'a jamais pu prouver la réalité.*

L'auteur a formé beaucoup de somnambules distinguées, qui excellèrent non-seulement dans la pénétration des pensées, mais encore dans la vue à distance et à travers les corps opaques, dans la lecture à haute voix *dans une chambre obscure*, etc. Il a surtout dirigé les regards de ses somnambules vers les visions et vers les régions élevées du monde des esprits. Certes, les rapports que l'on noue avec les esprits par l'intermédiaire des somnambules lucides sont très-indirects, très-vagues et incertains ; mais ces phénomènes ont néanmoins une certaine importance pour le spiritualisme, le somnambulisme tendant nécessairement vers la région des esprits. Il en est de même de la magie qui est basée sur la direction d'un génie familier, tel que le démon de Socrate et l'esprit de Python qui animait les pythies et les prophétesses de l'antiquité. Cette haute science aboutit *d'une part*, à la nécromancie et à l'évocation des esprits, et opère de l'autre, grâce au secours d'un génie invisible le prestige des charmeurs et des sorciers.

Ce fut déjà dans le courant de l'année 1850, *environ trois ans avant l'invasion de l'épidémie des tables tournantes,* que l'auteur a voulu introduire en France les cercles du *spiritualisme d'Amérique*, les *coups mystérieux de Rochester* et *l'écriture purement machinale* des *médiums*. Il a rencontré malheureusement beaucoup d'obstacles de la part des autres magnétiseurs. Les fluidistes, et même ceux qui s'intitulèrent magnétiseurs spiritualistes, mais qui n'étaient en vérité que *des somnambuliseurs de bas étage,* traitèrent les coups mystérieux du spiritualisme américain de folies et de songes creux. Aussi ce n'est qu'au bout de plus de six mois, que l'auteur a pu former le premier cercle selon le mode des Américains, grâce au concours zélé que lui a prêté M. Roustan, ancien membre de la *société des magnétiseurs spiritualistes,* homme simple, mais plein d'enthousiasme pour la sainte cause du spiritualisme. Plusieurs autres personnes sont venues se joindre à nous, parmi lesquelles il faut citer feu *l'abbé Châtel,* le fondateur de l'Église française, qui malgré ses tendances rationalistes a fini par admettre la réalité d'une révélation objective et surnaturelle, condition indispensable du spiritualisme et de toutes les religions positives. *On sait que les cercles américains sont basés* (abstraction faite de certaines conditions morales, également requises), *sur la distinction des principes magnétiques ou positifs* et *électriques ou négatifs.* Ces cercles se composent *de douze personnes,* dont *six* représentent les *éléments positifs* et les six autres, les éléments *négatifs* ou *sensitifs.* La distinction des éléments ne doit pas être faite d'après le sexe des personnes, bien que généralement les femmes aient des attributs négatifs et sensitifs, et les hommes soient doués de *qualités positives* et *magnétiques.* Il faut donc bien étudier la constitution morale et physique de chacun, avant de former les cercles, car il y a des femmes délicates qui ont des qualités masculines, comme quelques hommes vigoureux ne sont que des femmes au moral. On place une table dans un endroit spacieux et aéré. *Le médium* (ou les milieux) doit s'asseoir au bout de la table et être entièrement isolé; il sert de conducteur de l'électricité par son calme et sa quiétude contemplative. Un bon *somnambule* est en général un excellent MÉDIUM. On place les *six natures électriques* ou *négatives,* qu'on reconnaît généralement aux qualités affectueuses du cœur et à leur sensibilité, *à droite du médium,* en mettant immédiatement auprès du médium la personne *la plus sensitive* ou *négative* du cercle. Il en est de même quant *aux natures* positives, que l'on *place à gauche* du médium, parmi lesquelles la personne la plus positive, la plus intelligente doit se mettre également auprès du médium. Pour former *la chaîne,* il faut que les douze personnes posent la *main droite* sur la table, et qu'elles mettent la *main gauche du voisin dessus,* en faisant ainsi le tour de la table de la même façon. Quant au médium ou aux milieux, s'il y en a plusieurs, ils restent entièrement isolés des douze personnes qui forment la chaîne.

Nous avons obtenu au bout de plusieurs séances, certains phénomènes remarquables, tels que des secousses simultanées, ressenties par tous les membres du cercle au moment de l'*évocation* mentale des personnes les plus intelligentes. Il en est de même des coups mystérieux et des sons étranges; plusieurs *personnes, même très-insensibles*, ont eu des visions simultanées, bien qu'elles fussent restées à l'état ordinaire de veille. Quant aux sujets sensibles, ils ont acquis *l'admirable faculté des médiums, d'écrire machinalement, grâce à une attraction invisible,* laquelle se sert d'un bras sans intelligence pour exprimer ses idées. Au surplus, les individus insensibles ressentaient cette influence mytérieuse d'un souffle externe, mais l'effet n'était pas assez fort pour mettre en mouvement leurs membres. Du reste, tous ces phénomènes obtenus selon le mode du spiritualisme américain, ont le défaut d'être encore plus ou moins *indirects, parce qu'on ne peut pas se passer dans ces expériences de l'intermédiaire d'un être humain, d'un médium.* Il en est *de même des tables tournantes et parlantes* qui n'ont envahi l'Europe qu'au commencement de l'année 1853.

L'auteur a fait beaucoup d'expériences de tables avec son honorable ami, M. le comte d'Ourches, l'un des hommes les plus versés dans la magie et dans les sciences occultes. Nous sommes parvenus peu à peu à mettre les tables *en mouvement sans attouchement quelconque;* M. le comte d'Ourches *les a* fait *soulever même sans attouchement.* L'auteur a fait courir les tables avec une grande vitesse également sans attouchement et sans le concours d'un cercle magnétique. Il en est de même des vibrations des cordes d'un piano, phénomène obtenu déjà le 20 janvier 1856 en présence des comtes de *Szapary* et *d'Ourches*. Tous ces phénomènes révèlent bien la réalité de certaines forces occultes, *mais ces faits ne démontrent pas suffisamment l'existence réelle et substantielle des intelligences invisibles*, indépendantes de notre volonté et de notre imagination, dont on agrandit, il est vrai, démesurément, de nos jours le pouvoir. De là le reproche que l'on adresse aux spiritualistes américains de n'avoir que des communications insignifiantes et vagues avec le monde des esprits, qui ne se manifestent que par certains coups mystérieux, et par la vibration de quelques sons. En effet, il n'y a qu'un phénomène *direct, intelligent et matériel à la fois, indépendant de notre volonté et de notre imagination, tel que, l'écriture directe des esprits*, qu'on n'a pas même évoqués ni invoqués, *qui puisse servir de preuve irréfragable de la réalité du monde surnaturel.*

L'auteur, étant toujours à la recherche d'une preuve intelligente et palpable en même temps, de la réalité substantielle du monde surnaturel, afin de démontrer par des faits irréfragables, l'immortalité de l'âme, n'a jamais cessé d'adresser des prières ferventes à l'Éternel de vouloir bien indiquer aux hommes un moyen infaillible pour raffermir la foi en l'immortalité de l'âme, cette base éternelle de la religion. L'Éternel dont la miséricorde est infinie, a amplement exaucé cette faible prière. Un beau jour, c'était le premier août 1856, l'idée vint à l'auteur d'essayer si les esprits pouvaient écrire *directement*, sans *l'intermédiaire d'un médium*. Connaissant l'écriture directe et merveilleuse du Décalogue selon Moïse, et l'écriture également directe et mystérieuse durant le festin du roi Belsatsar suivant Daniel, ayant en outre entendu parler des mystères modernes de *Strattford* en Amérique, où l'on avait trouvé certains caractères illisibles et étranges, tracés sur des morceaux de papier, et qui ne paraissaient pas provenir des *médiums*, l'auteur a voulu constater la réalité d'un phénomène dont la portée serait immense, s'il existait réellement.

Il mit donc un papier blanc à lettres et un crayon taillé dans une petite boîte fermée à clef, en portant cette clef toujours sur lui-même et sans faire part de cette expérience *à personne*. Il attendit durant douze jours en vain, sans remarquer la moindre trace d'un crayon sur le papier, mais quel fut son étonnement, lorsqu'il remarqua le 13 août 1856 certains caractères mystérieux, tracés sur le papier; à peine les eut-il remarqués qu'il répéta *dix fois* pendant cette journée, à jamais mémorable, la même expérience, en mettant toujours au bout d'une demi-heure, une nouvelle feuille de papier blanc dans la même boîte. L'expérience fut couronnée chaque fois d'un succès complet.

Le lendemain, 14 août, l'auteur fit de nouveau une vingtaine d'expériences, en laissant la boîte ouverte et en ne la perdant pas de vue; c'est alors que l'auteur voyait que des caractères et des mots dans la langue esthonienne se formèrent ou furent gravés sur le papier, sans que le crayon bougea. Depuis ce moment, l'auteur, voyant l'inutilité du crayon, a cessé de le mettre sur le papier; il place simplement un papier blanc sur une table chez lui, ou sur le piédestal des statues antiques, sur les sarcophages, sur les urnes, etc., au *Louvre*, à *Saint-Denis*, à *l'église Saint-Étienne-du-Mont*, etc. Il en est de même des expériences faites dans les différents cimetières de Paris. Du reste, l'auteur n'aime guère les cimetières, la plupart des Esprits préférant les lieux où ils ont vécu durant leur carrière terrestre, aux endroits où repose leur dépouille mortelle.

Après avoir constaté la réalité du phénomène de l'écriture directe par plus de trente expériences répétées, la principale préoccupation de l'auteur fut de démontrer l'existence réelle de ce miracle à d'autres personnes. Il s'adressa d'abord à son noble ami, M. le comte d'Ourches, qui a également consacré sa vie entière à la magie et au spiritualisme. Ce n'est qu'au bout de six séances, le 16 août 1856, à 11 heures du soir, dans le logement de l'auteur, que M. le comte d'Ourches a vu pour la première fois ce phénomène merveilleux. M. le comte d'Ourches fut d'abord déconcerté par la déconvenue de nos premières expériences. Il ne douta pas de la réalité de ce phénomène merveilleux, sachant bien que l'auteur n'a pas le don de médium, d'écrire machinalement; il n'attribuait pas non plus la non-réussite précisément à l'influence des démons, mais il croyait que la malice de certains Esprits peu bienveillants voulait le priver d'être le témoin oculaire d'un miracle aussi évident. Il mit donc à côté du papier blanc, destiné à l'écriture d'un Esprit quelconque, une copie du fameux critérium de l'apôtre S. Jean au sujet du discernement des bons Esprits. (1 Jean IV, 2.) Voici ce verset : « *Connaissez à cette marque l'Esprit de Dieu: Tout esprit* « *qui confesse que Jésus-Christ est venu en chair, est de* « *Dieu.* » Au bout de dix minutes, un Esprit sympathique dont l'auteur a de suite reconnu l'écriture et la signature, écrivit directement, en présence du comte d'Ourches, ce qui suit : « *Je confesse Jésus en chair.* » L'Esprit accepta donc franchement la marque à laquelle, suivant S. Jean, on peut reconnaître un bon esprit. Ce phénomène doit confondre tous nos *orthodoxes démonophobes* qui ne croient qu'aux miracles démoniaques.

Depuis ce moment, M. le comte d'Ourches a vu plus de quarante fois le phénomène merveilleux de l'écriture directe, tantôt chez lui, tantôt chez l'auteur, puis au Louvre, dans la cathédrale de Saint-Denis, à l'église Saint-Étienne-du-Mont, sur le sarcophage de Ste Geneviève et sur les bancs qui sont au-dessous des monuments de Pascal et de Racine, au cimetière Montmartre, etc.

Plus tard, au mois d'octobre, M. le comte d'Ourches a obtenu, même sans le concours de l'auteur, plusieurs écrits directs des Esprits; l'une de ces lettres d'outre-tombe est de sa mère, morte, il y a une vingtaine d'années.

L'auteur pourrait raconter une foule d'autres expériences intéressantes, mais, pour éviter des longueurs, il préfère publier les *fac-simile* exacts des écrits directs, les plus remarquables.

Quant à la question à savoir, *quels moyens emploient les Esprits pour tracer des caractères ou des figures magiques sur une feuille de papier,* il faut d'abord convenir que ce phénomène nous démontre, que les esprits agissent directement sur la matière, comme nos âmes enveloppées d'un corps grossier. *Pendant la première quinzaine à dater du jour de la découverte de l'écriture directe, les tables sur lesquelles les Esprits écrivirent, se promenèrent seules et vinrent rejoindre l'auteur dans une autre chambre, après avoir traversé quelquefois plusieurs pièces ; les tables marchèrent tantôt lentement, tantôt avec une vitesse étonnante ; l'auteur leur barra souvent le chemin à l'aide des chaises,* mais elles firent quelques détours, en continuant leurs courses vers la même direction. L'auteur a vu même deux fois un petit guéridon, sur lequel *les Esprits* avaient l'habitude d'écrire (en sa présence), transporté dans l'air d'un bout *de la chambre* à l'autre. Néanmoins, bien que les effets de l'influence *des purs Esprits* soient les mêmes que ceux *des Esprits incarnés*, il faut avouer *que leurs moyens* doivent différer des nôtres, leur état, leur condition, étant affranchie du joug de la matière, ce qui paralyse le vol sublime de notre intelligence, de notre imagination. Il est probable que l'action et l'influence que les Esprits exercent sur la matière, offre de l'analogie avec la création, les Esprits étant l'image affaiblie de Dieu, *cet Esprit absolu par excellence*. Or, de même que Dieu, suivant le premier chapitre de la Genèse (verset 3), dit, « *que la lumière soit, et la lumière fut*, » de même que le verset 9 du chapitre XXXIII des Psaumes dit : « *Car l'Éternel dit, et ce qu'il a dit a eu « son être ; il a commandé, et la chose a comparu ;* » de même, bien qu'à *un moindre degré, la pensée, le désir d'un esprit suffit pour agir directement sur la matière* et pour produire le phénomène merveilleux de l'écriture directe. Chez les Esprits qui habitent un monde qui *n'est pas un lieu, mais un état*, une condition, *il y a identité de la pensée et de l'être, le temps et l'espace étant anéantis et absorbés dans l'éternité infinie pour l'âme dégagée de la matière*. Certes, *dans une existence, où le temps s'écoule dans l'éternité, et l'espace est renfermé dans l'infini, comme la goutte de rosée se perd dans l'Océan, il ne saurait guère être question des moyens et des appareils* pour produire un effet matériel quelconque, tel que l'écriture directe, etc., etc. La volonté créatrice seule est suffisante pour agir sur la matière inerte *(mens agitat molem)*. L'esprit de l'homme après avoir quitté par la mort le corps et brisé ainsi les entraves de la matière, entre dans un état plus parfait. Il est donc rationnel de supposer que son pouvoir sur les éléments de la nature et sa connaissance des lois qui les gouvernent, soient élargies. Néanmoins il est possible que les *Esprits*, qui s'enveloppent souvent d'une substance subtile, d'un corps éthéré suivant toutes les traditions sacrées de l'antiquité (ce qui explique la réalité objective des apparitions), concentrent, par leur force de volonté et à l'aide de ce corps subtil, un courant d'électricité sur un objet quelconque, tel qu'un morceau de papier ; et alors les caractères s'y forment comme la lumière du soleil en imprime sur la plaque du daguerréotype. C'est ainsi que Moïse dit au sujet des tables du décalogue dans l'Exode (chap. XXXII, 16) : « Les tables étaient « écrites de leurs deux côtés, écrites de çà et de là. Et les « tables étaient l'ouvrage de Dieu, et l'écriture était de l'écri- « ture de Dieu, gravée sur les tables. »

L'opinion, que l'électricité joue un rôle dans les divers modes de communications spirituelles, est basée sur la diffusion universelle de l'électricité dans la création. Tout ce qui est créé, renferme en lui-même sa dose d'électricité et établit certaines relations avec tout ce qui existe. Les formes les plus parfaites entretiennent des relations positives avec les formes les plus parfaites, comme cela a lieu dans les règnes de la nature, où le minéral se lie au végétal et à l'animal, et l'homme à tout ce qu'il y a de plus sublime dans l'univers jusqu'au monde supérieur des purs Esprits. La plupart des écritures directes des Esprits paraissent être faites au crayon, si l'on en excepte une vingtaine de longues épîtres d'outre-tombe, écrites par des Esprits sympathiques (parents ou amis morts de l'auteur) *avec de l'encre bleue ou noire.*

Avant de publier une foule de *fac-simile* de ces écrits d'outre-tombe, il faut dire encore quelques mots pour réfuter l'objection absurde, qui voudrait réduire ce phénomène merveilleux à un reflet *étrange* de la pensée de l'auteur. Cela me répugne de tenir compte d'une objection aussi inepte qui n'est qu'une fiction des hommes écervelés de nos jours, dont la raison, aveuglée par le matérialisme, voudrait inventer une explication beaucoup plus merveilleuse, que le phénomène de l'écriture directe, confirmé d'ailleurs par le témoignage de la Bible et par le principe de la révélation directe de toutes les traditions sacrées de l'antiquité. Au surplus, nos expériences prouvent *amplement que le reflet des pensées n'est pour rien dans ce phénomène*. D'abord, généralement l'Esprit que nous désirons dans nos expériences, ne se présente pas pour écrire; un autre vient, auquel nous n'avons nullement pensé et dont le nom même nous est quelquefois inconnu. Quant aux Esprits sympathiques, ils ne viennent presque jamais durant les expériences spiritualistes. Les Esprits écrivent souvent plusieurs pages entières, tantôt au crayon, *tantôt à l'encre*, lorsque l'auteur vaque à d'autres affaires. Cette exagération absurde du pouvoir de l'imagination et de la volonté, n'a donc aucune base ni aucune raison d'être. Cette hypothèse contredit toutes les traditions sacrées, tous les témoignages historiques, toutes les croyances populaires, en un mot, la grande *voix de quarante siècles*, qui a encore plus de poids que le fameux « *vox populi, vox Dei.* » Ladite objection est en outre en désaccord flagrant avec nos cinq cents expériences, l'auteur n'ayant généralement pas même recours à l'évocation mentale d'un Esprit particulier. Le désir même de communiquer plutôt avec un Esprit qu'avec un autre, est banni de nos séances, parce que de cette manière on peut empêcher des communications directes, faute de sympathie. La crainte absurde des démons, née surtout au moyen âge, est précisément la cause principale de la rareté des phénomènes surnaturels, les Esprits ne voulant ni ne pouvant se manifester à des gens qui les prennent pour des spectres immondes. Certes, il n'y a rien qui éloigne plus les Esprits, et même tous les êtres corporels et vivants, tels que les hommes et les animaux, que la *répugnance invincible, l'horreur effroyable, le manque absolu de sympathie.*

Au reste, nous croyons que l'évocation mentale, bien que nous n'ayons plus recours à ce mode, pratiqué généralement par l'antiquité, est utile et même nécessaire tant qu'on ne fait qu'épeler l'alphabet du spiritualisme, tant que nos relations avec le monde des Esprits se bornent à un génie familier, à un guide spirituel ou à quelques Esprits frappeurs, aptes à produire certains coups mystérieux, certains bruits étranges, mais incapables d'opérer des phénomènes intelligents et palpables en même temps, tels que l'écriture directe. C'est un fait constaté par nos expériences personnelles que des Esprits d'un ordre inférieur nous assistent tant que nous n'avons fait que peu de progrès dans le domaine du spiritualisme : aussi, les phénomènes sont d'abord insignifiants ; les rapports des Esprits avec nous ne consistent que dans certains coups mystérieux et dans la vibration de quelques sons. Les mêmes Esprits frappeurs se présentent toujours, en cherchant à répandre la croyance de ce fait positif, que le monde spirituel influence le nôtre, et que les Esprits sont avec nous, autour de nous, que leur amour veille sur nous, nous protége et pénètre notre cœur même. Plus tard, nos relations avec le monde des Esprits, devenant plus intimes, les Esprits supérieurs viennent nous visiter et nous enseigner les saintes vérités de la sagesse divine. C'est alors qu'il faut renoncer à l'évocation mentale d'un Esprit quelconque, pour ne pas renvoyer les Esprits qui viennent spontanément nous visiter. Une simple prière mentale, mais *fervente*, adressée au souverain Maître de l'univers, suffit pour nous attirer une foule de bons Esprits, notre rapprochement d'amitié avec les purs esprits étant accompli.

En effet, la prière est le grand véhicule du monde spirituel et surnaturel. C'est la prière fervente seule qui puisse fléchir le cœur des divinités les plus redoutables, suivant les traditions sacrées de l'antiquité. Les lois de l'univers avaient beau paraître aux Anciens avec leur caractère de permanence et d'irrésistibilité, ils ne pouvaient croire qu'une prière fervente ne parvînt à déranger ou à modifier les effets des lois de la nature inerte à leur profit. Aussi, selon le *Rig-Védâ*, *les prières véritables, les paroles inspirées, sont les épouses des dieux.* Suivant Homère (Iliade IX, 498), *les prières sont les filles de Zeus.*

Le cercle de nos connaissances d'outre-tombe s'agrandit donc, grâce *à la prière*, de jour en jour plus. Les séances et les expériences deviennent peu à peu tout à fait inutiles, à moins qu'on ne veuille démontrer aux incrédules le beau phénomène de l'écriture directe ou d'autres faits constatant la réalité du monde surnaturel. Les Esprits viennent nous voir sans être invités par nous, comme nos amis intimes, parmi les vivants, nous visitent. C'est alors que les Esprits nous écrivent de longues épîtres, contenant des conseils intimes et des avis importants; nous conversons avec eux, en quelque sorte, face à face, comme le vénérable pasteur Oberlin, du Ban-de-la-Roche, conversait *verbalement* avec sa femme morte durant neuf années consécutives. Les Esprits nous adressent même des consolations dans les moments solennels de notre vie, quand nous avons le plus besoin de leur assistance. C'est ainsi, à peu près, bien qu'à un degré encore plus parfait, que les anges se présentèrent à Abraham et aux patriarches de l'antiquité. On connaît la fameuse apparition dans la vallée de Mamré dans la Genèse (XVIII).

Quant aux prétendus scrupules religieux qu'on oppose à l'évocation des morts, nous ne les croyons nullement fondés sur l'autorité de la Bible; ces objections absurdes ne sont que l'amer fruit de la démonophobie de nos orthodoxes. Le Deutéronome (XIII et XVIII) ne défend l'évocation, la divination, etc., que si ceux qui s'en occupent *veulent détourner le peuple Israël de l'Éternel, pour servir d'autres dieux*. Ces défenses n'ont trait qu'au polythéisme; elles étaient nécessaires à cause du penchant d'Israël au polythéisme des peuples voisins, chez lesquels le chaldéisme et le sabéisme, ce culte ancien de l'armée des cieux, régnaient. De nos jours, le polythéisme n'est plus à craindre, la croyance au monde surnaturel ayant tout à fait cessé grâce au matérialisme. *Il faut savoir distinguer dans la Bible ce qui n'est que local et national* (telle que la défense des images, de certaines viandes, et les cérémonies des sacrifices, du culte, etc.) *et ce qui est général et éternel*, n'appartenant à aucune époque particulière. *Il faut savoir distinguer l'enveloppe externe de la lettre et l'esprit général et éternel.* Quel déplorable abus nos théologiens démonophobes n'ont-ils pas fait, en confondant ces choses si essentielles!

CHAPITRE VIII.
Fac-similé des écrits directs des Esprits.

Ce chapitre contient *soixante-sept fac-simile des écritures des Esprits.* Nous suivons l'ordre chronologique de ces phénomènes directement surnaturels, en indiquant exactement la date, le lieu et les témoins oculaires, en présence desquels ces écrits ont été tracés.

Depuis le 13 août (1856) jusqu'au 15 dudit mois, nous n'avons obtenu que des lignes et des figures magiques quelquefois bien compliquées, dont quelques-unes ont opéré des guérisons instantanées, constatées par plusieurs témoins. La première écriture lisible, tracée *en langue Esthonienne*, par un Esprit que l'auteur a reconnu à sa main, bien que la signature manqua d'abord, a eu lieu le 15 août. Nous ne la publions pas, parce qu'elle n'a pas été écrite en présence de témoins oculaires. La première écriture française a été obtenu le 16 août, en présence de témoins oculaires ; c'est pour cette raison que nous la publions. (Voy. N° 3.)

Dans la préface, nous avons déjà cité les noms des Esprits les plus célèbres qui ont confirmé, par leur signature d'outre-tombe, leurs écrits. Nous y ajoutons ici encore quelques noms illustres, tels que Héloïse, la sœur Louise de la miséricorde, ci-devant duchesse de Lavallière, le fameux diacre Paris, etc. Nous avons obtenu des écrits desdits Esprits, sur la recommandation directement surnaturelle, écrite en français, d'un Esprit sympathique, jeune femme, auteur anonyme, morte trop tôt, hélas !

N° 1. Figure tracée le 13 août 1856, jour à jamais mémorable, où l'auteur a constaté, pour la première fois, le phénomène merveilleux de l'écriture directe des Esprits. Cette figure a été dessinée par un Esprit dans le logement de l'auteur, *74, rue du Chemin de Versailles aux Champs-Élysées, à trois heures de l'après-midi.*

N° 2. Figure magique, tracée, le 14 août 1856, également dans le logement de l'auteur. Cette figure a opéré plusieurs guérisons merveilleuses et instantanées.

N° 3. Première écriture en français, soussignée par un Esprit que l'auteur a connu durant sa vie terrestre. Les mots : *Je confesse Jésus en chair,* sont une réponse adressée par l'Esprit au doute du comte d'Ourches. Ce phénomène merveilleux a eu lieu, en présence dudit comte d'Ourches, *le 16 août 1856, à onze heures du soir, dans le logement de l'auteur.*

N° 4. Figure tracée en présence du comte d'Ourches le 18 août 1856, 38, rue de la Chaussée-d'Antin.

N° 5. Figure magique, tracée sur le sarcophage de Sainte-Geneviève, à l'église Saint-Étienne-du-Mont, en présence du comte d'Ourches, le 20 août.

N° 6. Initiales du nom de Sainte-Geneviève, tracées sur son sarcophage le 24 août en présence du comte d'Ourches, qui a fourni lui-même le papier blanc, pour éviter l'objection absurde des papiers chimiques.

N° 7. Première écriture en latin lapidaire, obtenue en présence du comte d'Ourches, au Louvre près de la *statue de Germanicus*, le 26 août.

N° 8. Écriture en latin lapidaire, obtenue le même jour en présence du comte d'Ourches *près de la statue d'Auguste* à l'angle de la croisée de la salle des empereurs romains au Louvre.

N° 9. Écriture en latin lapidaire, tracée le 28 août au Louvre, près de la statue de *Jules César*, en présence du comte d'Ourches.

N° 10. Écriture en ancien grec lapidaire, tracée également le 28 août en présence du comte d'Ourches, près de la petite statue d'*Euripide* au Louvre.

N°s 11, 12 et 13. Hiéroglyphes d'Égypte tracés en présence du comte d'Ourches, le 30 août, près du sarcophage de *Ramses III dans la salle* Égyptienne du Louvre.

N° 14. Figure magique tracée le 31 août dans le logement de l'auteur en présence du comte d'Ourches. Cette figure a opéré une guérison instantanée dans un cas de bronchite.

N° 15. Figure tracée près du monolithe de la fameuse reine Cléopâtre, le 2 septembre 1856, en présence du comte d'Ourches.

N° 16. Écriture en latin lapidaire près de la statue inconnue dans la salle des empereurs romains, en présence du comte d'Ourches, le 4 septembre 1856.

N° 17. Initiales *de Marie Stuart*, tracées près de la colonne de son mari François II, dans la cathédrale de Saint-Denys, en présence du comte d'Ourches le 7 septembre.

N° 18. Figure étrange tracée près le sarcophage de *Catherine de Médicis et de Henri II* dans la cathédrale de Saint-Denys, le même jour, en présence du comte d'Ourches.

N° 19. Première écriture en anglais avec les Initiales *de Marie Stuart*, tracée en présence du comte d'Ourches, le 9 septembre, près de la colonne de *François II*.

N° 20. Figure tracée dans le jardin des Tuileries, en présence du comte d'Ourches, le 10 septembre.

N° 21. Écriture en langue esthonienne, tracée par un Esprit, que l'auteur a connu durant sa vie terrestre, le 12 septembre, 74, rue du Chemin de Versailles.

N° 22. Initiales *du nom d'un ami défunt de l'auteur*, tracées *sur sa tombe au cimetière Montmartre*, le 14 septembre, en présence du comte d'Ourches.

N° 23. Caractères étranges, tracés le 15 septembre dans le logement de l'auteur en présence du comte d'Ourches.

N° 24. Épître longue en *latin lapidaire*, tracée près de la statue d'*Auguste* (à l'angle de la croisée), dans la salle des empereurs romains, en présence du baron de Voigts-Rhetz, le 20 septembre.

N° 25. Épître en vers, écrite et *signée par Juvenal*, près de la prétendue statue de Démosthène. Ce phénomène a eu lieu en présence du comte d'Ourches et du baron de Rhetz, le 26 septembre 1856.

N° 26. Écriture en grec lapidaire tracée en présence de M. Ravené Senior, de Berlin, et de M. le colonel de Kollmann près du sarcophage sous la statue de la belle Polymnie, le 3 octobre au Louvre.

N° 27. Écriture grecque, tracée en présence de M. le professeur *Georgii* de Londres, disciple de l'illustre *Ling*, du comte d'Ourches et du baron de Voigts-Rhetz, le 4 octobre, dans le logement de l'auteur, pour prouver à tous, que la mort est vaincue, et qu'il ne faut plus en avoir peur. Cette écriture rappelle le verset 55 du fameux chapitre XV de la première épître aux Corinthiens, dans la mémoire des témoins.

N° 28. *Écriture grecque,* tracée en présence du comte d'Ourches dans le logement de l'auteur, le 10 octobre.

N° 29. Écriture grecque, tracée au piédestal de la belle Muse Polymnie, en présence du comte d'Ourches, le 15 octobre. (Au Louvre.)

N° 30. Écriture *latine* en vers, tracée *et signée par Virgile* en présence du comte d'Ourches, le 20 octobre, dans le logement de l'auteur.

N° 31. Écriture étrange, signée *par l'apôtre S. Jean,* et dont les caractères sont tracés en présence de MM. le général baron de Bréwern, le comte d'Ourches et M. Ravené senior, le 26 octobre, dans le logement de l'auteur.

N° 32. Écriture *grecque,* signée *par S. Paul,* et tracée pendant la même soirée, en présence des mêmes témoins oculaires.

N° 33. Écriture grecque, indiquant la présence de *Melchisédec.* Cette écriture est encore tracée le même soir, en présence desdits témoins.

N° 34. Figure étrange, et écriture *grecque* tracées en présence du comte d'Ourches, le 28 octobre, dans le logement de l'auteur. Cette écriture rappelle dans notre mémoire le verset 4 du chapitre XXI de l'Apocalypse.

N° 35. Écriture *grecque,* tracée en présence du comte d'Ourches et de M. Ravené, le 29 octobre.

N° 36. Écriture française et figure étrange, tracées de l'autre côté du papier *par l'Esprit du fameux diâcre Paris*, derrière le maître-autel de l'église *Saint-Médard*, où jadis son corps a reposé, avant la défense de :

« Par le roi à Dieu
« D'opérer des miracles en ce lieu. »

Cet Esprit frappe d'abord des coups sourds sous les dalles de la chapelle derrière le maître-autel, en présence de M. *le colonel de Kollmann, qui retire lui-même le papier*, posé devant ses yeux par l'auteur, le 30 octobre 1856.

N° 37. Écriture grecque, tracée et signée par *Iphikles* et *datée d'Athènes;* en présence du comte d'Ourches dans le logement de l'auteur, le 2 novembre 1856.

N° 38. Dessin d'un trépied pythique *signé E.*, près de la petite statue *d'Euripide* au Louvre, en *présence* du comte d'Ourches, le 4 novembre.

N° 39. Figure tracée en présence du général baron de Brewern à la suite de l'évocation du fameux prince et *prêtre Hohenlohe*, le 6 novembre, dans le logement de l'auteur. Les lettres grecques ajoutées à la figure, paraissent indiquer que la mort (θάνατος) est vaincue par la foi (πίστις) en l'esprit (πνεύμα) de celui qui est l'alpha et l'oméga (le commencement et la fin).

N° 40. Figure tracée et signée par *S. Louis*, près des statues de sa famille, dans le caveau de la cathédrale de Saint-Denis, le 8 novembre, en présence du général baron de Brewern.

N° 41. Figure compliquée signée *F*, près du monument de François Ier, également le 8 novembre, en présence dudit témoin oculaire, qui lui-même a fourni le papier de son carnet. Ce phénomène a eu lieu dans l'église de Saint-Denis.

Nº 42. Nom français tracé près du monument de *Louis XII* dans ladite cathédrale, en présence dudit témoin, le 8 novembre.

Nº 43. Mots français tracés près du monument du roi *Dagobert,* en présence dudit témoin, le 8 novembre.

Nº 44. Figure tracée en présence du général baron de Brewern qui voit les différentes lignes se former sur la feuille de papier, placée sur le bureau de l'auteur, 74, rue du Chemin de Versailles, le 15 novembre 1856.

Nº 45. Écriture *en langue russe,* tracée en présence du général baron de Brewern, le 20 novembre, dans le logement de l'auteur.

Nº 46. Écriture latine, signée *par le célèbre orateur M. T. Cicéron,* en présence du général baron de Brewern, le 24 décembre dans le logement de l'auteur. Cette écriture merveilleuse a été tracée dans une ramette de papier, toute neuve et cachetée par le marchand, en un mot, dans un cahier tel qu'il sort de la boutique.

Nº 47. Écriture grecque, signée *par le célèbre Platon* et tracée dans la même ramette cachetée pendant la même soirée du 24 décembre, en présence dudit témoin, dans le logement de l'auteur.

Nº 48. Figure tracée dans la même ramette cachetée, en présence dudit témoin oculaire, le 24 décembre, dans le logement de l'auteur. Les expériences de cette journée mémorable ont été couronnées du succès le plus complet. M. le général baron de Brewern y assista en qualité de témoin oculaire. MM. le comte d'Ourches et le marquis du Planty, également invités à y assister, manquèrent. On les attendait jusqu'à minuit, mais à peu près vers cette heure, les meubles commençant à craquer partout, le médium se met au piano et nous ordonne de mettre une ramette de papier à lettres, *toute neuve*, enveloppée d'un papier jaune et cacheté par le marchand, en un mot, une ramette, telle qu'elle sort de la boutique, sur un petit guéridon. Au bout d'un quart d'heure, le médium cesse de jouer et prie le général baron de Brewern d'ouvrir la ramette ; on trouve d'abord une écriture grecque, signée par *Platon*, puis une écriture latine, signée par *Cicéron* ; une troisième feuille de papier contient cette figure dont nous venons de parler (n° 48) ; enfin un quatrième papier renferme une écriture en anglais, signée par *Spencer*. Cette dernière écriture que nous n'avons pas pu bien déchiffrer, a été malheureusement égarée.

Dans le papier signé par l'esprit de *Platon*, il y a encore une figure (n° 47). Cette figure représente une croix ayant à son sommet un alpha (α) et à sa base un oméga (ω). Cette croix et ces deux lettres semblent indiquer la manifestation du Christ, qui est le premier et le dernier. Les deux π π signifient la *foi* et l'*esprit* (πίστις, πνεύμα), c'est-à-dire les deux seuls moyens donnés à l'homme pour profiter de l'œuvre de Christ et pour parvenir à l'amour de Dieu et à la charité (ἀγάπη του θεοῦ). (Le terme ὦ φιλότης veut dire : ô mon ami !)

N° 49. Écriture grecque signée par *Isocrate* en présence du général baron de Brewern, le 26 décembre 1856, dans le logement de l'auteur.

N° 50. Écriture remarquable en grec lapidaire, tracée en présence du comte d'Ourches, le 27 décembre 1856, dans le logement de l'auteur.

N° 51. Écriture allemande, tracée par *un Esprit* que l'auteur, ainsi que plusieurs amis du défunt, ont reconnu à sa main, bien que la signature manque. Ce phénomène à eu lieu le 28 décembre 1856 dans le logement de l'auteur.

N° 52. Écriture de la sœur *Louise de la Miséricorde (Lavallière)*, tracée, en présence du colonel de Kollmann, le 29 décembre 1856 dans l'église du Val-de-Grâce.

N° 53. Écriture allemande en vers, signée par *un des parents de l'auteur*. Cette épître a été tracée le 14 janvier 1857 dans le logement de l'auteur. La parfaite ressemblance de la main du défunt a été constatée par plusieurs de ses amis.

N° 54. Écriture remarquable, signée par *Abélard*, obtenue par l'auteur sur la tombe de cet homme illustre au Père-la-Chaise sur la recommandation *(directement écrite)* d'un esprit sympathique, le 20 janvier 1857.

N° 55. Écriture d'*Héloïse*, en français, obtenue le même jour sur la tombe d'Abélard et d'Héloïse, sur la recommandation directe du même Esprit sympathique.

N° 56. Ordre direct *dudit Esprit sympathique*, en français, d'aller à Saint-Denis, où nous avons obtenu de beaux résultats avec le baron de Brewern. Cet Esprit sympathique (ci-devant jeune femme, auteur anonyme de Paris) a donné souvent des ordres de faire des expériences qui ont toujours réussi. *L'auteur est possesseur d'une trentaine d'ordres directement écrits et signés par l'Esprit de cette jeune femme morte, il y a cinq ans, à Paris.* Lesdits mots ont été tracés le 25 janvier 1857 dans le logement de l'auteur.

N° 57. Lettre amicale d'outre-tombe *de l'Esprit d'une jeune femme*, dont l'écriture a été reconnue par plusieurs de ses amis. Cette épître allemande a été écrite le 30 janvier 1857 dans le logement de l'auteur.

58. Lettre d'outre-tombe *d'un ami de l'auteur*, que plusieurs personnes ont reconnu à son écriture. Cette épître a été tracée en français, le 1er février (environ deux ans après la mort du défunt), dans le logement de l'auteur.

N° 59. Mots tracés près de la tombe de l'illustre *Pascal* dans l'église Saint-Étienne-du-Mont, le 12 février 1857, en présence du comte d'Ourches.

N° 60. Initiale tracée près du buste de *Henri IV* dans le caveau de la cathédrale de Saint-Denis, en présence du général baron de Brewern, le 13 février 1857.

N° 61. Figure et initiales tracées le 14 février 1857 près de la tombe de l'illustre *Jean Racine* dans l'église Saint-Étienne-du-Mont, en présence du comte d'Ourches qui fournit le papier.

N° 62. Écriture *en italien*, tracée en présence du général baron de Brewern, le 16 février 1857, dans le logement de l'auteur.

N° 63. Lettre amicale *d'une parente de l'auteur*, morte il y a plus de treize ans. Cette épître en allemand a été tracée le 20 février 1857 dans le logement de l'auteur. Plusieurs connaissances de la défunte ont reconnu son écriture, tracée avec de l'encre bleue.

N° 64. Figure tracée avec de l'encre bleue et signée en caractères grecs par *Hippocrate*, le 1er mars 1857, dans le logement de l'auteur. Cette figure a guéri un cas de rhumatisme aigu instantanément, au bout de quelques minutes.

N° 65. Écriture en latin lapidaire près de l'urne de *Saturninus* au Louvre, le 6 mars, en présence du général baron de Brewern.

N° 66. Écriture en français, tracée le 10 mars 1857 dans

le jardin du petit Trianon près de la laiterie. Cette écriture curieuse consiste dans les mots: *Reine de France, Marie Antoinette, issue de l'illustre....* L'auteur, n'ayant jamais vu l'écriture de cette malheureuse reine, ne peut donc pas constater l'identité de la main.

N° 67. Écriture en latin lapidaire, gravée sur une carte de visite du baron Boris d'Uexküll, témoin oculaire, le 10 mai 1857 près de l'urne de *François Ier* dans le caveau de la cathédrale de Saint-Denis.

FIN DE LA PREMIÈRE PARTIE.

DEUXIÈME PARTIE.

SOURCES DU SPIRITUALISME DE L'ANTIQUITÉ.

De tous les biens que l'homme possède, il n'en est point qui l'approche davantage de la divinité et qui contribue plus sûrement à son bonheur que la droite raison, surtout lorsqu'il l'applique à la connaissance des dieux. La recherche de la vérité, et principalement de celle qui a pour objet de connaître les dieux, n'est autre chose que le désir de partager leur bonheur; cette étude et l'instruction qu'elle procure est une sorte de ministère sacré plus auguste et plus vénérable qu'aucune consécration et que tout le culte que nous rendons aux dieux dans les temples.

(Plutarque, d'Isis et d'Osiris; traduct. française de Ricard, tome V, pag. 319 et 320, chap. I.)

CHAPITRE IX.

Remarques générales concernant les traditions sacrées de l'antiquité.

L'Orient, ce berceau du genre humain, conserve aussi dans son sein les premières traditions du spiritualisme. Plus on connaîtra l'Inde, la Chine, l'Assyrie, la Syrie, la Palestine, la Perse et l'Égypte, plus on sera frappé de la vérité de cette allocution d'*un prêtre d'Égypte à Solon* (rapportée par Platon dans son Timée) : « O Athéniens, vous n'êtes que « des enfants ! Vous ne connaissez rien de ce qui est plus « ancien que vous ; remplis de votre propre excellence et « de celle de votre nation, vous ignorez tout ce qui vous a « précédés ; vous croyez que ce n'est qu'avec vous et avec « votre ville que le monde a commencé d'exister. »

Il nous semble, en effet, que les Anciens ont végété dans les ténèbres, parce que nous ne les apercevons qu'à travers les nuages épais qui se sont amassés dans le courant des siècles.

La nécromancie, la magie, la sorcellerie, l'exorcisme et l'astrologie furent pratiquées, par tous les peuples de l'antiquité, dès les temps les plus reculés. Il n'est pas un seul historien qui ose contester ou révoquer en doute ces faits. En Chine, depuis que le bouddhisme a supplanté, par le luxe et par la pompe de son culte, les anciennes traditions religieuses, les restes encore subsistants des Tao-sse (école du fameux Laot-seu, le Pythagore de la Chine), ne comptent plus d'adeptes que dans les rangs du bas peuple. C'est un fait constaté par tous les historiens, que le bas peuple, chez toutes les nations, conserve plus longtemps les anciennes croyances et traditions. Il en est de même en Europe, où la science et les hautes classes ont relégué depuis longtemps au domaine des fables absurdes et des superstitions ineptes la croyance à l'intervention directe des Esprits, le commerce avec les morts, la nécromancie, la magie, la sorcellerie, l'astrologie, la clairvoyance et l'extase et beaucoup d'autres pratiques occultes.

Selon nos révélations bibliques, les saints patriarches, voyants, prophètes, prêtres et lévites s'occupèrent également de ces sciences occultes, que le *clergé ignorant des temps modernes* fait passer pour des œuvres des démons. Nous rappelons ici, dans la mémoire du lecteur, la *coupe magique de Joseph*, ce fameux divinateur et songeur des songes (Genèse XLIV, 5, etc.); il en est de même des consultations par l'*Urim*. (Nombres XXVII, 21; I Samuel XXVIII, 6.)

Ledit chapitre du premier livre de Samuel contient aussi la fameuse évocation du prophète défunt par la sorcière d'Endor. (I Samuel XXVIII, 7-25.)

La sagesse de la philosophie chinoise s'appuie, malgré son caractère rationnel, sur les anciennes traditions sacrées; elle était une philosophie positive, religieuse et historique. Dans le Lun-Yu (liv. Ier, chap. 7, §. 19), le philosophe (Confucius) dit: « Je suis un homme qui a aimé les Anciens, « et qui a fait tous les efforts pour acquérir leurs connais- « sances. »

La civilisation *indienne*, étant plus ancienne, a plus de rapports à la révélation, tandis que la *raison prédomine plus dans la civilisation chinoise,* évidemment plus moderne.

Le trait caractéristique de la religion des Brahmanes consiste dans la révolte d'une partie du ciel, dans le ciel même contre Dieu, et dans la création du monde matériel pour le salut de ces Esprits déchus, afin qu'ils puissent y parvenir, à l'aide de l'incarnation et de la transmigration, à la réconciliation avec Dieu, à la délivrance finale et à l'union à l'Être suprême.

Les Chinois croient également à la chute primitive des Esprits dans le ciel, épopée immense, dont nous ne savons que le nom. Tschi-Yeu, un ancien fils du ciel, est le premier de tous les rebelles; ayant entraîné beaucoup d'Esprits dans la chute, il fut précipité par Schang-ti dans l'abîme et chassé du ciel. (*Tschi* signifie *laid*, et *yeu, beau*; Tschi-Yeu veut donc dire l'union monstrueuse du laid et du beau.) Tchi-Yeu est représenté avec quatre yeux ardents, ayant six bras et le corps d'un animal. Les drapeaux dont les prêtres chinois se servent pour exorciser et chasser les démons, s'appellent encore de nos jours : *drapeaux de Tchi-Yeu.* (Mémoires des Missionnaires français, tome IV, pag. 7.)

La création visible est en rapports perpétuels avec le monde invisible des causes, selon les penseurs chinois. L'homme est le but final de la création visible; sa raison est un rayon de la *raison primordiale ;* l'intelligence de l'homme reflète l'harmonie des deux principes fondamentaux (*Yn* et *Yang*); la pensée de l'homme dépasse l'étendue des cieux et de la terre; elle est incommensurable et tend vers la source suprême de l'univers.

L'esprit de l'homme (*Ling*) est lié à une âme douée de sensations et de passions (*Huen*); si l'esprit, au lieu de gouverner les passions, tombe sous leur joug, alors l'homme dérange l'harmonie et l'équilibre; il se détourne du *milieu éternel* et de la source suprême. De là le *péché*. La partie animale de l'homme l'a réduit à n'être que l'esclave des objets sensuels. L'homme, auquel jadis les forces et les lois de la nature obéirent, en subit désormais le joug.

L'homme, ayant rompu avec l'idéal de la sagesse céleste, est désormais dépourvu de la nature de *l'homme général*. Il n'est plus le maître et le roi de la terre; il ne commande plus aux nuages et au vent. Les traditions *chinoises* disent: « Tandis que le chant des oiseaux est resté partout *le même*, « que la voix de l'animal est comprise par son semblable, il « n'en est plus de même de l'homme. La différence du lan- « gage, la diversité des langues suppose un *désordre pri-* « *mitif*, une *chute*, une *dégénération* de l'homme. »

Avant la chute, l'homme résida dans un jardin éthéré, flottant au-dessus de la terre. Depuis la chute, l'entrée de ce séjour de délices lui est prohibée par les *Lungs*, qui ont barricadé la route du Ciel. L'homme n'a plus la jouissance d'un pur esprit. Le commerce intime avec le ciel et avec le monde des Esprits est désormais devenu beaucoup plus rare. Malgré cette chute de l'humanité, Dieu ne l'a pourtant pas abandonné. Dieu, n'étant pas seulement la *raison primordiale*, qui dirige et pénètre tout, mais encore l'amour et la miséricorde, compatit aux douleurs et aux souffrances des hommes, et leur prête secours et appui.

L'école de Laot-seu (les Tao-sse) prétend que les vérités religieuses et morales ont été révélées à l'homme par des messagers de la divinité, par l'intermédiaire des bons Esprits. Ces communications célestes eurent lieu plus souvent dans l'antiquité que plus tard, dans une époque plus récente. De là, la lumière éclatante, la vive clarté, qui a illuminé la *haute antiquité* (Rémusat, Mélanges asiatiques, tome Ier, pag. 99). Il n'y a que quelques rayons, quelques traces de cette ancienne révélation qui soient parvenus jusqu'à nous, d'après les Toa-sse.

Les doctrines concernant l'état paradisiaque de l'homme, sa chute, les rapports actuels du *Ling* au *Huen* (des facultés supérieures de l'âme à ses facultés inférieures), l'état des âmes après la mort et les diverses phases de l'expiation, ont été développées par les *Tao-sse*. (Mémoires des Missionnaires, tome XV, page 250.)

Il y avait du reste une doctrine ésotérique et exotérique parmi les Tao-sse en Chine comme chez les autres peuples de l'antiquité. Les traditions indiennes et chinoises concernant la chute primitive, offrent beaucoup d'analogie avec la Bible et avec le Koran; toutes les traditions sacrées de l'antiquité supposent, en effet, un désordre primitif, une dégénération des âmes. L'essence de toutes les religions positives et révélées consiste précisément dans le retour de l'humanité déchue à Dieu. La Bible admet la chute primitive des Esprits avant la création du monde visible. Le Christ dit, en parlant du diable, suivant S. Jean (chapitre VIII, verset 44): « *Il a été meurtrier dès le commencement, et il n'a point « persévéré dans la vérité,* car la vérité n'est point en lui. « Toutes les fois qu'il profère le mensonge, il parle de son « propre fonds; car il est menteur *et le père du mensonge.* »

L'épître de Jude parle également de la chute primitive

des Esprits, laquelle a précédé celle de l'homme. Voici le sixième verset de cette épître :

« *Dieu a réservé sous l'obscurité dans des liens* éternels,
« jusqu'au jugement de la grande journée, *les anges* qui n'ont
« pas gardé *leur origine,* mais qui ont abandonné leur propre
« demeure. »

La Genèse *suppose nettement l'existence des Esprits déchus,* en disant, dans le chapitre III que l'homme a été séduit par le diable, sous la forme d'un serpent. La Genèse fait déjà allusion à la chute primitive des anges, en parlant de la séparation primordiale des ténèbres et de la lumière. (Chap. I, 4.)

Les autres traditions de l'antiquité supposent de même deux genres de chutes primitives, *la chute de l'homme n'étant que la conséquence de la chute primitive des Esprits dans le ciel.*

Suivant les traditions sacrées *des Perses,* l'homme et la femme *primitifs,* ne sont tombés qu'en ajoutant foi au mensonge d'*Ahriman,* et de ses légions infernales. (Anquetil, tome II, p. 378.)

Il en est de même des *Grecs.* La défaite des *Titans* précéda celle de l'humanité, personnifiée par Prométhée. Ce n'est pas le rapt du feu céleste qui a déterminé immédiatement l'apparition des maux sur la terre. Cette funeste catastrophe n'en a été que la conséquence indirecte et médiate ; c'est à l'introduction de la femme, qu'on fait remonter la cause de tous les maux qui ont affligé l'humanité, comme dans la Bible. (Hésiode, ἔργα καὶ ἡμέραι, verset 60, etc.) Pandore en est la personnification ; les malheurs de Prométhée sont liés à l'apparition de Pandore. C'est en vain que Prométhée, étant encore innocent, et n'étant point l'artisan du mal (Hésiode, Théogonie, verset 614, etc.) donne à son frère Épiméthée le conseil de ne point accepter la femme que lui envoient les dieux; malheureusement les charmes de Pandore aveuglent ce dernier; la boîte qu'elle porte, laisse échapper les maux qui s'abattent sur l'humanité.

Ces mythes furent reproduits par les poëtes postérieurs à Hésiode, tels que Théognis et Eschyle. Platon les développe aussi, et nous montre les hommes gouvernés d'abord par un démon céleste, puis abandonnés par les dieux, mais conservant encore le souvenir des jours heureux qu'ils menaient sous Kronos.

On trouve en Grèce également des traces concernant *la médiation d'Hercule* qui réconcilie les hommes personnifiés par Prométhée, avec la divinité. Aucune religion positive, en effet, ne laisse les hommes dans cet état d'abandon; il faut qu'ils retournent à Dieu, grâce à des médiateurs.

CHAPITRE X.
Hiérarchie céleste suivant les traditions chinoises.

L'école de Laot-seu (Rémusat, Mémoires sur la vie et les opinions de Laot-seu. Paris 1823, page 22.) dit: que Schang-ti, Thian ou Tao a produit l'unité, la raison, qui n'a ni forme, ni corps; la raison a transformé la négation, ce principe éternel et invisible de l'*Être* en *Être*. De là, les deux règles fondamentales, *Yn* et *Yang* et *toute la création*.

Les *Esprits* qui habitent l'univers, doivent également à

Tao leur origine. Ce sont eux, qui selon Confucius (Cont-seu) forment l'essence et *la base invisible de tout ce qui existe.* (Mémoires des Missionnaires, concernant les Chinois, tome III, page 65 et 66.)

Le monde des Esprits a existé avant le monde matériel; le ciel visible n'est que l'image grossière du Ciel invisible. (*Viidelou*, remarques sur *L'Yking*. Pauthier, livres sacrés de l'Orient, page 146.)

Les Chinois s'accordent sur ce sujet non-seulement avec les Indiens, avec Pythagore et Platon, mais encore avec nos traditions bibliques qui disent, suivant l'épître aux Hébreux, (Chap. XI, 3.) *que les choses qui se voient n'ont point été faites de choses qui parussent.*

Selon les traditions chinoises, les Esprits forment la porte, c'est-à-dire, l'entrée et la sortie de la divinité dans le monde visible, Dieu agissant partout, et se manifestant partout. Dieu est le centre et le milieu éternel du monde spirituel; c'est pour cette raison qu'il réside dans le palais du milieu éternel, vers le pôle arctique, l'étoile polaire étant située, selon les Chinois, au centre du monde. *Dieu y est entouré d'un conseil suprême,* composé d'Esprits de la nature la plus élevée, et qui président à l'harmonie de l'univers. C'est de son milieu et de son entourage que provient la mesure des temps, l'heur et le malheur. Il y a encore deux autres cours célestes, dont l'une se trouve vers *nord-est*, et l'autre vers *nord-ouest. Toute l'armée des cieux* est subordonnée à ces trois cours célestes; les Esprits qui gouvernent les étoiles fixes et les planètes en dépendent : Il en est de même des quatre Esprits élémentaires qui président aux quatre régions célestes de l'univers, et de l'*Esprit* ou du *génie de la terre.* Ces cinq

Esprits règnent chacun pendant soixante-douze jours de l'année; on adore chacun de ces Esprits de préférence durant le temps de son règne.

Les Esprits qui président aux étoiles exercent une influence favorable ou funeste selon la constellation des étoiles, vis-à-vis de la terre, durant chaque moment de l'année. Les comètes qui font aussi partie de la milice céleste, passent pour des phénomènes et pour des signes de mauvais augure.

La périodicité des constellations diverses forment la base de l'astrologie, science cultivée dès les temps primitifs par les Chinois comme par les Indiens et les Perses.

Les Chinois ont admis généralement *deux classes d'Esprits célestes* : les *Sching-ling* (les saintes intelligences) et les *Sching-Ming* (les intelligences de lumières, les intelligences lucides et voyantes). Ces Esprits célestes se rapportent au principe de *Yang*, à la transformation de la négation en l'Être, au *devenir* ou à la formation, tandis que les *Kuei* (les mauvais Esprits) correspondent au principe de *Yn*, à la transition de l'Être à la négation, à la destruction. Les *Kuei* luttent toujours contre les bons Esprits, pour exercer une influence funeste sur les hommes. Les bons Esprits combattent sans cesse les mauvais; ils poursuivent ces derniers dans toutes les sphères de la nature jusqu'au sanctuaire du cœur humain. Les *Kuei*, persécutés par les bons Esprits, se retirent dans les profondeurs de la nature et dans le cœur de l'homme, en l'excitant à la tyrannie, à la débauche, et à toutes les mauvaises passions, jusqu'à l'obsession et à la véritable possession; heureusement les bons Esprits cherchent à délivrer l'homme de leur influence funeste, en les chassant aux abîmes de la mer où le *Lung* déchu gémit dans une prison horrible. Les prisons des mauvais Esprits sont aux limites extrêmes de l'univers, bien éloignées de la face de *Schang-ti* et des demeures des bons Esprits et des lieux expiatoires, où les bons Esprits qui n'ont pas rempli leurs devoirs, expient leurs fautes commises durant leur séjour terrestre. Les mauvais Esprits sont plongés dans une brutalité hideuse; néanmoins ils n'ont pas l'instinct animal, mais l'instinct de la méchanceté, cette tendance démoniaque de vouloir tout corrompre. C'est pourquoi ils abîment et salissent tout lorsqu'ils rôdent sur la terre.

La lutte des bons Esprits contre les mauvais, suivant les traditions chinoises, offre une analogie frappante avec la lutte des anges contre les démons, selon la Bible. On connaît surtout le combat de l'archange Michel (Daniel XII, 1). Jude (v. 9) dit aussi : « Et, néanmoins, Michel l'archange, « quand il contestait, disputant avec le démon touchant le « corps de Moïse, n'osa point prononcer de sentence de « malédiction, mais il dit seulement : Que le Seigneur te « censure fortement. »

Voici encore d'autres passages de la Bible sur les bons et sur les mauvais anges. La Genèse raconte, dans le chapitre XVIII, l'apparition dans les plaines de Mamré; puis, dans le chapitre XIX, la *destruction de Sodom par les anges.* Le verset 13 dit : « Nous allons détruire ce lieu, parce que « leur cri est devenu grand devant l'*Éternel, et il nous a* « *envoyés pour le détruire.* » — Les Nombres parlent de l'apparition de l'ange qui barrait la route à Balaam (Nombres XXII, 22, etc.). Le Lévitique (Lévitique XVII, 7) défend d'offrir des sacrifices aux diables. La *première épître aux Corinthiens* (VI, 2 et 3) *fait mention des Anges qui seront jugés par les saints.* L'épître aux Hébreux (I, 14) dit : « Les « Anges sont des Esprits administrateurs, envoyés pour ser- « vir en faveur de ceux qui doivent recevoir l'héritage du « salut. » Le Christ lui-même parle des *Anges gardiens* dans le chapitre XVIII de saint Matthieu (v. 10) : « Prenez garde « de ne mépriser aucun de ces petits ; car je vous dis que, « dans les cieux, *leurs Anges regardent toujours la face de* « *mon Père* qui est aux cieux. »

Les *idées des Chinois sur la hiérarchie céleste* ont une analogie encore plus frappante avec celles de la Bible. On connaît le fameux verset 6 du premier chapitre du livre de Job : « *Or, il arriva un jour que les enfants de Dieu vinrent* « *se présenter devant l'Éternel*, et que *Satan aussi* entra « parmi eux. » Le deuxième chapitre du livre de Job (v. 1) parle aussi de ces enfants de Dieu qui se présentent devant l'Éternel. Il en est de même de la fameuse cour céleste que le voyant Michée a vue (I Rois XXII, 19-22) : « J'ai vu « l'Éternel assis sur son trône, et *toute l'armée des cieux* se « tenant devant lui, à sa droite et à sa gauche. Et l'Éternel a « dit : Qui est-ce qui induira Achab, afin qu'il monte et qu'il « tombe en Ramoth de Galaad ? Et l'un parlait d'une manière, « et l'autre de l'autre. Alors un Esprit s'avança, et se tint « devant l'Éternel, et dit : Je l'induirai. Et l'Éternel lui dit : « Comment ? Et il répondit : Je sortirai et je serai un Esprit « de mensonge dans la bouche de tous ses prophètes. Et « l'Éternel dit : Oui, tu l'induiras, et même tu en viendras « à bout ; sors, et fais-le ainsi. »

Le Nouveau Testament fait également mention de la *hiérarchie céleste*. L'Apocalypse (I, 4 et 5) parle des *sept Esprits qui sont devant le trône* de l'Éternel. Voici ces versets :

« Jean, aux sept églises qui sont en Asie, que la grâce et la
« paix vous soient données de la part de *Celui qui est, et
« qui était, et qui est à venir, et de la part des sept Esprits
« qui sont devant son trône*, et de la part de Jésus-Christ,
« qui est le témoin fidèle, le premier-né d'entre les morts,
« et le *prince des rois de la terre.*»

Ces *sept Esprits* sont, selon l'Apocalypse (V, 6), « *envoyés
« par toute la terre ;* » de là la doctrine des sept *séphirots*,
ou manifestations principales de la force créatrice, qui président à la direction du monde visible.

Quant aux rapports du *fils premier-né* de Dieu avec l'*Éternel* lui-même, il faut lire l'Épître aux Colossiens (I, 15, 17 et 18). Voici ces versets : «Lequel est l'*image de Dieu invisible, le premier-né de toute créature* (πρωτότοκος πάσης
« κτίσεως). Et il est avant toutes choses, et toutes choses
« subsistent par lui : Et c'est lui qui est le chef du corps de
« l'Église, et qui est le commencement et le premier-né
« d'entre les morts, afin qu'il tienne le premier rang en toutes
« choses,» grâce *au bon plaisir du Père éternel* (v. 19).

Le premier chapitre de l'Épître aux Hébreux dit que le Christ, *en sa qualité de fils de Dieu*, est *supérieur aux Anges* (v. 4 et 5) : «Étant fait d'autant *plus excellent que les Anges*
« qu'il a hérité un nom plus excellent que le leur. Car au-
« quel des Anges a-t-il jamais dit : Tu es mon Fils, je t'ai
« aujourd'hui engendré? Et d'ailleurs : Je lui serai Père, et
« il me sera Fils ? »

Néanmoins, la même Épître aux Hébreux ajoute, dans le deuxième chapitre (v. 9) que le Christ, *en sa qualité d'homme*, est *inférieur aux Anges.* Voici ce verset : « Mais nous voyons
« couronné de gloire et d'honneur *celui qui avait été fait*

« *un peu moindre que les Anges, c'est à savoir Jésus,* par
« la passion de sa mort, afin que, par la grâce de Dieu, il
« souffrît la mort pour tous. » On sait, d'ailleurs, que le
Christ lui-même dit maintes fois « *que le père est plus grand*
« *que lui.* » En disant : « Moi et le Père sommes *un*, » il ne
parle que d'une unité ou union *morale*, ce qui résulte surtout de la *prière sacerdotale* du Christ (Jean XVII, 21), « afin
« que *tous soient un*, ainsi que toi, Père, es en moi, *et moi*
« *en toi*, afin qu'eux aussi soient un en nous, et que le
« monde croie que c'est toi qui m'as envoyé » (v. 22 et 23).
Il y ajoute même : « Et je leur ai donné la gloire que tu
« m'as donnée, afin qu'ils soient un, comme nous sommes
« un. Je suis en eux, et toi en moi, afin qu'ils soient con-
« sommés en eux, et que le monde connaisse que c'est toi
« qui m'as envoyé, et que tu les aimes comme tu m'as
« aimé. » Le Christ dit même, lorsque les Juifs veulent le
lapider pour un blasphème, parce que, n'étant qu'un homme,
il s'est fait Dieu (Jean X, 33 jusqu'à 36). « N'est-il pas écrit
« en votre loi : *J'ai dit : Vous êtes des dieux ?* Si elle a *donc*
« appelé dieux ceux à qui la parole de Dieu est adressée, et
« *cependant* l'Écriture ne peut être anéantie, dites-vous
« que je blasphème, moi que le Père a sanctifié, et qu'il
« a envoyé au monde, parce que j'ai dit : Je suis le Fils de
« Dieu ? » — Nulle part dans la Bible il n'est donc question
d'une trinité égalitaire, des *prétendues personnes de la divinité* : « Le Père éternel, qui donne tout, est plus grand
« que tous. » (Jean X, 29.)

C'est de l'*Éternel seul*, du père des lumières, en qui il
n'y a point de variation, ni d'ombre de changement, que
vient tout don parfait (Jacques I, 17). Tout change, tout

finit, même la christocratie sera absorbée finalement dans la théocratie éternelle, *afin que Dieu soit tout en tous* (I Corinth. XV, 28); car le Christ *ne tient son pouvoir que de Dieu seul;* c'est Dieu qui lui a assujetti toutes choses, et c'est à l'Éternel que le fils lui-même sera assujetti à la fin. (I Corinth. XV, 24-28.)

Le trône de l'*Ancien des jours* est éternel, mille milliers le servent, et dix mille millions assistent devant lui (Daniel VII, 10). C'est l'Ancien des jours seul qui donne le jugement aux saints, afin qu'ils puissent obtenir le royaume. (Daniel VII, 22.)

Quant aux Anges spécialement, la Bible en admet différentes classes et divers ordres, comme les traditions chinoises. Il y a une analogie entre les Archanges, les Séraphins, les Chérubins, etc., et les *Sching-ling* ainsi que les *Sching-ming* des Chinois.

CHAPITRE XI.
Armée des Cieux suivant les traditions indiennes.

Selon les lois de Manou (Liv. XII, §. 122, traduct. fr. de Pauthier), les brahmanes doivent se représenter le grand Être (*Para-Pouroucha*) comme le souverain Maître de l'univers, et ne pouvant être conçu par l'esprit que dans le sommeil de la contemplation la plus abstraite.

Suivant le livre XII desdites lois (§. 124), « c'est ce Dieu « qui, enveloppant tous les êtres d'un corps formé de cinq « éléments, les fait passer successivement de la naissance à

« l'accroissement, de l'accroissement à la dissolution, par
« un mouvement semblable à celui d'une roue. »

Selon le *Yoga-Sâstra*, *Isvara*, l'intelligence absolue et suprême diffère de *Brâhma*, que la mythologie indienne place au centre de l'œuf du monde. C'est un fait bien constaté que non-seulement les Indiens (lois de Manou, liv. Ier, §. 12, etc.), mais encore les Égyptiens et Orphée représentent la création sous la forme d'un œuf.

(Plutarque, Symposion, lib. II, Quæst. 3. Macrob. Saturn., lib. VII, cap. 16.)

Tous les Védâs ne prouvent, du reste, que l'unité absolue de l'Être suprême. Selon les *Védâs* et l'école orthodoxe de *Védanta*, Dieu seul, qui est pure intelligence, est l'auteur de tout ce qui existe. L'Être suprême est tout à la fois la *cause matérielle* et la *cause efficiente* de l'univers (Brâhma Soutra, I, 23). Dieu est la cause unique de la création, de la conservation et de la dissolution de l'univers. Il est tout à la fois *créateur* et *nature*, *formateur* et *forme*, *opérateur* et *œuvre*. Dieu n'a pas besoin d'instruments pour créer, comme l'araignée forme son fil de sa propre substance et le réabsorbe en elle. Un effet n'est pas autre que la cause; la mer est la même partout, bien que les vagues et les gouttes diffèrent les unes des autres. Comme le lait se change en caillé, ainsi *Brâhma* est diversement modifié, sans l'aide d'outils ou moyens extérieurs quelconques. Aucun motif ou but spécial, *autre* que sa *volonté seule*, n'a besoin d'être assigné pour sa création de l'univers. L'injustice et l'incompassion ne doivent pas lui être imputées, parce que quelques-uns (les dieux secondaires ou les purs Esprits) sont heureux, tandis que d'autres sont malheureux et misérables.

Kapyla, le fondateur du système philosophique de *Sankhya*, établit le *dualisme* de la passivité matérielle et de l'activité intelligente qui forme cette matière. Ces deux principes sont analogues au *Yn* et *Yang* des Chinois, à *Osiris* et à Typhon des Égyptiens, à *Ormuzd* et *Ahriman* des Perses, au νοῦς et ὕλη d'Anaxagoras, à l'*unité* productrice et active, et à la dualité passive, matérielle et visible de Pythagore.

Gotama, l'auteur du système philosophique de *Nyaya* est aussi *dualiste*, en admettant *deux principes coéternels*, l'*esprit* et la *matière* (le Bouddhi et le Prakriti). L'*esprit* est *animé* et *actif ;* la *matière* est *passive* et *inanimée*. La matière ne se meut que grâce à l'impulsion qu'elle reçoit de l'esprit.

Les systèmes de Nyaya et de Sankhya soutiennent, au sujet des preuves de la différence de l'esprit et de la matière, qu'*un instrument exige un opérateur ;* sans un opérateur nous ne pouvons pas voir à l'aide des yeux, qui sont les instruments de la vision. *Les lois de la nature, comme cause suprême, n'expliquent rien ;* il faut remonter à la volonté d'un Être, d'un *Moi*, qui les établit, les applique et les réalise.

La secte de *Djina*, ou les *gymnosophistes*, sont également dualistes, ils admettent deux principales catégories :

1° *Djiva*, l'âme vivante, la substance animée, l'agent et le sujet de la jouissance.

2° *Adjiva*, substance inanimée, la matière inerte et corporelle, l'objet de la jouissance.

Les *Mahesvaras* et *Pasoupatas* ont emprunté le dualisme au système de *Sankhya ;* ils prétendent que Dieu (Iswara) est la cause efficiente du monde, mais que la Nature (*Prakriti*) est la cause matérielle et plastique. Ils sont donc également hérétiques aux yeux des *Védantins*, parce qu'ils reconnaissent la création de l'univers par la divinité *en dehors de sa propre essence*.

Le *Vaïschika* de *Kanada*, tout en renfermant des éléments d'une philosophie corpusculaire, contient *un dualisme mitigé*. Kanada prétend que le monde, dans sa *forme actuelle*, avec laquelle il ne faut pas confondre la *matière primitive*, a été formé et organisé par l'Esprit suprême; d'où il résulte que, dans son état primitif et atomique, la matière est éternelle, et que, dans son état secondaire, organique ou revêtue de forme, elle est périssable.

(Colebrooke, Essai sur la philosophie des Hindous, traduct. fr. de Pauthier, pag. 130, 140, etc.)

Quant à l'unité de l'Être suprême, toutes les anciennes écoles des Hindous, tout en admettant une foule de dieux secondaires ou *Esprits*, ne reconnaissent qu'un monothéisme parfait; il n'y a que les *Pancharatras* et les *Bhagavatas* qui divisent Dieu en *trois personnes*, et *détruisent, par conséquent, l'unité de l'Être suprême*, comme plus tard le *trimourti* (trithéisme).

Le grand principe intellectuel est doué, selon les lois de Manou (liv. XII, §. 24, 25 et 26) et suivant Sankhya-Karika (art. 53 et 54), de trois qualités principales, savoir : 1° la *bonté*, dont le caractère distinctif est la science; 2° la *passion*; 3° l'*obscurité*, ou l'ignorance, ou la méchanceté. Ces trois essences primordiales et constitutives de l'Esprit ou de l'Être, ces trois penchants ou instincts naturels des êtres, sont les attributs nécessaires et essentiels de tout ce qui existe. De là les trois principales classes d'*Êtres :* 1° les *bons Esprits ;* 2° les *Êtres mixtes,* qui correspondent à la *passion,* tels que les êtres terrestres, soit *hommes,* soit *animaux ;* 3° les *mauvais Esprits.*

Si nous passons de l'Être suprême à la *hiérarchie céleste,* nous voyons que les *Védas* et les *Lois de Manou* admettent des catégories nombreuses d'Esprits parmi les bons génies et parmi les démons.

Suivant les lois de Manou (liv. Ier, §. 36), les *Déwas* (dieux) sont les *Esprits célestes,* qui ont pour chef *Indra,* roi du ciel secondaire. (Ramayana, liv. Ier, chap. 45.)

Les *dévas* sont aussi nommés *Souras.* Indra, leur chef, est régent de l'un des huit points cardinaux de l'Est ; son règne finit au bout de l'un des quatorze *manvantaras,* qui composent un *kalpa* ou jour de Brâhma. Alors Indra, régnant, est remplacé par celui qui, parmi les dieux ou les hommes, a le plus mérité cet honneur. Il pourrait même, avant le terme fixé, être dépossédé par un Saint, ayant accompli des austérités qui le rendraient digne du trône d'Indra. Cette crainte l'occupe souvent, et aussitôt qu'un saint personnage se livre à de pieuses mortifications, capables de l'inquiéter, il lui envoie une séduisante nymphe (Apsarâ) pour tâcher de le faire succomber et de lui enlever ainsi tous les fruits de ses austérités. (Ramayana, liv. Ier, chap. 63 et 64.)

On voit que les Indiens sont d'accord avec la Bible, en croyant que les Saints parviennent au rang des purs Esprits ou des Anges. On connaît la parole du Christ, adressée aux *Saducéens* (S. Matthieu XXII, 30) : « Car, en la résurrec-
« tion, on ne prend ni on ne donne point de femmes en

« mariage, mais on est comme les Anges de Dieu dans le
« ciel. » Il faut aussi lire l'Épître aux Hébreux, chap. II, 6
et 7 : « Qu'est-ce que de l'homme que tu te souviennes de
« lui? Ou du fils de l'homme, que tu le visites ? Tu l'as fait
« un peu moindre que les Anges, tu l'as couronné de gloire
« et d'honneur, et l'as établi sur les œuvres de tes mains. »

Le Christ lui-même dit encore aux Juifs (qui voulaient le lapider d'avoir dit : « *Moi et le Père sommes un*) : « *N'est-il
« pas écrit en votre loi : J'ai dit : Vous êtes des dieux?* Si
« elle a donc appelé dieux ceux à qui la parole de Dieu est
« adressée, et cependant l'Écriture ne peut pas être anéan-
« tie, dites-vous que je blasphème, moi que le Père a sanc-
« tifié, et qu'il a envoyé au monde, parce que j'ai dit : Je
« suis le fils de Dieu» (S. Jean X, 34-36). Le Psaume LXXXII
(v. 6) dit également, en parlant des hommes : «*Vous êtes
« des dieux, et vous êtes tous enfants du Souverain.*» Saint
Paul, dans la première Épître aux Corinthiens (VI, 3), dit
même : «*Ne savez-vous pas que nous jugerons les Anges?*»

Les *Apsârâs* sont des nymphes ou bayadères du ciel
d'*Indra*, qui sortirent de la mer (suivant les poëtes) pendant que les *Dévas* et les *Asouras*, leurs ennemis, la ba-
rattaient dans l'espérance d'obtenir l'ambroisie.

Les *Pitri's* (lois de Manou, liv. III, §. 193-202) ou *dieux-
mânes* sont des personnages divins, ancêtres du genre humain, et qui habitent l'orbite de la *lune* (lois de Manou,
liv. Ier, §. 66). Parmi les Pitri's, les sept *Manou's* et les
Richi's sont considérés même non-seulement comme les
ancêtres des hommes, mais encore comme les aïeux des
Dieux et des Génies. C'est pour cette raison que la cérémonie en l'honneur des Pitri's est, aux yeux des Brâhmanes,

supérieure à la cérémonie en l'honneur des Dieux. (Lois de Manou, liv. Ier, §. 34, etc.; liv. III, §. 203.)

Suivant les lois de Manou (liv. Ier, §. 61), six *Manou's* descendent du premier Manou *Swâyambhouva* (issu de l'Être existant de lui-même). Ces Manou's donnèrent naissance à une race de créatures, douées d'une âme noble et d'une énergie supérieure.

Vivas-vat (Vaivasvata) est le septième Manou qui a construit un fort navire, dans lequel il s'est embarqué avec les sept *Richi's*. Le Dieu *Vischnou*, métamorphosé en poisson, traîna le vaisseau pendant un grand nombre d'années, et le fit enfin aborder sur le sommet du mont Himavât (Himalaya), où il ordonna aux *Richi's* d'attacher le navire. (Recherches asiatiques, vol. I, pag. 170.)

Le jour des Pitri's se divise en deux quinzaines terrestres (lois de Manou, liv. Ier, §. 66). La *quinzaine noire*, qui finit avec le jour de la nouvelle lune, est pour les Pitri's le jour destiné aux actions, et la *quinzaine blanche*, qui finit avec le jour de la pleine lune, la nuit consacrée au sommeil.

Nous parlerons plus tard des rapports des Pitri's avec les hommes, et du culte qu'on rend à ces mânes des ancêtres, qui passent pour avoir institué les cérémonies religieuses, les Esprits purs connaissant seuls parfaitement la théologie.

Les *Asouras* sont des ennemis des *Dévas*, en hostilité perpétuelle avec ces bons *Esprits*; les *Asouras* sont d'un ordre bien supérieur aux autres démons. (Le drame *Sakountala*, acte VI.)

Les *Râkchasas* (lois de Manou, liv. Ier, §. 37) sont des

génies malfaisants. Ils paraissent être de plusieurs sortes : les uns sont des géants, ennemis des dieux, comme *Ravana* dans le poëme épique du Ramayana ; les autres hantent les forêts et les cimetières; ils troublent, en général, sans cesse les sacrifices des pieux ermites. Leur nombre est incalculable, et ne cesse de se renouveler par les âmes criminelles, qui sont condamnées à devenir des *Râkchasas* plus ou moins longtemps, suivant la gravité de leurs fautes. (*Ramayana*, liv. XII.)

Les *Pisâtchas* sont des Esprits inférieurs aux *Râkchasas*. (*Ramayana*, liv. XII.)

CHAPITRE XII.
Hiérarchie céleste selon les anciens Perses.

Les *Perses* admettent *sept Esprits* supérieurs (Amchaspands), comme l'Apocalypse de S. Jean (I, 4; III, 1; IV, 5; V, 6). Selon l'*Apocalypse*, les *sept Esprits* sont aussi appelés les sept lampes de feu ardentes devant le trône de l'Éternel (Apocalypse IV, 5) ; les sept Esprits de Dieu sont, selon l'Apocalypse (V, 6), envoyés par toute la terre. On connaît la doctrine des sept séphirots ou manifestations principales de la force créatrice, qui président à la direction du monde visible.

Ormuzd est, selon le *Zend-Avesta* (Anquetil-Duperron, t. III, 262), le premier de ces sept grands Esprits. Les anciens Perses appellent les bons Esprits en général *Izeds*. (Anquetil, t. II, p. 211, 222 et suiv.)

Mithra est le plus grand de ces *Izeds*; il donne la lumière à la terre et entretient le monde par les biens physiques et moraux (Anquetil, t. II, p. 223). Il protége l'homme contre les mauvais génies *(Darvands)*, les satellites d'Ahriman. Les *Gahs* président à une des cinq parties du jour (lever du soleil, midi, trois heures après-midi, coucher du soleil jusqu'à minuit et minuit jusqu'à l'aurore).

Les *Hamkas* (coopérateurs) sont des *Izeds* d'un ordre inférieur, qui accompagnent les *Izeds* supérieurs.

Les *Feroües* sont des anges gardiens femelles.

Les *Dews* (les *dévas des Indiens*) sont, selon le réformateur *Zoroastre*, en haine du Brâhmanisme, des mauvais génies, des créations d'*Ahriman* (Anquetil, t. II, 365-369). L'homme ne doit pas invoquer les Dews. Ahriman a trompé les hommes sur ce qui regarde les Dews (Anquetil, t. II, 378); en ajoutant foi à ce mensonge, l'homme et la femme primitifs sont tombés. Du reste, tous ces mauvais Esprits seront finalement heureux, bien qu'ils multiplient la mort dans le monde. On voit que les préjugés nationaux ont contribué à propager et à exagérer la doctrine des mauvais Esprits. Chaque peuple croyait que le vrai Dieu et que les bons Esprits ne pouvaient se révéler qu'à lui seul. Toutes les castes de prêtres ont toujours persécuté les voyants et les prophètes étrangers ou laïques comme *démoniaques*. On sait que le Christ lui-même n'a pas échappé à cette accusation injuste et odieuse (Jean X, 19-21).

CHAPITRE XIII.

Les êtres invisibles selon les penseurs grecs.

Selon Héraclite (Diog. Laërt., IX, 8), Dieu est le lien spirituel de tout ce qui existe (ἑιμαρμένη).

Suivant Anaxagoras (Suidas Anaxag.), Dieu est le suprême gardien du monde ; il est l'esprit qui met tout en mouvement, sans se confondre avec aucune chose et sans changer jamais.

Plutarque dit (d'Isis et d'Osiris, traduct. française de Ricard, t. V, p. 383), qu'une providence unique gouverne l'univers et que des Génies secondaires en partagent avec elle l'administration ; on a donné à ces Génies, chez les divers peuples, des dénominations et des honneurs differents.

Le monde matériel n'est, selon plusieurs anciens penseurs, que l'image, le reflet ou l'ombre du monde invisible des causes.

Selon Socrate, ce qu'il y a *de mieux dans l'univers est invisible* et ne peut être reconnu que dans ses œuvres. (Xénophon, *Mem.*, I, 4 ; Platon, *de leg.*, X, 897, etc. ; Platon, *Rep.* VII, init.)

Suivant Empédocle (*Carmina,* v. 11-15, éd. Sturtz, 513 et suiv.), des forces spirituelles agitent le monde visible. Selon Thalès, l'univers est rempli de *dieux* (πλήρη θέων) (Aristot., *de anima*, I, 5). Les âmes sont les forces motrices de l'univers, suivant ledit Thalès (Diog. Laërt., I, 24). Suivant Héraclite, le monde visible est rempli de démons et d'esprits. Platon dit (*de leg.*, 896), que ces êtres invisibles et surnaturels ont existé *bien avant la création* du monde matériel. Tous ces êtres invisibles sont, selon Aristote (Physique IV, 2 et 3), *aussi substantiels* que tous les êtres matériels. Plutarque dit (d'Isis et d'Osiris, traduct. de Ricard, t. V, p. 378), que toutes les substances qui sont au ciel et dans les enfers ont un rapport commun, et les anciens donnèrent à celles-ci le nom de *sacré*, et aux premières celui de *saints*.

Le nom de *démon* s'appliquait originairement à tout être divin, mais dans un sens plus restreint; il était entendu des divinités secondaires, des Génies et des héros. C'est pourquoi Aristote (*De divin. persona*, II) dit, que la nature n'est pas divine, mais *démoniaque* (ἡ γαρ φύσις δαιμονία αλλ' οὐ θεία). Le mot δαίμων, δαήμων ou δάμων est dérivé de δαίω (apprendre, connaître), ou de δάω, distribuer. En effet, les démons errent çà et là au-dessus du sol, sur lequel ils versent leurs dons matériels et spirituels; car, selon Hésiode (*Op. et Dies*, 121, etc.), les bons Génies veillent sur les hommes. Ces âmes vertueuses sont les gardiennes des mortels (Plut. d'Isis et d'Osiris, Ricard V, 344). Pythagore dit, que les Esprits annoncent aux hommes les choses occultes et prédisent l'avenir (Diog. Laërt., VIII, 32); les démons dirigent l'homme souvent en qualité d'Esprits gardiens dans toutes ses actions, témoin, le démon de Socrate (Platon, Apolog., p. 31, 40; Xénophon, Mém. I, 1), qui fut son génie familier, en l'avertissant souvent des dangers imminents dont il était menacé. Nous citons ici cet exemple frappant, parce que nous croyons qu'aucun homme, doué de bon sens, fera passer cet homme illustre, le plus sage de tous ses contemporains en Grèce, pour un fou ou pour un hallucino, *comme M. Lélut, membre de l'Académie de médecine à Paris; il n'y a qu'un médecin matérialiste qui fût capable de débiter des absurdités aussi ineptes.* Quant à nos orthodoxes démonophobes, ils semblent croire que le démon de Socrate était un mauvais Esprit, *parce que cet homme illustre n'a été ni israélite, ni chrétien*, assertion non moins absurde et monstrueuse, que nous ne voulons guère effleurer. Nous nous rangeons de l'avis du célèbre Platon qui regarde les démons comme les interprètes et les médiateurs entre les dieux et les hommes; ces génies invisibles font passer au ciel, les vœux et les prières des mortels, et leur rapportent les oracles et les bienfaits de ces êtres puissants. (Plutarque, d'Isis et d'Osiris, Ricard, t. V, 344.)

Suivant les poëtes et les penseurs grecs, depuis Homère et Hésiode, depuis Thalès et Pythagore jusqu'à l'école d'Alexandrie, les démons n'étaient donc nullement *des mauvais esprits*. Les démons sont d'une nature mixte et leur volonté est susceptible d'affections opposées. (Plutarque, d'Isis et d'Osiris, Ricard V, 343; Creuzer, Religions de l'antiquité, traduct. Guigniaut, t. III, part. I, p. 2 et suiv.)

Pythagore, Xénocrate, Platon et Chrysippe croient, d'après les plus anciens théologiens, qu'il y a des êtres bien supérieurs en puissance à la nature humaine, bien que la divinité ne fût en eux ni pure, ni sans mélange; il y a dans les Génies, ainsi que dans les hommes, différents degrés de vertu et de vice (Plutarque, d'Isis et d'Osiris, Ricard V, 342). C'est pourquoi Empédocle dit que les démons sont punis des fautes et des négligences qu'ils commettent (Plutarque, d'Isis et d'Osiris, Ricard V, 344). Plutarque dit (*ibid.*) qu'il faut ranger parmi ces Génies, qui n'étaient *ni dieux, ni hommes,* Osiris, Isis, Typhon, Hercule, Bacchus, les Géants, les Titans, etc. Du reste, Isis et Osiris, de bons Génies qu'ils étaient, ayant été changés en dieux comme le furent depuis Hercule et Bacchus, ont reçu, et avec raison, les honneurs qu'on rend aux dieux et aux démons, puisqu'ils ont partout, et principalement sur la terre et dans les enfers, le pouvoir le plus étendu. Les Génies secondaires administrent le monde sous la direction de la Providence. Selon Cicéron (*de natura deorum*), les plus grands et les plus nobles de tous les philosophes ont toujours pensé qu'ici-bas tout (même les choses naturelles) était régi et administré par les dieux.

Quant aux différentes classes de Génies, il faut distinguer, selon Hésiode (*Op. et dies,* 121, etc.), les *démons* (ces principes intelligents qui gouvernent le monde et distribuent les biens dans l'univers) et les *héros*. Les démons ont été des hommes de l'âge d'or (les Manou's, les Richi's des Indiens et les Pitri's les plus anciens). Ils sont répandus dans l'air et observent, en qualité d'Esprits gardiens des mortels, les bonnes et les mauvaises actions des hommes. Les démons sont supérieurs aux héros qui n'ont été que les hommes illustres du quatrième âge Ces héros ne constituent que des demi-dieux (ἡμι θεοί). On sait que Homère a chanté leurs hauts faits. Les vers dorés de Pythagore fournissent une division tripartite des êtres divins : *les dieux, les démons* et *les héros* (v. 1 et 59). Suivant Pythagore, les démons sont des dieux terrestres (θεοὶ χθόνιοι), par opposition aux dieux célestes et supérieurs; on les invoqua comme spécialement attachés à la protection du pays; ces *substances spirituelles* répandues dans l'air constituaient les divinités topiques par excellence (θέοι εντόπιοι); les Nymphes furent une classe de ces démons ou Génies, on plaça sous leur protection spéciale les lieux arrosés par les eaux qu'elles habitaient. Les Nymphes étaient donc également des divinités topiques qui veillaient sur le sol auquel elles étaient invisiblement attachées. Aussi chaque canton reconnut sa Nymphe spéciale. Sparte, Élis, Thèbes, etc., avaient leurs Nymphes éponymes (Pausanias, II, cap. 16, §. 3).

Au reste, non-seulement Pythagore, mais encore Thalès, Platon et les Stoïciens distinguaient les démons, les héros et les dieux. Les démons étaient, suivant ses penseurs, *des substances spirituelles*, et les héros *des âmes séparées* des corps qu'elles ont autrefois animés. Tous ces Génies sont de bons ou de mauvais Esprits, suivant que leurs âmes ont été bonnes ou mauvaises (Plutarque, *de placit. philosoph.*, lib. I, cap. VIII).

Tous les morts sont désignés par ces penseurs sous l'acception générique de héros, comme dans l'Inde les Pitris (θέοι ἥρωες). En effet, grâce au caractère historique du polythéisme, on devait confondre le culte des anciens héros avec le culte des ancêtres défunts ou des mânes en général. Platon, Cratyl., §. 33, p. 227, édit. Bekker.)

C'est ce qui explique comment peu à peu l'épithète de héros fut étendue à tous les morts. On distinguait quelquefois mieux par l'épithète de démons ceux qui avaient été élevés à la condition de *demi-dieux*. A une époque postérieure, ce fut généralement l'oracle de Delphes qui prononça sur la canonisation des héros (Pausanias, VI, cap. 6 § 2 et 3; Platon, Cratyl. § 33, p 227, édit. Bekker). En général, *les héros furent même englobés dans la catégorie des démons;* car la démarcation entre ces deux ordres de Génies n'était pas nettement tranchée. En effet, les morts étaient également répandus dans l'air et dans tout l'univers comme les démons; la plupart des héros furent également *les patrons locaux* des villes et des pays, où ils avaient jadis vécu, et qu'ils avaient illustrés par leurs hauts faits. Les esprits des ancêtres illustres et des anciens rois du pays étaient supposés accompagner les peuples qu'ils protégeaient; lorsqu'on bâtissait une nouvelle ville, on leur offrait des sacrifices. (Pausanias, IV, cap. 27, §. 4; I, cap. 34, §. 2.)

La distinction entre les hommes qui avaient obtenu une glorieuse immortalité et les dieux tendait même à s'effacer, grâce au culte des héros, car l'âme, dégagée des liens du corps, s'envolait vers les cieux et y allait jouir d'une vie immortelle et incorruptible : ce qui l'assimilait naturellement aux dieux dont ce genre de vie formait le privilége.

Les héros intercédaient, ainsi que les saints du moyen âge, auprès des dieux plus puissants qu'eux. Selon Pindare, les démons étaient des génies protecteurs. Ce poëte attribue à chaque personne un démon en qualité d'esprit gardien; il nous parle même de démons qui président à la naissance des hommes, comme nous verrons plus tard. (Pindare, Pyth. III, 109; Olymp. XIII, 105.)

Dans une foule de légendes, les démons revêtent le caractère de dieux inférieurs ou plutôt secondaires (δεύτεροι θεοί), par opposition aux dieux célestes ou supérieurs, comme chez Pythagore, Thalès, Platon (Platon, *de leg.*, VIII, p. 360, édit. Bekker), Plutarque, Maximus Tyrius (XIV, 4, p. 254, édit. Reiske), etc.

Selon Philon (*de gigantib.* 285, édit. Mang., vol. I, p. 263), les Esprits qui gouvernent le monde invisible, sont des âmes qui ne se sont pas dégradés jusqu'à s'unir à la matière. Les Anges et, en général, tous les Esprits d'une nature élevée, dédaignent l'incarnation. (Philon, *Quod a Deo mittant somn.*, édit. Mang., I, p. 461.)

Suivant Philon donc, les Esprits élevés *sont des substances purement spirituelles*, comme les génies ou les démons selon Thalès, Pythagore, Platon et les stoïciens. (Plutarque, *de Placit.*, lib. I, cap. 8.)

Philon ne confond pas les Esprits supérieurs ou les Anges avec les héros, ou les âmes séparées des corps qu'elles ont autrefois animés. Il en est de même d'Origène (*Orig. advers. Cels.*, lib. VIII, 31, op. I, 764), de Chrysostôme (*Homil. in natalit christ. ap. Phot.*, cod. 277) et de saint Augustin (*de divers. quæst.*, quæst. 79, op. t. VI, p. 69.)

Ces trois illustres docteurs du christianisme primitif disent qu'il y a des Esprits administrateurs (Anges, messagers célestes) qui ne se sont jamais incarnés, et qui président aux fonctions de tous les objets visibles, soit animés, soit inanimés. Les idées de ces représentants célèbres du christianisme sont empruntées à la Bible. L'Épître aux Hébreux (I, 14) dit, en parlant des Anges : « Ne sont-ils pas tous « des Esprits administrateurs, envoyés pour servir en fa- « veur de ceux qui doivent recevoir l'héritage du salut ? »

Le chanteur du psaume CIII (v. 20 et 21) s'écrie de joie : « Bénissez l'Éternel, vous ses Anges puissants en vertu, qui « faites son commandement, en obéissant à la voix de sa « parole. Bénissez l'Éternel, vous toutes ses armées, qui « êtes ses ministres, faisant son bon plaisir. » On sait que la Genèse parle, dans le chapitre XIX, de la *destruction* de Sodome *par les Anges*, les ministres de Dieu à l'aide desquels l'Éternel agit. Le psaume XXXIV dit de même (v. 7) : « L'ange de l'Éternel se campe tout autour de ceux qui le « craignent, et les garantit. »

En passant des *bons Esprits* aux *mauvais*, nous voyons, ainsi qu'il résulte de ce que nous venons de dire, que les *démons* n'étaient nullement de mauvais Esprits, suivant les Grecs. Il n'y a que les *Titans* seuls qui soient des dieux maudits aux yeux de ce peuple. Il ne faut pas confondre ces *Titans* avec les compagnons d'*Hadès* ou de *Pluton*, qui ne sont appelés *divinités infernales* que par opposition aux dieux de l'Olympe. On adresse à *Hadès* et à ses compagnons des prières, des offrandes et des vœux que l'on refuse toujours aux *Titans*, qui sont prisonniers au fond des enfers. C'est là un châtiment qui leur est infligé en punition de leur audace ; car, de même que les légions infernales de satan, ils avaient voulu détrôner la divinité suprême. Les *Titans* sont des demi-dieux, vaincus et dépossédés de leur autorité ; ils sont rongés de désespoir et de haine. Ils végètent, privés à tout jamais de la vue du soleil et de la fraîcheur de l'air, dans le *Tartare*. Le *Tartare* est le véritable enfer ; il est situé, suivant Homère (Iliade VIII, v. 13 et suiv. et 481), bien au-dessous de l'*Érèbe*, le vestibule des enfers. Les *Titans*, qui subissent leur châtiment dans le Tartare, rappellent d'une manière frappante les *Asouras* du *Véda* et les Anges rebelles et déchus de la tradition hébraïque, qui furent vaincus par Jéhovah et précipités dans l'*abaddon*, au plus profond du schéol. (Iliade, XIV, 274 et 279.)

Nous croyons que ces citations des penseurs grecs suffisent pour démontrer que les plus profonds philosophes qui aient illustré l'histoire des idées en *Europe*, furent spiritualistes. Aristote même était bien éloigné de méconnaître la valeur des recherches concernant les êtres et les essences invisibles. Cet homme célèbre dit (*de cœlo*, II, 12) : « Nos « connaissances dans ce domaine des sciences occultes sont « très-imparfaites, parce qu'elles ne sont pas à la portée de « nos sens, mais le peu que nous en savons a d'autant plus « de valeur, parce que ces études se rapportent aux choses « divines. »

CHAPITRE XIV.
De l'âme humaine.

L'existence de l'âme est démontrée par plusieurs arguments, selon le *Sankhya-karika* (art. 17 et 18). Il doit exister une intelligence directrice, comme il y a un conducteur à un char; l'intelligence directrice de la matière, c'est l'âme. La tendance à l'abstraction prouve l'existence de l'âme.

Selon Gotama, auteur du système de *Nyaya*, l'âme est le principal objet à prouver. Un instrument exige un opérateur; sans un opérateur, nous ne pouvons pas voir à l'aide des yeux, qui sont les instruments de la vision. *Les lois, comme cause suprême, n'expliquent rien; il faut remonter à la volonté d'un être, qui les établit et les applique.*

Gotama, du reste, dit qu'il faut distinguer l'*âme individuelle* de l'*âme suprême*. La *multiplicité des âmes* est *prouvée* par les *états différents* de chaque être, par les *tendances diverses,* par les *occupations diverses,* enfin par les *destinées diverses* de chaque être. Le *Sankhya-Karika* (art. 18) est d'accord sur ce sujet avec Gotama.

L'émanation de l'âme individuelle du sein de Brâhma n'est pas une naissance ni une production originale, selon l'école orthodoxe de Védanta. Les âmes individuelles, ces *parcelles immortelles et éternelles*, sont comparées à des étincelles innombrables, s'échappant d'un brasier enflammé. Ces étincelles proviennent du foyer central, et y retournent, étant de la même essence. Les lois de Manou (liv. XII, §. 15, traduct. de Pauthier) disent que *de la substance* de l'âme s'échappent sans cesse, comme des étincelles du feu, d'innombrables *principes vitaux,* qui communiquent sans cesse le mouvement aux créatures des divers ordres. L'âme est donc une portion de l'Être suprême, comme une étincelle l'est du feu. Le rapport n'est pas comme celui de maître et de serviteur, mais comme celui du *tout* et de la *partie.* Au reste, l'Être suprême dont l'âme individuelle fait partie, ne partage pas les peines et les souffrances que celle-ci éprouve, au moyen de la sympathie, pendant son association avec le corps. Comme l'image du soleil, réfléchie dans l'eau, trouble ou vacille, en suivant les ondulations de l'étang, sans cependant affecter les autres images réfléchies dans l'eau, ni l'orbe solaire lui-même, ainsi les souffrances d'un individu n'affectent pas physiquement un autre individu, ni l'Être suprême. Du reste, bien que les *Védâs* comparent les âmes individuelles aux étincelles jaillissant d'un foyer enflammé, *l'âme est aussi déclarée éternelle et incréée.* (*Rig-Védâ,* 8, 4, 17; *Brahmâ-Soûtra,* II, §. 17.)

Sahkara-Atcharya dit aussi, dans l'*Atma-Bodha* (art.

13-20), que l'Esprit seul est vivant et éternel; il anime tout, etc.

L'âme est, selon Sankhya-Karika (art. 33), *immatérielle, individuelle, éternelle* et *inaltérable*.

En *Grèce,* Thalès, Pythagore et Platon ont supposé l'âme incorporelle, et l'ont définie un être qui a, en lui-même, le principe de son mouvement, une substance intelligente. (Plutarque, *de placit. philos., lib. IV, cap. 2 et 3.*)

Selon Pythagore (*Diog. Laertius, lib. VIII,* 28), l'âme est formée de *l'éther divin,* ou plutôt une émanation de l'intelligence universelle. (Cicéron, *de Senectute,* dit : «*Audiebam « Pythagoram, Pythagoreosque nunquam dubitasse, quin ex « universali mente divinâ delibatos animos haberemus.*) »

Pythagore définit l'âme un nombre qui se meut par lui-même ; il prend le nombre pour l'intelligence, puisque *l'unité,* selon lui, *c'est l'image de la divinité.* Pythagore admettait donc parfaitement la spiritualité de l'âme. L'interprétation d'Aristote (*de Anima, lib. I, cap. 4*) est à ce sujet conforme à celle de Cicéron (*Acad. I, cap. 9*). Platon dit que l'âme est une substance intelligente, qui se meut elle-même, suivant les proportions d'un nombre harmonique. (Plutarque, *de Placit. philos., lib. IV, cap. 2.*)

Selon Héraclite, l'âme de l'homme n'est qu'une étincelle détachée du foyer ou brasier central; elle s'éteindrait si elle n'était pas nourrie par le feu universel qui continue à lui envoyer de nouveaux rayons.

Suivant Maximus Tyrius (*dissertat. 25, 27 et 28*) l'âme ressemble à un rocher solide au milieu des vagues de l'océan; l'immortalité résulte de la fixité de ses principes et de ses impressions.

CHAPITRE XV.

Immortalté, éterniité et préexistence de l'âme.

Le *dogme de l'immortalité de l'âme* n'est pas seulement de toute antiquité, mais encore la foi en cette immortalité est gravée dans le cœur des peuples les plus sauvages.

Selon Loskiel (Histoire des missions, p. 48), les Indiens de l'Amérique du Nord prétendent qu'ils ne peuvent pas mourir pour toujours et à jamais, vu que la semence elle-même, tout en pourrissant dans le sol, revit de nouveau. Il en est de même des Grœnlandais, selon Krantz (Histoire de Grœnland). La *crainte des spectres*, si générale et si universelle, prouve non-seulement l'immortalité de l'âme, mais encore la réalité des apparitions et des manifestations directes des Esprits.

En citant des preuves en faveur de l'immortalité de l'âme, nous verrons que les traditions de l'antiquité admettent également l'éternité de l'âme, sa préexistence et ses incarnations diverses.

En effet, selon les *Védas* (Rig. Véda 8, 14), l'âme est non-seulement *immortelle*, mais encore *éternelle* et *incréée* ; c'est pour cette raison, que les *Pantcharatras* et les *Bhagavatas* sont hérétiques aux yeux de l'école orthodoxe, parce qu'ils prétendent que l'âme est créée ; or, *selon les Védas, si l'âme n'est pas éternelle, elle n'est pas non plus immortelle.* (Brâhma-Soûtra II, §. 17.)

L'école de *Sankhya* (Sankhya-Karika, art. 18 et 33) et *Sankara-Atcharya*, l'auteur de l'*Atma-Bodha* (art. 13-20), admettent également l'éternité des âmes individuelles. (Pauthier, Essais sur la philosophie des Hindous, selon Calebrocke, p. 131 et suiv.) L'article 18 de *Sankhya-Karika* dit, que les âmes individuelles sont *dénuées de qualités perceptibles, incomposées, pénétrant tout, immuables*, ÉTERNELLES, SANS CAUSE, *invisibles*, etc.

Selon les anciens *Sofis*, les substances fixes ou réelles, telles que les Esprits et les âmes, ne sont *postérieures* à Dieu *que quant à l'essence* et *non quant au temps;* car elles sont *éternelles, tant du côté du passé que du côté de l'avenir.* (Anquétil-Duperron, Zend-Avesta, t. III, 384 et suiv.)

Toutes ces âmes éternelles et immortelles étaient pures avant la chute (Anquétil, III, 189 et 214). Lorsque le corps de l'homme est formé dans le ventre de la mère, l'âme qui vient du ciel, s'y établit selon les anciens Perses. (Anquétil, III, 384.)

Les *idées des Chinois*, concernant l'immortalité de l'âme et les diverses phases de l'expiation, ont été surtout développées par l'école des Tao-sse. (Mémoires des missionnaires, concernant la Chine, XV, 250, et suiv.)

Selon le livre des récompenses et des peines par un docteur Tao-sse (traduit par Julien 1835, art. 296 et 297), tous les sages et tous les saints ont cru en *l'immortalité de l'âme* aux *apparitions des morts* et à l'existence des Esprits et des démons. Selon le paragraphe 466 dudit livre, l'ombre d'une mère défunte apparaît en songe à son fils pour lui adresser de sévères reproches d'avoir négligé de visiter sa tombe, en offrant des sacrifices pour procurer le repos à son âme. En

effet, nul n'osait rejeter la doctrine de l'immortalité de l'âme en Chine; *celui qui ne respecte pas les Esprits,* est cruellement puni par eux. Les articles 296 et 297 dudit *livre des récompenses et des peines* rapportent *la punition cruelle d'un matérialiste :* « Un homme, nommé Tcheu, qui vécut
« sous la dynastie des Tsin, fit un mémoire sur la *non-*
« *existence des Esprits et des démons.* Un jour, un étranger
« vient le visiter et amène la conversation sur les Esprits.
« Tcheu soutint qu'ils n'existaient pas. L'étranger lui dit
« d'une voix terrible : les sages et les saints de l'antiquité ont
« tous cru à l'existence des Esprits et des démons; vous êtes
« le seul qui osiez la nier. Eh bien! je suis un démon; à ces
« mots, il se changea en un chien furieux, tout prêt à s'élancer
« sur lui; Tcheu fut glacé de terreur et *mourut sur-le-champ.* »

Selon les traditions sacrées de la Chine, les Esprits interviennent sans cesse dans les destinées humaines; ils aident même l'empereur de leurs conseils bienveillants, comme nous verrons plus tard en parlant des Esprits gardiens et des rapports des Esprits avec les hommes en général.

Quant à l'idée de la préexistence de l'âme, elle résulte nécessairement de la métempsychose (le livre des récompenses et des peines, art. 136). Selon Confucius, *les Esprits ont existé avant le monde matériel ;* ce sont eux qui constituent l'essence invisible de tout ce qui existe. (Mém. concernant les Chinois, t. III, 65, 66.)

La *Bible* suppose partout l'immortalité de l'âme, sans enseigner une vérité aussi fondamentale, gravée par le Créateur lui-même en caractères ineffaçables dans le cœur de l'homme. Elle traite *de fou* celui qui ne croit pas en l'immortalité de l'âme. (Sapience de Salomon, III, 1-9.)

IMMORTALITÉ, ÉTERNITÉ ET PRÉEXISTENCE DE L'AME. 125

Voici ces versets remarquables :

1. « Mais les âmes des justes sont dans la main de Dieu, « et nul tourment ne les touchera. »

2. « *Il a semblé aux yeux des fous, qu'ils mourussent, et* « *leur issue a été estimée une angoisse.* »

3. « Et il a *semblé à leur départ, d'avec nous, qu'ils fussent perdus ; mais ils sont en paix.* »

4. « Que s'ils ont souffert des tourments devant les hommes, « *leur espérance était pleine d'immortalité.* »

5. « Et ayant été légèrement châtiés, ils recevront beau- « coup de biens, parce que Dieu les a éprouvés et les a « trouvés dignes de lui. »

6. « Il les a éprouvés comme l'or dans la fournaise et les « a reçus comme un sacrifice d'holocauste, et il les regar- « dera favorablement, quand il sera temps. »

7. « Ils *rcluiront* et COURRONT PARTOUT, comme des étin- « celles au travers des roseaux. » (Ils pourront se manifester partout, grâce à l'ubiquité des purs Esprits ; en effet, plus l'Esprit est saint et haut placé, plus facilement il pourra se manifester partout.)

8. « Ils *jugeront les nations et ils domineront les peuples,* « et leur Seigneur régnera à toujours. »

9. « Ceux qui se seront confiés en lui, entendront la vérité, « et les fidèles demeureront avec lui dans son amour, car « la grâce et la miséricorde est pour ses saints, et il a soin « de ses élus. »

On voit qu'aux yeux de l'homme le plus sage qui ait jamais existé et dont la haute sagesse a été brevetée par l'Éternel lui-même, *les matérialistes ne sont que des fous et des crétins.* Il en est de même des *Indiens.* Selon les *lois* de *Manou* (XII, art. 33), *l'athéisme et le matérialisme dénotent l'ignorance* (Tamas). L'article 40 dudit livre XII des lois de Manou dit, que les âmes plongées dans cette obscurité, sont ravalées à l'état des animaux.

Continuons de citer ou d'indiquer au moins d'autres passages de la Bible sur l'immortalité de l'âme. Job fait, dans le chapitre XIX, une profession de foi remarquable au sujet de ce dogme, qui est la base indispensable de toutes les religions et de toutes les révélations, et *sans laquelle* toutes les *croyances sont vaines et chimériques.*

Nous citons les versets 26 et 27 dudit chapitre : « Et lors-
« qu'après ma peau ceci aura été rongé, je verrai Dieu dans
« ma chair; je le verrai moi-même, et mes yeux le verront,
« et *non un autre.* »

Ésaïe (XXVI, 19) dit : « Tes morts vivront, *même mon*
« *corps mort vivra ;* ils se relèveront. Reveillez-vous et vous
« réjouissez avec chant de triomphe, vous, habitants de la
« poussière ; car ta rosée est comme la rosée des herbes,
« et la terre jettera dehors les trépassés. »

D'autres passages d'Ésaïe (V, 14 et XIV, 9) parlent aussi de l'existence après la mort. Voici le verset 9 du chapitre XIV : « L'enfer profond s'est ému à cause de toi, *pour aller au-*
« *devant de toi* à ta venue ; il a reveillé à cause de toi les
« trépassés, et a fait lever de leurs siéges tous les princi-
« paux de la terre, tous les rois des nations. »

Daniel dit de même dans le chapitre XII, 2 : « Et plusieurs
« de ceux qui dorment dans la poussière de la terre, se ré-
« veilleront, les uns pour la vie éternelle, et les autres pour
« les opprobres et pour l'infamie éternelle. »

Les versets de la Bible concernant la préexistence de

IMMORTALITÉ, ÉTERNITÉ ET PRÉEXISTENCE DE L'AME. 127

l'âme et l'éternité de l'Esprit sont bien vagues. Ces idées n'ayant aucun rapport au salut de l'humanité, font partie de ces vérités que la révélation biblique a voilées. On sait que la Bible renferme des doctrines secrètes, dont la réalité nul ne saurait révoquer en doute.

Voici quelques versets de la Bible qui font allusion à l'idée de l'éternité et de la préexistence de l'âme ou plutôt, si l'on veut, de l'esprit : d'abord l'ancienne loi (Psaume LXXXII, 6) et le Christ lui-même (Jean X, 34) soutiennent que les *hommes sont des dieux.*

Le Psaume LXXVII (v. 5, 6 et 7) s'exprime assez nettement sur la question de la préexistence : « Je *pensais* aux « jours d'autrefois, *et aux années des siècles passés.* Il me « souvenait de ma mélodie de nuit; je méditais en mon « cœur, et mon esprit cherchait diligemment, *en disant:* « *Le Seigneur* m'a-t-il rejeté pour toujours ? et ne conti-« nuera-t-il plus à m'avoir pour agréable ? »

L'Ecclésiaste (XII, 7) dit de même : « Avant que la poudre « retourne en la terre, comme elle y avait été, et que « *l'esprit retourne à Dieu qui l'a donné.* »

Ésaïe (LVII, 16) est plus clair en disant : « *C'est de par* « *moi (Dieu) que l'esprit se revêt, et c'est moi qui ai fait* « *les âmes.* »

Voilà la distinction entre l'âme et l'esprit nettement établie. Il nous semble que *l'éternité de l'esprit* résulte de ce verset, Dieu ayant *revêtu l'esprit* d'un corps et *fait l'âme*, c'est-à-dire opéré l'union de l'esprit éternel et incréé avec le corps, à l'aide de son souffle tout-puissant qui crée l'âme *seule*. On sait que la Sainte-Écriture, dans les passages concernant la distinction entre l'esprit et l'âme, *entend par l'âme l'union de l'esprit avec le corps.* La distinction morale, établie par l'épître aux Hébreux (IV, 12), est liée à cette distinction psychologique ou anthropologique ; l'*esprit* ou l'âme entièrement séparée d'avec la matière, est plus apte à atteindre à la perfection morale que l'âme ou l'esprit uni au corps. De là le vif désir de S. Paul (Romains VII, 24) d'être délivré du corps. S. Paul est d'accord sur ce sujet, non-seulement avec la *Sapience* (IX, 15), mais encore avec toutes les traditions sacrées de l'Orient et avec les penseurs les plus illustres de l'Inde et de la Grèce, comme nous verrons dans le chapitre XVII, en parlant de l'incarnation corporelle de l'âme.

Le prophète Jérémie (I, 5) semble parler de la préexistence, en disant : « *Avant que je te formasse dans le ventre de ta* « *mère, je t'ai connu;* et avant que tu fusses sorti de son « sein, je t'ai sanctifié, je t'ai établi prophète pour les na-« tions. »

Origène qui admet l'idée de la préexistence de l'âme (*de princip.*, lib. III, p. 144 et 145), croit qu'il y a, selon ledit verset de Jérémie et conformément aux passages ayant trait à S. Jean-Baptiste, tels que Malachie III, 1, S. Luc I, 13-15, S. Jean I, 6, etc., des Esprits qui ont une disposition au bien ou au mal, *avant leur naissance.*

La Sapience VIII (19 et 20) confirme l'idée d'Origène. Voici ces versets : « *Or, j'étais un enfant bien né, et une bonne* « *âme m'était échue.* « *Ou plutôt, étant bon, j'étais venu dans* « *un corps sans souillure.* »

Ces versets de la Sapience sont d'accord avec les idées de Pythagore, qui dit que le corps est proportionné et adapté à la nature intime de l'âme. Il en est de même des

Védas et du Vaisischyka de *Kanada* (art. 22 et 23), comme nous verrons plus tard en parlant de l'incarnation de l'âme et des rapports de l'âme avec le corps.

Ici nous nous bornons à alléguer la croyance des anciens rabbins, qui appellent, conformément à la Sapience (VIII, 20). *Guph, le réservoir des âmes,* c'est-à-dire, les lieux où elles séjournent avant leur incarnation terrestre. La *secte* des *Esséniens* croit également à une préexistence heureuse des âmes avant leur incarnation terrestre (*Josephus, de bello Jud. L. H., cap.* 11).

Le premier verset du troisième chapitre du prophète Malachie a surtout donné lieu à la croyance de la préexistence de l'âme selon Origène. (*Comment. in Joan.,* t. II, 24.)

Nous allons citer encore ce verset remarquable : « Voici, « je vais envoyer mon messager, et il préparera la voie « devant moi, et incontinent le Seigneur que vous cherchez « entrera dans son temple, *l'ange*, dis-je, *de l'alliance, le-* « *quel vous souhaitez.* »

Il en est de même des passages de la Bible ayant trait à Ésaü et à Jacob, tels que Malachie I, 2 et 3; et Romains IX, 11 à 13. Voici Malachie I, 2 et 3 : « Je vous ai aimés, a dit « l'Éternel; et vous avez dit : En quoi nous as-tu aimés ? « Ésaü n'était-il pas frère de Jacob, dit l'Éternel ? Or, j'ai « aimé Jacob, mais j'ai haï Ésaü, et j'ai mis ses montagnes « en désolation, et son héritage pour les dragons du désert. » Les versets 11 jusqu'à 13 du neuvième chapitre de l'épître aux Romains confirment les paroles du prophète : « *Car* « *avant que les enfants fussent nés,* et qu'ils eussent fait ni « bien ni mal, afin que le dessein arrêté selon l'élection de

«Dieu demeurât, non point par les œuvres, mais par celui
« qui appelle, il lui fut dit (à Rebecca) : le plus grand sera
« asservi au moindre ; ainsi qu'il est écrit : J'ai aimé Jacob,
« et j'ai haï Esaü. »

En Grèce, tous les hommes illustres, depuis Orphée et
Homère jusqu'à Platon ont admis la doctrine de l'immortalité de l'âme. C'est un fait qui n'est que trop bien constaté
par tous les historiens. On sait que la tête de *Diagoras de
Melos,* penseur matérialiste fut mise à prix par les Athéniens. (*Plutarque, de placit. philosoph. lib. I, cap. 6.*)

Depuis Platon jusqu'à Proclus, et aux derniers temps du
paganisme, la plupart des penseurs profonds admirent encore cette idée sublime, que les traditions sacrées de l'antiquité avaient léguée à une race bien déchue de son rang.
Nous ne citons donc pas les passages si nombreux ayant
trait à l'immortalité de l'âme, et qu'on trouve dans les
œuvres immortelles de Homère, Hésiode, Pindare, d'Euripide, des Pythagoriciens et de Platon, etc....; nous préférons plutôt renvoyer les lecteurs à ces chefs-d'œuvre. De
même que suivant Euripide (Suppl. v. 534), l'âme va au
ciel et le corps reste sur la terre, de même une *épitaphe
grecque dit :* « *La terre cache dans son sein ce corps qui est*
« *celui de Platon ; mais son âme jouit de la vie calme et*
« *éternelle réservée aux bienheureux.* » (*Jacobs, Antholog.
grœc.,* t. I, p. 324.)

Une épitaphe trouvée à Éphèse place dans la bouche du
mort lui-même ces mots : « ναίω δ'ἡρώων ἱερόν δόμον οὐκ
« Ἀχέροντος. » (Je demeure dans le saint séjour des héros,
mais non dans l'enfer.)

L'âme dégagée des liens du corps s'envolait vers les cieux,

et y allait jouir d'une vie immortelle et incorruptible ; ce qui l'assimilait naturellement aux dieux dont ce genre de vie formait le privilége. Phocylide (Sent, édit. Sylb., p. 97) dit : « Tu cesseras d'être mortel, si, après avoir laissé ton « corps, tu parviens vers le libre champ de l'éther ; tu seras « un Dieu immortel et incorruptible. » Plus loin le même auteur s'écrie : « *Après que nous aurons laissé notre dé-* « *pouille* ici-bas, *nous serons dieux,* car des âmes incor- « ruptibles habitent en nous. »

Au surplus, s'il y a accord presque unanime en fait de l'immortalité de l'âme, il n'en est pas de même quant à la doctrine de la préexistence et de l'éternité de l'âme, ainsi que de la métempsychose en général. Pythagore admet la préexistence de l'âme, la doctrine de plusieurs incarnations, supposant nécessairement la préexistence de l'âme individuelle. Pythagore croit de même à la révolte des Esprits éternels dans le ciel, car Diogène Laërtius dit (VIII, 31) que, selon Pythagore, l'arrêt divin envoie les âmes pour punition des péchés dans les corps grossiers et terrestres.

Le divin Platon admet également la doctrine de l'éternité de l'âme. Il dit (Timée 90) : « L'âme est une idée divine et « éternelle ; le nombre de *ces âmes éternelles* reste toujours « le même. » (Rép., X, 611. Phædon, 72, etc.) *L'âme n'a ni commencement ni fin ;* elle a une origine céleste et divine suivant ce penseur célèbre. Avant son incarnation, l'âme a mené une vie surnaturelle et purement éternelle.

L'âme est *plus ancienne que le corps,* de là son droit de gouverner le corps. (Timée, 34. Plutarque, de la création de l'âme, traduct. de Ricard, t. V, p. 3-10, etc.)

Selon Platon (Timée 41), tout ce que nous apprenons en

cette vie, n'est que le ressouvenir de ce que nous avons vu dans une autre phase de notre existence. Platon dit encore, en faisant allusion à la préexistence *de l'âme* (*de leg.*, X, 896) que ce qui est plus parfait et plus excellent, a toujours existé *bien avant* la création des objets moins parfaits. C'est pour cette raison, qu'Aristote même dit (Phys., IV, 2, 3) *que les êtres invisibles ont existé bien avant la création matérielle.*

Il n'y a que les Stoïciens qui, tout en croyant en l'immortalité, n'admettent pas l'*éternité* de l'âme. Selon eux, les âmes vivent jusqu'à ce que le ciel et la terre fussent brûlés; car ils croyaient que toutes choses retourneraient dans leur premier commencement et aux premiers éléments, d'où elles avaient tiré leur origine; et que les âmes seraient de rechef *unies en Dieu* et *avec Dieu*, duquel elles étaient sorties. Cicéron dit (*quæst. 1 Tusc.*): «*Stoici diu mansuros ani-* «*mos ajunt; semper negant.*» Plutarque (*de placit. philos. lib. IV, cap.* 7) dit aussi, que suivant les Stoïciens, les âmes des faibles et des ignorants, après avoir quitté leurs corps, se mêlent aux substances terrestres, mais les âmes fortes, celles des sages et des savants subsistent jusqu'à la catastrophe finale de l'embrâsement universel.

Les idées des Stoïciens offrent *beaucoup d'analogie* avec celles des sectes panthéistes absolues de l'Inde, telles que les Bouddhistes, etc.

CHAPITRE XVI.
Corps éthéré.

Selon le système de philosophie de Sankhya (Sankhya-Karika, art. 33), l'âme individuelle, immatérielle, éternelle (Pouroucha) est le véritable moi, la base personnelle de la conscience *du sentiment de la conservation personnelle ou de l'égoïsme* (Ahankara), donnant lieu à la chute et au péché. On pourrait comparer le rapport du Pouroucha à l'Ahankara au Ling et Huen des Chinois.

L'Ahankara produit les cinq éléments éthérés du monde des Esprits. Ces cinq particules ou éléments subtils sont perceptibles pour les purs Esprits ou Êtres d'un ordre supérieur, mais incompréhensibles et insaisissables pour les sens grossiers de l'homme. Les cinq éléments subtils concourent à la formation du corps éthéré des Esprits; les âmes des hommes après leur séparation d'avec le corps grossier (la mort), en sont également *revêtues*. (Lois de Manou, XII, §§. 16 et 21.)

Ce corps éthéré se compose, selon l'école orthodoxe de Védanta, et selon le système de philosophie Sankhya de la racine intellectuelle des sens, du sens interne et spirituel (*Manas*), et des fonctions vitales (*Pranas et Apanas*). Ces fonctions vitales n'ont du reste pas lieu d'elles-mêmes par une faculté intrinsèque; mais tous ces actes vitaux sont dirigés et influencés *par cinq Esprits* (ouvriers) qui président aux fonctions de la respiration, de la digestion, etc.

Ces cinq divinités ou Esprits résident dans le cœur, les poumons, le gosier, le nombril et les entrailles; ils aident l'esprit qui anime le corps grossier et matériel. C'est pour cette raison qu'on pourrait les appeler: *Esprits ouvriers*. Au surplus, ces Esprits ouvriers ne perçoivent ni les jouissances, ni les souffrances qui affectent l'âme de l'homme seul. (Brahma Soûtra II, §. 8. Sankhya-Karika, art. 20, etc.)

Le corps subtil uni avec les cinq Esprits de la vie et le sens intérieur (Manas, *Sensorium generale*) est l'instrument de la sensation de l'âme. Le corps éthéré, quoique dénué d'intelligence, reflète pourtant l'intelligence par son union avec l'âme. Sankara-Atcharya dit dans *l'Atma-Bodha* (art. 24) que les sensations, les désirs, les passions, ne sont pas de propriétés de l'esprit, car elles ne sont éprouvés que dans l'état de veille, tandis que dans le profond sommeil et dans l'extase, ces impressions ne sont pas ressenties. Toutes ces sensations disparaissent, quand l'entendement cesse et se retire dans la forme subtile; d'où l'on doit conclure que ce sont des illusions qui existent dans l'entendement et non dans l'esprit.

Le *corps subtil* étant l'instrument de la sensation de l'âme, celle-ci éprouve la douleur jusqu'à la cessation de son union avec le corps éthéré, c'est-à-dire jusqu'à la délivrance finale et complète des naissances mortelles. (*Sankhya-Karika*, art. 55.)

On sait que, selon les lois de Manou (XII, §. 54) et d'après l'école de *Sankhya*, il y a trois attributs essentiels de l'Être, et que ces qualités essentielles du grand principe intellectuel constituent les *trois principales classes d'êtres* plus ou moins parfaits. Ces trois attributs, nécessaires et essentiels de tout ce qui existe, sont, par conséquent, également des propriétés essentielles de l'âme humaine. Ces attributs établissent donc, en outre, trois degrés analogues de perfection intellectuelle et morale de l'âme, à mesure que celle-ci se dégage en partie ou tout à fait de la matière, dans laquelle il faut encore ranger le corps éthéré et les éléments subtils. (*Sankhya-Karika*, art. 20, etc.)

Voici les trois principaux degrés de perfection intellectuelle et morale de l'âme :

1° *L'état le plus parfait de l'âme, qui a été son état primordial* avant la chute, et qui sera le but final et glorieux de ses transmigrations, lorsqu'elle sera parvenue à la délivrance absolue du joug de la matière. Cette condition est l'état de pure intelligence, l'état de l'esprit dégagé de tout ce qui est matériel.

2° *L'état de l'âme, revêtue d'une forme subtile*, des rudiments élémentaires, des éléments en germe, imperceptibles à nos sens grossiers. (Pauthier, Essais sur la philosophie des Hindous, selon Colebrooke, p. 132, etc.)

3° *L'état de l'incarnation grossière et terrestre.* (*Sankhya-Karika*, art. 20.)

Du reste, en parlant de l'état des âmes après la mort dans le chapitre XIX, nous verrons qu'il y a, outre ces principaux degrés de perfection, une variété infinie d'états ou de *locas*.

Entre la *forme subtile*, émanant de la nature originelle, et résultant du développement primitif ou initial des rudiments de la création primordiale, et la *forme grossière* et matérielle, il y a encore une forme intermédiaire, raffinée et ténue, selon Kapyla. (Pauthier, Essais, p. 131, etc.)

C'est cette forme que l'extatique dans l'*Yoga-Sastra* de *Patandjali* aperçoit, comme la flamme d'une lampe sur sa mèche, à une petite distance au-dessus du crâne. Au reste, cette forme lumineuse, qu'on pourrait comparer à l'auréole rayonnante des Saints, n'est que l'effet ou l'émanation de la forme subtile. De nos jours, cette flamme a donné lieu aux hypothèses des *Mesmériens*, concernant le *fluide magnétique*. Il en est de même de la théorie émise, par le baron de Reichenbach, *sur les flammes de l'Od*. On sait que des personnes sensibles et sensitives, les somnambules, les voyantes et les extatiques, sont aptes à voir ces lueurs.

Selon Colebrooke (*Transact. of the asiat. Societ.*, p. 30 et 31), le corps éthéré ou subtil est aux yeux des Hindous une émanation luisante de l'âme. C'est à l'aide de cette enveloppe luisante, ou plutôt ombre lumineuse, que les purs Esprits peuvent se manifester selon les visionnaires et voyants anciens et modernes.

Les Indiens admettent aussi une nourriture et un breuvage des dieux et des esprits (*amrita*). L'*amrita* leur procure l'immortalité, comme l'*ambroisie* des Grecs et la *manne céleste* de la Bible (Exode XVI). Cette *viande des Anges*, selon la Sapience (XVI, 20 et 21), *avait en elle la force de toutes les délices et s'accordait au goût de tous.*

La *lune*, selon les traditions indiennes, est le réservoir de l'*amrita*, et le soleil en remplit la lune pendant la quinzaine de sa croissance. Les dieux et les mânes en boivent pendant la pleine lune. Les *devas* (dieux) et les *Asouras* se disputèrent l'*amrita*, qui finit par être le partage des premiers. L'origine de l'*amrita* est racontée dans le *Ramâyana* (liv. Ier, chap. 45).

L'idée d'un corps éthéré, formé d'éléments subtils et de fluide nerveux du corps grossier, dont l'âme s'enveloppe en quittant sa dépouille mortelle, *est fort ancienne*. C'est ce corps subtil qui sert d'enveloppe à l'âme, selon la doctrine des anciens *rabbins*, quand l'habitude l'attire vers la terre, ou vers les lieux où elle a demeuré durant sa vie terrestre. (Mennasseh, XI, 6, etc.)

Les *Chinois* admettent une *âme intelligente* (Ling) et une *âme passionnelle* (Huen). Plus l'âme se dégage de ces instincts et de ces passions (qui composent l'âme passionnelle), plus elle est parfaite, bienheureuse, et parvient à l'état de pur Esprit. Néanmoins *les Esprits des morts bienheureux* sont obligés *de se revêtir de cette âme passionnelle* pour apparaître et pour se manifester visiblement aux hommes (bien que ces âmes parfaites se soient tout à fait dépouillées de la matière et qu'elles demeurent dans les cieux).

En général, les traditions sacrées et tous les penseurs qui ont admis plusieurs âmes dans l'homme, ont confondu les facultés inférieures de l'âme, c'est-à-dire les passions et les instincts, avec cette enveloppe subtile, éthérée et luisante, dont l'âme est revêtue lorsqu'elle se manifeste visiblement aux sens grossiers de l'homme.

Selon la doctrine des derniers *cabbalistes*, il y a trois âmes dans un homme :

1° L'*âme vitale* ou la *force vitale* et *fluidique*, qui reste auprès du corps jusqu'à la putréfaction complète (*nephesch*); puis

2° Le *ruach*, l'âme proprement dite, dont le paradis inférieur est la patrie;

3° L'esprit (*neschamah*), qui retourne à Dieu. (Mennasseh, *de resurrectione*, *lib. XI, cap. 6.*)

Les *Grœnlandais*, selon Krantz (Histoire de Grœnlande), croient aussi qu'il y a deux âmes dans l'homme :

1° Le *souffle*, qui anime le corps et entretient la vie ;

2° L'*ombre*, qui se dégage déjà, dans le songe, du corps, et qui s'en sépare tout à fait par la mort.

Selon Delaborde, tous les sauvages de l'Amérique septentrionale admettent, en général, la présence de plusieurs âmes dans le même corps. Les Canadiens croient que l'*une de ces âmes* reste après la mort auprès du cadavre, mais que l'*autre* part pour la sphère spirituelle.

Pythagore n'admet pas trois âmes, comme ces peuples sauvages, mais une *seule âme triple*, c'est-à-dire, qui a trois facultés essentielles, l'intelligence (νοῦς), le sentiment (φρήν) et l'instinct passionnel (θυμός). On peut comparer ces trois facultés principales de l'âme, selon Pythagore (Diog. Laërt., VIII) ; aux trois attributs essentiels de l'être, selon Kapyla. L'intelligence et le sentiment se manifestent dans le *cerveau*, et l'instinct passionnel dans le *cœur*. Platon, au rapport de Cicéron (Tusc. I), professa la même opinion. Érésistrate disait aussi que l'*âme intelligente* était placée dans cette partie du cerveau que l'on nomme *épicrâne*. (Plutarque, *de placit. philos.*, *lib. IV, cap. 5.*)

Selon Maximus Tyrius (*Sermo 26*), Pythagore, Platon et Proclus, parmi les Grecs anciens, ont *admis le corps éthéré* ; ces penseurs croyaient que tous les esprits et les dieux sont doués de corps éthérés. En général, les traditions sacrées de la Grèce et les poëtes professaient la même opinion. Homère et d'autres poëtes parlent de blessures des dieux dans les combats. Homère appelle εἴδωλον *le corps éthéré* ou *la forme sensible revêtue par l'âme après la mort.* Ce corps éthéré des immortels échappe aux lois du temps ; il est impérissable, incorruptible (ἀθάνατος, ἄφθιτος, Iliad. V, 857, etc.). La fleur de la jeunesse y brille sans cesse ; car, si la forme externe est humaine, sa substance est d'une nature supérieure à la chair et aux os, qui composent notre corps matériel (Iliad. XIV, 353); le sang est remplacé, dans le corps éthéré des dieux, par une sorte de liqueur divine (ἰχώρ), dont l'*ambroisie* (la nourriture céleste) fait le fond et le principe. Les Grecs admettent une nourriture et une boisson céleste comme les Indiens. L'*ambroisie* et le *nectar* correspondent à l'amrita. Les dieux mangent et boivent, et peuvent être dominés par la faim et la nécessité de repos (Odyssée V, 95). Aux yeux de la tradition populaire et des poëtes, le corps éthéré des dieux devait supposer des aliments qui le nourrissent.

Aristote (Phys. IV, 2 et 3) dit que les *êtres invisibles* sont aussi substantiels que les êtres visibles. Les êtres invisibles ont même des *corps, mais très-subtils* et éthérés. Il en est de même des stoïciens, selon Diogène Laërtius (VII, 56 : πᾶν γάρ τὸ ποιοῦν σῶμά ἐστι).

Épicure dit que tous les *dieux* ont une *forme humaine;* mais que la raison seule peut les apercevoir, à cause de la *ténuité des parties* qui forment leurs simulacres. (Plutarque, *de placit. philos., lib. I, cap.* 7.)

L'idée de la *forme éthérée* est suggérée aux Grecs et aux Romains par les *apparitions* et par les *fantômes du rêve.* (Lucrét. 1, 121 ; Virgile, Énéide VI, 654.)

C'est un fait reconnu, par tous les savants modernes

mêmes, que les *plus grands esprits de la Grèce admettaient la réalité objective des apparitions et des fantômes;* ils croyaient que les Esprits et les Êtres surnaturels pouvaient prendre une part *directe et visible* aux événements d'ici-bas; que les *Dieux* pouvaient s'unir sous une forme humaine aux simples *mortelles.* On croyait même au temps de *Lysandre* (Plutarque, Lysander, §. 26, p. 56 et 57; édit. Reiske), à ces unions charnelles et surnaturelles à la fois, comme on était persuadé que cela avait eu lieu aux temps héroïques. On croyait généralement que l'intervention miraculeuse des dieux et des génies pouvaient encore se renouveler. Suivant *Pythagore* (Diog. Laërt. VIII, 32), les Esprits annoncent aux hommes les choses occultes, et prédisent l'avenir. L'auteur de l'*Epinomis* (*Epinomis,* §, 8; cp. Platon, Oper., édit. Becker p. 29) dit que les Êtres surnaturels se font connaître à nous, *soit en songe, soit par des voix et des paroles prophétiques* entendues par des personnes saines et malades, soit par *des apparitions* au moment de la mort. Le fantôme qui apparût à *Dion* (Plutarque, Dion, §. 55, p. 342; édit. Reiske) ressemblait à une *Erynnie.* Ce spectre était vêtu d'une grande robe, c'est-à-dire, telles qu'étaient représentées au théâtre ces divinités; le fantôme balayait même la maison, à la façon de ces divinités. On connaît aussi *le fantôme qui apparût à Brutus jeune sur le champ de bataille de Philippes,* pour lui annoncer sa fin tragique.

Les *docteurs de l'église,* les plus célèbres, tels qu'Origène (*in prolog.* περί ἀρχῶν), Tertullien (*lib. de carne, cap.* 6), Lactantius (*lib. II, cap. 15*) et Augustin (*de divin. et dæmon., cap. 3 et 5*) admettent également *le corps éthéré* qui offre tant d'analogie avec la doctrine de la résurrection de la chair et avec la métamorphose finale des corps des vivants, lors du retour du Christ. D'ailleurs les nombreuses apparitions racontées par la Bible semblent supposer l'existence d'un corps éthéré, dont s'enveloppent les Anges et les Esprits pour se manifester visiblement aux hommes. Origène dit (Fragm. de résurrect., édit. Paris, Op. I, p. 35) que l'âme sera revêtue après la mort *d'un corps éthéré* qui ressemble à son corps terrestre; elle garde ce corps jusqu'à la *Résurrection finale de la chair*. Selon le même docteur de l'Église primitive (Origène, Op. I, p. 194), tous les Esprits s'enveloppent d'un corps éthéré quand ils en ont besoin. Il faut aussi lire les chapitres 11, 12 et 13 de la dogmatique de *Gennadius Masiliensis* sur le corps éthéré, pour avoir de plus amples renseignements sur ce sujet si intéressant, que *les théologiens matérialistes de nos jours dédaignent.*

Les Esprits prennent, du reste, des formes diverses selon l'école orthodoxe de *Védanta* pour apparaître. Diverses formes illusoires, divers déguisements sont revêtus par le même Esprit. (Yoga-Sastra. Pauthier, Essai sur la philosophie des Hindous, p. 140; selon Colebrooke.

Selon la Bible, *les bons Esprits*, tels que Moïse et Élie, apparaissent en gloire (Luc IX, 31. Apocalypse I, 16); ils communiquent même aux hommes qui ont des rapports intimes avec eux (aux Saints, voyants, extatiques, visionnaires, etc.) leur splendeur. (S. Matthieu XVII, 2, dit, en parlant de l'apparition de Moïse et d'Élie et de la transfiguration du Christ, que le visage de Jésus resplendit comme le soleil et que ses vêtements devinrent blancs comme la lumière. Il en est de même de S. Luc IV, 29).

Selon l'Exode (XXXIV, 29), la peau du visage de Moïse

était devenue resplendissante pendant qu'il parlait avec Dieu. Selon la seconde Épître aux Corinthiens, qui ne fait que confirmer les versets 29 et 30 du chapitre XXXIV de l'Exode, les enfants d'Israël ne pouvaient regarder le visage de Moïse à cause de *sa splendeur* (2 Corinth. III, 7 et 13).

L'Exode (XXXIV, 30) y ajoute « qu'Aaron et les enfants « d'Israël s'étant aperçus que la peau de son visage était « resplendissante, ils craignirent d'approcher de lui. »

Les Actes des Apôtres parlent *du visage flambant de S. Étienne* comme le visage d'un ange (VI, 15).

Les Hindous admettent des degrés différents de splendeur; de là les *enfants du Soleil* et les *enfants de la Lune* parmi les Saints extatiques et les Yoguis. Les Saints voyants et les *Extatiques religieux* du moyen âge parlent aussi de cette splendeur. Il en est de même de nos visionnaires et de nos somnambules extatiques, dont la figure rayonnante reflète l'éclat céleste de l'auréole paradisiaque des bons Esprits, qui se manifestent visiblement à leurs sens plus éthérés et plus subtils.

CHAPITRE XVII.
Corps terrestre.

La *naissance* est l'union de l'âme avec les instruments de la vie et avec les organes corporels. Ce n'est pas une modification de l'âme, car l'âme est inaltérable (Sankhya-Karika, art. 18). Les cinq *éléments subtils* produisent, selon *Sankhya-Karika* (art. 30-40), les cinq éléments *grossiers*.

Selon l'école orthodoxe de *Vedanta*, les éléments subtils dont se compose le *corps éthéré*, sont la semence et les rudiments du *corps grossier* et terrestre. (Brâhma-Soûtra II, §. 8, et suiv.)

Le *Manas (sensorium generale)* est la racine des sens externes. (Sankhya-Karika, art. 60.)

L'âme qui retourne occuper un nouveau corps terrestre (on sait que les Hindous admettent la *métempsychose*, dont nous parlerons dans le chap. XIX); cette âme abandonne sa forme *aqueuse* dans l'orbe lunaire (séjour de la plupart des Esprits immédiatement après la mort) et passe rapidement et successivement à travers l'éther, l'air, les vapeurs, les brouillards et les nuages dans la pluie, et arrive ainsi par degrés jusque dans la plante qui végète, et de là, par le moyen de la nourriture, elle passe dans un *embryon animal*. (Brâhma-Soûtra III, 1, §§. 4, 5 et 6.)

Selon les anciennes traditions des Perses (Anquetil III, 189 et 214), lorsque le corps de l'homme est formé dans le ventre de la mère, l'âme, qui vient du ciel, s'y établit.

Suivant les traditions sacrées des Grecs et des Romains qui ont admis également la métempsychose, toutes les âmes qui avaient été un certain temps dans les lieux heureux ou malheureux de l'autre monde, et qui étaient renvoyées dans ce monde, devaient premièrement boire du fleuve ou de la rivière Léthé, afin qu'elles pussent *oublier* tout le contentement du ciel et tout ce qu'elles y avaient vu, et tous les tourments du purgatoire et de l'enfer et aussi tout ce qu'elles avaient fait durant ce temps-là, pendant qu'elles étaient ici sur la terre. Tous les lettrés connaissent les fameux vers du sixième livre de l'*Énéide de Virgile* sur ce sujet; nous allons en citer quelques strophes :

> *Tum pater Anchises : animæ quibus altera fato*
> *Corpora debentur Lethæi ad fluminis undam*
> *Securos latices et longa oblivia potant.*

Plus loin Virgile continue :

> *Has omnes, ubi mille rotam volvere annos,*
> *Lethæum ad fluvium Deus evocat agmine magno,*
> *Scilicet immemores supera ut convexa revisant,*
> *Rursus et incipiant in corpora velle reverti.*

Platon dit dans le Phédon et le Timée (44), que toutes les âmes qui s'incarnent dans ce monde, étaient premièrement énivrées d'une façon particulière, et que cette ivresse leur faisait *oublier tout*.

Pindare (Olymp. XIII, 105), parle de démons qui président à la naissance des hommes.

Selon Philon, les âmes descendent continuellement du ciel sur la terre, entraînées par le désir de s'y incarner; d'autres âmes remontent sur la même échelle au ciel pour redescendre de nouveau (*Philon. quod à Deo mittant. somn.* 568, édit. Mang. I, 641). Les idées de Philon offrent une analogie frappante avec la *fameuse échelle de Jacob dans la Bible*. La Génèse (XXVIII, 12) dit : « Et il (Jacob) songea; « et voici, une échelle dressée sur la terre, dont le bout « touchait jusqu'aux cieux ; et voici, les anges de Dieu mon- « taient et descendaient par cette *échelle*. »

Il faut lire aussi les chapitres de S. Matthieu et de S. Luc sur *la naissance de Jésus*, en tenant compte des paroles à jamais mémorables du Christ, savoir : « *N'appelez personne* « *sur la terre votre Père ; car un seul est votre Père, lequel* « *est dans les cieux.* » (S. Matthieu XXIII, 9.)

En effet, si, conformément à *l'oraison dominicale*, «*Notre Père qui êtes aux cieux,*» ce n'est pas du ciel que notre *esprit* est sorti, qu'on nous explique comment les livres saints et les saints pères *présentent cette vie comme un exil ou un bannissement*; car exil ou *bannissement* suppose que nous avons dû habiter auparavant le lieu d'où nous avons été bannis.

Selon Clemens Alexandrinus, l'âme est conduite par l'un des anges qui président à la procréation dans le ventre de la mère. (Strom. I et III.)

Selon S. Thomas (I, p. 9. art. 1), la nature corporelle de l'homme n'est qu'un voile qui lui cache sa fin. *La pénitence de l'esprit était d'ignorer son origine;* elle était en cela conforme à la justice de Dieu et digne de sa bonté : *digne de sa bonté*, parce que ce voile adoucissait la rigueur d'un exil insupportable à l'esprit déchu, s'il eût conservé le souvenir de ses joies célestes et *conforme à sa justice*, parce qu'en cachant son existence passée, il lui en donnait une autre; et le soumettait à une nouvelle épreuve qui n'eût pas été suffisante, si elle eût été accompagnée du souvenir d'un bonheur, que l'homme ne pouvait recouvrer que par sa privation et l'oubli qu'il en avait fait.

Les idées, concernant la vanité de la vie terrestre, proviennent de ce que l'antiquité tout entière tient pour *assuré que les âmes sont envoyées dans les corps pour punition des péchés; et que le corps est,* par conséquent, comme *un cachot et une prison de l'âme à cause de ses péchés.* Les Chaldéens, les Égyptiens et l'école de Pythagore ont accepté cette tradition fort ancienne. La plupart des anciens, croyant en même temps à la *métempsychose*, personne ne reçoit, aux yeux *des Hindous surtout, du bien en cette vie, à cause qu'il fait bien*, mais chacun porte la punition de la vie précédente. Les Védas enseignent que les pensées, les inclinations et les résolutions de l'homme, qui dominent particulièrement ses moments d'agonie, déterminent le caractère futur et règlent la place subséquente que l'âme occupe dans la transmigration ; telle que sa pensée était dans *un corps*, telle elle deviendra dans un *autre*, au sein duquel l'âme passe après la mort. (Brâhma-Soutra, I, lecture, chap. II, §. 1, etc.)

Le célèbre philosophe Kanada dit aussi (*Vaïsischyka*, art. 22 et 23) que le corps d'un individu est le résultat de la qualité particulière de l'âme, laquelle détermine la formation particulière du corps d'un homme. Les idées de Kanada ont de l'analogie avec celles de Pythagore qui dit (Diogène Laërt., VIII, 28), que le corps convient aux besoins particuliers de l'âme ; il est proportionné à la nature de chaque âme, adapté à sa nature intime.

Voici quelques idées des Anciens, concernant la vanité et l'imperfection de la vie terrestre :

Selon Gotama, l'auteur du système *Nyaya* ou de la philosophie dialectique de l'école *Naiyâyika* (Gotama I, 1-8), l'âme est susceptible tout à la fois de la science et de l'ignorance ; *pendant qu'elle est revêtue du corps matériel, l'âme est dans un état d'emprisonnement* et sous l'influence des mauvaises passions ; mais étant délivrée de ces liens, elle peut parvenir à l'aide de la connaissance des principes éternels au séjour de l'Être suprême.

Sankara (Atma-Bodha, art. 26) dit que l'âme vitale, c'est-à-dire l'esprit uni au corps, ne discerne pas la nature éternelle et vit dans une illusion complète à cet égard, en voulant exister comme un être séparé de l'esprit. Il n'y a qu'un *Yogui* qui puisse parvenir déjà ici-bas, grâce *à l'extase et à la profonde contemplation de l'excellence divine*, à un pouvoir transcendant relatif ou à une délivrance incomplète, comme nous verrons plus tard (Yoga-Sastra de Patjandali, chap. IV, Brâhma-Soutra IV, 4, §. 7). Les lois de Manou (VI, §. 18) vont même jusqu'à dire : « De même qu'un « arbre quitte le bord d'une rivière, lorsque le courant l'em- « porte, de même qu'un oiseau quitte un arbre suivant son « caprice, de même celui qui abandonne ce corps par néces- « sité ou par sa propre volonté, est délivré d'un monstre « horrible. »

Selon la secte des Esséniens, les âmes sont enfermées dans les corps comme dans une prison. De là leur joie, lorsqu'elles vont être délivrées de ce joug corporel. Ces idées ont beaucoup d'analogie avec celles de la Bible; nous ne citons ici que l'*Ecclésiaste I, 14 :* « J'ai regardé tout ce qui se faisait « sous le soleil, et voilà, tout est *vanité* et *rongement d'es-* « *prit.* » La Sapience (IX, 15) dit « que le *corps*, qui est cor- « ruptible, *appesantit l'âme*, et que ce tabernacle *fait* de « terre, *abaisse l'esprit* chargé de soucis. »

Dans l'épître aux Romains (VII, 24), S. Paul s'écrie de douleur : « *Ah! misérable que je suis, qui me délivrera du* « *corps de cette mort?* »

L'épître aux Romains, chap. VIII, 20 à 22, y ajoute : « Les « créatures sont sujettes à la vanité, non de leur volonté, « mais à cause de celui, qui les y a assujetties ; *elles l'at-* « *tendent*, dis-je, dans l'espérance qu'elles seront aussi déli- « vrées de la servitude de la corruption, pour être en la

« liberté de la gloire des enfants de Dieu. *Car nous savons* « *que toutes les créatures soupirent* et sont en travail en- « semble jusqu'à maintenant, et non-seulement elles, mais « nous aussi, qui avons les prémices de l'Esprit; nous-mêmes, « dis-je, soupirons en nous-mêmes, en attendant l'adoption, « c'est-à-dire, la *rédemption de notre corps.* »

Selon Pythagore, l'arrêt divin envoie les âmes pour punition des péchés dans les corps grossiers et terrestres. (Diog. Laërt., VIII, 31.) Suivant Héraclite, l'âme demeure dans le corps, comme un étranger, ou un voyageur à l'hôtel. (*Sextus Empiricus, contradict. VII. Plutarque de Iside et Os., 76.*)

Pythagore dit également (Diog. Laërt., VIII, 31.) que l'âme est enfermée dans ce corps comme dans un cercueil ou dans un tombeau. (Philol ap. Clem. Alex. Strom. III, 433.)

Néanmoins ce corps convient, suivant Pythagore, aux besoins particuliers de l'âme; il est proportionné à la nature de chaque âme. (Diog. Laërt., VIII, 28.)

Platon (Phædon, 61) et Ciceron (*de senectute, 20*) sont d'accord avec Pythagore sur ce sujet.

Plutarque dit à la fin du traité d'Isis et d'Osiris que les âmes humaines, tant qu'elles sont unies aux corps et soumises aux passions, ne peuvent avoir de participation avec Dieu, que par les faibles images que la philosophie en retrace à leur intelligence, et qui ressemblent à des songes obscurs. Mais lorsque, dégagées de leurs liens terrestres, elles sont passées dans le *Hadès*, ce séjour pur, saint et invisible, qui n'est exposé à aucune révolution, *alors Dieu devient leur chef et roi;* les âmes sont *fixées en lui*, et contemplent cette beauté ineffable, dont elles ne peuvent se rassasier, et qui excite sans cesse en elles de nouveaux désirs. (Plutarque d'Isis et d'Osiris, trad. de Ricard, V, 396.)

CHAPITRE XVIII.
De la mort.

La *mort* est l'abandon des instruments matériels par l'âme, non son extinction, car l'âme est impérissable. (Sankhya-Karika, art. 18.)

Aux yeux de Diogène (lettres inédites) *la mort n'est qu'un changement d'habitation, l'âme se séparant du corps;* il faut déjà se préparer pendant la vie terrestre à cette séparation par des considérations élevées, lesquelles seules peuvent rompre l'union de l'âme et du corps.

Selon les traditions sacrées des anciens Perses (Anquétil, III, 384), l'âme conduit le corps, tant qu'il est en vie; mais lorsque le corps meurt ici-bas, il se mêle à la terre, et l'âme retourne au ciel.

Suivant *la Bible, la mort n'est qu'un sommeil.* L'Éternel dit (Deut. XXXI, 16) à Moïse : «*Voici, tu t'en vas dormir avec tes pères.*»

S. Paul parle aussi *du dormir* de la mort (I Corinth. XV, 18 et 51).

Selon le Christ, le prince de la vie, la mort n'est aussi qu'un sommeil. Tous les chrétiens connaissent ce mot sublime, savoir : «*Lazare, notre ami dort; mais j'y vais* «*pour l'éveiller.*» C'est pour cette raison que S. Paul (I Corinth. XV, 55) pouvait s'écrier de joie : «*Où est, ô* «*mort, ton aiguillon; où est, ô enfer, ta victoire?*»

Le deuxième chapitre de la quatrième lecture du Brâhma-Soutra (IV, chap. 2, §. 1-8) concerne *l'ascension de l'âme, en sortant du corps.*

L'action des sens externes cesse d'abord avant celle du Manas (sens interne); la parole d'une personne mourante est absorbée dans ce sens interne. Puis ce sens et le souffle accompagné de toutes les autres fonctions vitales, sont retirés dans l'âme vivante, maîtresse du corps. Les fonctions vitales se rassemblent autour de l'âme au dernier moment, lorsqu'elle est expirante, comme les serviteurs d'un roi s'assemblent autour de lui, lorsqu'il est sur le point d'entreprendre un voyage. L'âme se retire à son tour dans le corps *subtil* et *lumineux* (composé de cinq éléments ou rudiments subtils, qui forment le germe du corps grossier et matériel). L'âme reste unie à *cette forme subtile* et élémentaire, associée avec les facultés vitales jusqu'à la dissolution des mondes, lorsqu'elle se plonge dans le sein de la suprême divinité. Le corps grossier, qui était chauffé par ces éléments subtils, devient froid dès qu'ils l'abandonnent. L'âme de l'homme sage et vertueux sort du cœur, et passe par le *Souchoumna* jusqu'au sommet de la tête, et illumine son passage d'une auréole brillante, en flottant au-dessus du sommet de la tête, après avoir quitté le corps. Les *Yoguis* ou les saints extatiques et les voyants seuls peuvent apercevoir cette auréole brillante. Si l'individu est *ignorant*, l'âme quitte le corps par une autre partie que la couronne de la tête. L'âme communique avec le rayon solaire qu'elle rencontre jusqu'à la destination finale, guidée par des Esprits purs et par les divinités qui président aux régions où elle va. Ces régions sont des *stages* ou des *lieux de jouis-*

sance, qui doivent être visités successivement, ou enfin des *signaux*, désignés pour la direction de la route. Les dieux qui dirigent l'âme dans cette route sont ceux qui gouvernent les régions que l'âme traverse. (Brâhma-Soutra, IV, chap. 3, §§. 4, 5 et 6.)

La route a lieu par un rayon solaire jusqu'au royaume du feu ; de là aux régents ou distributeurs du jour, des demi-lunaisons, des six mois de l'été, de l'année, etc.; puis de là l'âme passe à l'aide du vent et de l'air par un passage étroit *vers la lune*, d'où elle monte à la région de l'éclair, au-dessus de laquelle est situé le royaume de *Varouna*, le régent de l'eau ; de là la *forme aqueuse* de ces âmes, qui reviennent s'incarner de nouveau sur la terre. Les âmes de ceux, dont la contemplation a été partielle et restreinte, restent ici ou dans les régions de la lune, revêtues d'une forme aqueuse ; après avoir reçu la récompense de leurs œuvres, elles retournent occuper un nouveau corps, emportant avec elles l'influence qui résulte de leurs premières œuvres. (Brâhma-Soutra, II.)

Quant aux âmes *des saints*, dont la méditation pieuse était dirigée sur le *pur Brâhma* lui-même (la Providence ou l'Éternel), elles vont plus loin, après avoir pris cette route, comme nous verrons dans les chapitres suivants, en parlant de la métempsychose et de l'état des âmes après la mort jusqu'à la délivrance finale. Quant aux âmes pécheresses, elles ne prennent pas cette route que nous venons de décrire ; elles tombent dans différentes régions de tourments dans le royaume de *Yama*, dont nous parlerons également dans le chapitre suivant.

Selon les traditions sacrées des anciens Perses (Anquetil,

III, 585), les âmes rôdent jusqu'au quatrième jour après la mort dans trois endroits :

1° Où l'homme est mort ;

2° Où le corps a été déposé (Zadmarg) ;

3° Dans le *Kesche du Dadjah*, c'est-à-dire dans le lieu, où l'on met le corps le troisième jour pour le sécher par les rayons du soleil.

Le quatrième jour l'âme arrive, *après avoir espéré en vain se réunir de nouveau au corps,* au pont *Tchinevad*, où *Mithra* et *Rachnerast* l'interrogent et pèsent ses actions.

Les justes passeront ce pont qui sépare la terre du ciel, accompagnés des *Izeds*, et vont au Behescht, séjour céleste d'Ormuzd et des six autres *Amschaspands*. (Anquétil, III, 78.)

Les autres vont dans les lieux d'expiation appelés *Hamestan*.

Selon les anciens Égyptiens (Diodore de Sicile, I, 51), l'âme rôde autour du corps jusqu'à la décomposition totale de sa dépouille mortelle.

Les anciens cabbalistes et les *anciens* rabbins professaient la même opinion, comme nous l'avons vu dans le chapitre VI qui traite des lieux hantés et fatidiques. Il en est de même des Grecs. *On sait que l'antiquité tout entière croyait que l'existence de l'âme demeurait encore liée au corps qu'elle avait abandonné par la mort.*

CHAPITRE XIX.
Métempsychose.

L'accord presque unanime de l'antiquité concernant la métempsychose résulte déjà des chapitres précédents; néanmoins nous désirons y ajouter encore quelques citations et allégations de différents passages, en preuves d'une doctrine qui a tenu une si large place dans les traditions sacrées des Anciens.

Le système de transmigration est divisé en *trois classes* principales, selon les *lois de Manou* (XII, §. 41 jusqu'au §. 51).

Ces *trois classes* sont conformes aux trois qualités principales de l'âme, savoir :

1° La *bonté*, dont le caractère distinctif est la science;

2° La *passion;*

3° L'*obscurité*, l'ignorance ou la *méchanceté*. (Lois de Manou, XII, §§. 24, 26, etc.)

L'athéisme ou le matérialisme dénotent l'ignorance ou l'obscurité. (Tamas.)

Nous avons vu dans les chapitres précédents que ces trois essences primordiales et constitutives de l'esprit, sont des attributions nécessaires de tout ce qui existe. (Sankhya-Karika, art. 3.)

Suivant les *Védas* et d'après l'école de *Sankhya,* il y a *quatorze* sphères de transmigrations pour expier les péchés et pour se purifier, afin de parvenir à la délivrance finale de la matière; *sept sphères* sont *supérieures à l'homme,* la *huitième c'est l'état de l'homme*, et les *six dernières* sont *inférieures à l'homme*. Ces quatorze sphères ou ordres constituent les *trois* mondes qui représentent dans l'esprit des Hindous l'empire des *trois qualités* de l'âme. Dans ces mondes, dans ces sphères, l'âme éprouve le mal qui naît de la décadence, jusqu'à ce qu'elle soit finalement délivrée de son union même avec le corps éthéré et avec les éléments subtils, et jusqu'à ce qu'elle soit parvenue à l'*état de pur esprit*.

Toutes les âmes dont la contemplation a été partielle et restrictive, et qui n'ont pas accompli souvent des œuvres pieuses et désintéressées, expient leurs fautes dans les sept régions destinées à la rétribution des œuvres, et que l'on peut comparer au purgatoire des catholiques, au *Hadès* des Grecs et à l'*Amenthès* des Égyptiens.

Outre ces mondes ou sphères intermédiaires ou expiatoires, il y a encore des endroits où les méchants souffrent pour leurs méfaits, tels que le *Yamma-loca* et l'*Atam tappes* (puits d'obscurité): (Roger, *La porte ouverte pour parvenir à la connaissance du paganisme caché, traduite en français par La Grüe.* Amsterdam, chez Jean Schipper. 1671. Tome II, chap. 21.)

On peut comparer ces lieux, où les méchants souffrent toutes sortes de peines et de tourments, à *l'enfer*. Néanmoins, après avoir passé de nombreuses séries d'années dans ces terribles demeures infernales, les grands criminels sont condamnés, à la fin de cette période, aux transmigrations pénibles pour achever d'expier leurs péchés. (Lois de Manou, XII, §§. 75, 76 et 80.)

Il n'y a pas de peines éternelles selon les lois de Manou;

non-seulement les paragraphes que nous venons de citer, mais encore l'article 22 dudit livre XII, dit nettement, qu'après avoir enduré des tourments de toute sorte d'après la sentence du juge, *l'âme*, dont la souillure est effacée, *revêt de nouveau un corps terrestre. Les âmes* des hommes qui ont commis de mauvaises actions, *prennent souvent un autre corps* immédiatement après la mort. Les cinq éléments subtils du corps éthéré concourent à la formation de ce corps grossier qui est destiné à être soumis aux tortures de l'enfer. (Lois de Manou, XII, §. 21.)

Il semble qu'il soit question ici d'un corps encore plus grossier que les différents corps terrestres. L'homme passe du reste, après sa mort, pour des actes criminels provenant principalement de son corps terrestre, à l'état de créatures privées de mouvement; pour des *fautes* surtout *en paroles*, il revêt la forme d'un oiseau ou d'une bête fauve; pour des *fautes mentales, il renaît dans la condition humaine la plus vile*. (Lois de Manou, XII, §. 9.)

Il y a, en outre, selon les Indiens (Roger, II, chap. 21), des Esprits qui, à cause de leurs péchés, sont obligés de voltiger dans l'air. Ces Esprits ne peuvent jouir d'aucune chose qui soit sur la terre, que de ce qui leur est donné par les hommes. Ces *Esprits flottants visitent* quelquefois *les hommes sous la forme d'homme*; mais à cause qu'ils ne peuvent pas faire du mal, les Indiens disent qu'il n'est pas besoin de les craindre.

Quant aux *âmes bienheureuses*, il y en a, selon les Indiens, *deux classes principales*, si l'on tient compte de la métempsychose :

1° *Les Saints*, dont la méditation pieuse était dirigée *sur le pur Brâhma lui-même*, et qui voient l'âme suprême dans tous les êtres, et tous les êtres dans l'âme suprême (Lois de Manou, XII, §. 90);

2° *Les âmes de ceux dont la contemplation a été partielle et restrictive.*

Ces âmes, moins parfaites que les Saints, sont obligées de s'incarner de nouveau sur la terre (Brâhma-Soutra, II). Ces Esprits ne montent que dans les régions de la lune, ou, selon leur degré de perfection, jusqu'au royaume de *Varouna*, le régent de l'eau. C'est de là qu'ils retournent occuper un nouveau corps, en emportant avec eux l'influence qui résulte de leurs premières œuvres. (Brâhma-Soutra, III, chap. 1, §§. 4-6.)

Ces transmigrations de l'âme dépendent de la vertu et du vice, car *la destinée de l'âme est principalement influencée par les pensées qu'elle éprouve à l'heure de la mort.* (Brâhma-Soutra, I, chap. 2, §. 1; Lois de Manou, XII, §. 23.)

Selon quelques sectes indiennes, il y a *sept mondes* sous le ciel, où vont ceux qui partent d'ici *bienheureux*, outre le lieu où séjournent les âmes saintes qui sont délivrées à jamais des liens corporels. Chacun de ces sept lieux est nommé selon le chef qui y commande, tels que *Varouna-loca*, *Indra-loca*, *Agni-loca*, etc. Les Esprits jouissent dans ces lieux d'autant de félicité qu'ils peuvent désirer. Chacun croit que sa place est la meilleure. Malgré cela, il faut que les Esprits qui y demeurent, reviennent en ce monde pour y naître encore; quand le temps qu'ils doivent demeurer là, est expiré, ils sont obligés de quitter ces lieux de délices pour s'envelopper de nouveau d'un corps grossier et terrestre. *Indra-loca*, *Agni-loca*, et même *Brâhma-loca*, selon quelques sectes, font encore partie du *Hadès* provisoire.

Les âmes des *Saints* traversent non-seulement le royaume de *Varouna*, mais encore celui d'*Indra*, et vont jusqu'au *Séjour de Brahma*, qui, selon *Djaimini*, est l'Être suprême; mais *Badari* et les commentateurs de Soutra's soutiennent que *Brahma* n'est pas l'Être suprême, mais un effet de la volonté créatrice de Dieu, ayant été enfermé dans l'œuf d'or mondain. Selon ces derniers, et d'après *Djina*, l'auteur de la secte des *Gymnosophistes*, les âmes des Saints vont plus loin que *Brâhma-loca*, jusqu'à ce qu'elles soient parvenues à l'*Aloka-kâsa*, le séjour des âmes délivrées des liens corporels et, par conséquent, du joug de la loi des transmigrations. L'*Aloka-kâsa* est au-dessus de tous les mondes (lôkas); ici le mot *akâsa* implique que c'est un lieu d'où l'on ne revient plus.

Les *Chinois* admettent de même la *métempsychose*. Le livre des récompenses et des peines, par un docteur *Taosse*, traduit par *Julien* (§. 136), dit que les méchants sont jetés dans un brasier, dont l'ardeur est proportionnée à la gravité de leurs crimes, ou du mal qu'ils ont fait à leurs semblables. L'homme méchant est obligé, après sa mort, à parcourir l'une des trois carrières malheureuses que l'on appelle *San-tou* :

1° A être une bête de somme en revenant au monde;
2° A souffrir dans un brasier les supplices de l'enfer;
3° A être un démon affamé.

Selon les *Mémoires des missionnaires* (XV, 250) concernant la *Chine*, les prisons des mauvais Esprits sont aux limites extrêmes de l'univers, bien éloignées non-seulement des demeures des bons Esprits, mais encore séparées des *lieux expiatoires,* où les bons Esprits qui n'ont pas rempli leurs devoirs, expient leurs fautes commises durant leur séjour terrestre.

L'état des âmes varie selon le degré auquel l'homme est parvenu durant sa vie terrestre. Si la raison (Ling) a prédominé dans l'homme, l'âme s'élève jusqu'à l'état de *Sien* (Ange), et jouit auprès de *Schang-ti* d'une félicité proportionnelle à son mérite. Cette félicité, quelle que soit sa nature, ne lui laisse plus rien à désirer ; mais, si l'homme est tombé sous le joug des passions sensuelles (Huen), il devient un Esprit qui n'est ni heureux ni malheureux, un *Esprit flottant dans l'air,* un Esprit de la nature, parce que ces Esprits voltigent dans les sphères terrestres, étant tourmentés par le regret d'être privés de jouissances terrestres.

Ces Esprits sont, en général, torturés par des passions et des désirs terrestres qu'ils ne peuvent plus satisfaire ; c'est pour cette raison qu'ils avertissent les hommes de se garantir du joug des passions. Au reste, même dans cet état, la félicité ou le malheur dépend du libre arbitre, ces Esprits pouvant encore tomber sous le joug des passions spirituelles, telles que l'orgueil, l'égoïsme, l'amour-propre excessif, l'entêtement, l'opiniâtreté, l'insubordination, la désobéissance, etc. Néanmoins la plupart de ces Esprits flottants (*Schen*) aspirent à une existence purement intellectuelle ; ils combattent les mauvais Esprits sans cesse, et poursuivent ces *kuei,* dans toutes les sphères de la nature, jusqu'au sanctuaire du cœur humain.

Suivant le livre des récompenses et des peines (art. 136),

les âmes qui jouissent d'une félicité parfaite auprès de Dieu (*Schang-ti*) sont appelés les *Immortels du ciel*, et les autres, qui demeurent dans les régions intermédiaires (le *Hadès*), les *Immortels de la terre*. Il faut faire *treize cents* bonnes actions, si l'on veut devenir un immortel du ciel; *trois cents* suffisent pour devenir un immortel de la terre.

Le système de plusieurs incarnations a été adopté aussi par les *Égyptiens* (Hérodote, *lib. II, cap. 123*), qui disaient que les âmes délogeaient d'un corps dans un autre *aussi bien des hommes que des bêtes*; et quand elles avaient été dans toutes sortes de bêtes qui sont ici sur la terre, dans la mer et dans l'air, qu'elles revenaient dans les corps des hommes, et enfin dans le ciel, et qu'elles pouvaient faire ce cours dans le temps de trois mille ans. Clemens Alexandrinus dit (*Strom., lib. VI, cap. 2*) que, selon les anciens Égyptiens, l'âme de l'homme passe après la mort dans le germe d'un corps animal; ce n'est qu'au bout de trois mille ans qu'elle peut de nouveau revêtir le corps d'un homme, après avoir parcouru toutes les espèces animales. Les âmes des hommes qui n'étaient pas encore parvenues à la sainteté, pour pouvoir demeurer chez les Dieux éternels, étaient obligées de s'incarner de nouveau. C'est pourquoi les Égyptiens prononcèrent, lors de l'enterrement, la prière suivante; « *Daignez, Dieux, qui donnez la vie aux hommes,* « *faire un accueil favorable à l'âme du défunt, afin qu'elle* « *puisse demeurer chez les Dieux éternels.*» (Clemens Alex., *Strom., lib. VI, cap. 2.* Hérodote, *lib. II, cap. 123.*)

Il n'y a donc, selon les Égyptiens, que l'âme qui parvient au séjour céleste auprès des Dieux, but final de toutes les transmigrations, qui soit délivrée de la dure loi de la métempsychose.

La *Grèce* et *Rome* ont admis également la doctrine de la métempsychose. Les Grecs ont peut-être appris ces idées des Égyptiens. Les plus sages d'entre les Grecs, *Lycurgue*, *Solon*, *Thalès*, *Pythagore* et *Platon*, voyagèrent en *Égypte*, et y conférèrent avec les prêtres du pays. On dit que Solon fut instruit par *Sonchis de Saïs*, et Pythagore par *Enuphis l'Héliopolitain*. Pythagore surtout, plein d'admiration pour ces prêtres, à qui il avait inspiré le même sentiment, imita leur langage énigmatique et mystérieux, et enveloppa ses dogmes du voile de l'allégorie. (Plutarque, d'Isis et d'Osiris; Ricard, V, 328.)

L'âme de l'illustre philosophe Pythagore s'est incarnée sur la terre *cinq fois;* il fut d'abord *Æthalidès*, fils de Mercure, qui lui avait promis de lui conserver la mémoire pleine et intacte de sa vie passée; puis il fut un pauvre *pêcheur de Délos*, nommé *Pyrrhus*. Lors de sa troisième incarnation, Pythagore fut *Euphorbus*, le défenseur de Troie qui a illustré jadis les hauts faits d'armes de Ménélas, roi de Lacédémone; ensuite il fut *Hermotimus* durant sa quatrième incarnation; enfin il est *né Pythagore*.

Pythagore, en visitant *Delphes,* y a reconnu le bouclier qu'il avait jadis porté, lorsqu'il fut *Euphorbus*, et que *Ménélas après la prise de Troie*, avait transporté comme trophée en Grèce, pour le consacrer à Pallas Athène (Minerve) [Diog. Laërt., *VIII; Philostrat., de vita Apollonii, lib. I, cap. 1*; Maximus Tyrius, *Dissert. XXVIII, ed. Dav., p.* 288; Ovid., *Met., lib. XV, v.* 160; Horat., *Carm., lib. 1; Od.* 28; *ad Archytam,* Cicero, *de officiis, lib. I;* Aulius Gellius, *lib. IV, cap.* 11, dit : «*Pythagoras clypeum Euphorbi olim Delphis consecratum recognovit, et suum dixit, et de signis vulgo ignotis probavit*).»

Le bonheur de la vie éternelle consiste surtout, suivant les anciens, dans la faculté de conserver le souvenir du passé. Qu'on sépare de l'immortalité la connaissance et le savoir, ce ne sera plus une vie, mais une longue durée de temps (Plutarque, d'Isis et d'Osiris, au commencement de ce traité, traduct. de Ricard, V, 319).

Platon croyait de même à la métempsychose (Timée 42, 90 etc. ; Phædon, 34) ; car ce n'est que par des incarnations successives et diverses que l'âme parvient au séjour céleste et éternel, après avoir expié dans les corps terrestres ses péchés.

Pindare (Olymp. Od. II) dit : que suivant la doctrine de l'école de Pythagore, l'âme ne parvient à la jouissance du repos céleste et éternel auprès des dieux, qu'après s'être incarnée *trois fois* sur la terre pour expier ses péchés. On connaît que, selon la tradition, Orphée fut changé, après sa mort, en un cygne; *Ajax majeur,* fils de *Telamon,* en un lion, et *Agamemnon,* en un aigle. Selon *Philon,* des âmes descendent continuellement sur la terre, d'autres remontent au ciel pour redescendre de nouveau. Les âmes dépouillées du corps, demeurent dans l'air; il y en a qui revêtissent des corps terrestres; d'autres d'une nature plus élevée, dédaignent l'incarnation (*Philo quod a Deo mittant somn.,* 568; éd. Mang., I, 641).

Les Romains suivant les traces des Grecs, croyaient aussi à la métempsychose. Tous les lettrés connaissent les versets suivants d'Ovide (*Métamorph., lib. XV*) :—

« *Morte carent animæ, semperque priôre relicta*
« *Sede, novis domibus vivunt, habitantque receptæ.*
« *Omnia mutantur, nihil interit, errat, et illinc*
« *Huc venit, hinc illuc, et quoslibet occupat, artus,*
« *Spiritus eque feris humana in corpora transit,*
« *Inque feras noster, nec tempore deperit ullo.* »

Il faut aussi lire Horat., *lib. II*, *Carm.* 20, *Tibull.*, *lib. IV;* le sixième livre de l'Énéide de Virgile, etc.

Les Gèthes ont adopté aussi ce système de plusieurs incarnations des âmes (Diodore de Sicile, *lib. V*).

Il en est de même de tous les peuples Indo-Germaniques, chez lesquels on trouve des traces de cette doctrine (*Cæsar, de bello gallico, lib. VI*). Selon les Druides, l'âme du défunt va revêtir un nouveau corps dans une autre sphère, mais non sur la terre (Lucan, *Pharsal., lib. I, v.* 454, etc).

Les *Israélites*, et surtout la secte des *Pharisiens*, admettent également la métempsychose. Il y avait parmi les *rabbins* des docteurs qui croyaient même aux transmigrations des âmes humaines dans les corps des animaux, des végétaux et des minéraux (Josephus, *Antiq. Jud., lib. XVIII, c.* 2).

Josephus, lui-même, croit que les âmes pieuses demeurent dans les hautes régions des cieux, d'où elles descendent pour revêtir des corps transformés et sanctifiés. On ne peut pas nier qu'il n'y ait pas des rapports entre la métempsychose et la doctrine de la résurrection de la chair.

Au surplus, l'idée de la fameuse échelle de Jacob, à laquelle les anges montent et descendent, a donné lieu au système de plusieurs incarnations (Genèse XXVIII, 12). L'idée de la métempsychose ou de la migration des âmes n'est au fond autre chose qu'un état d'épreuves, tel que le *Hadès* biblique ou le purgatoire de l'Église Romaine, par lequel *Dieu conduisait les âmes à l'éternité bienheureuse.*

En effet, aux yeux de l'antiquité, la vie future est la sanction de la vie terrestre ; Dieu ne laissant aucun crime impuni, aucune vertu sans récompense. Aussi les âmes des impies errent çà et là, en proie à des maux terribles, conséquence de leurs mauvaises actions, tandis que les âmes des hommes pieux mènent une vie calme et heureuse dans la demeure sacrée des héros, dans l'*Élysée* (Pindar., *Olymp.*, II, 56).

Selon S. *Pierre* (1 Épître, chap. III, 19), le Christ, après sa mort, est allé prêcher aux esprits qui sont dans la prison. *Ésaïe* parle également de ces prisons et des ténèbres hors de la prison (XLII, 7). Les lieux habités par le *mauvais riche* et par *Lazare* sont aussi des états intermédiaires et provisoires, jusqu'au dernier jugement et jusqu'à la résurrection de la chair (Luc XVI, 19-31). Il en est de même du séjour dans le *paradis* promis au bon *larron* (Luc XXIII, 43).

La *béatitude incomplète des bons esprits*, depuis la mort jusqu'au rétablissement final de toutes les choses que Dieu a prononcées par les prophètes, est surtout nettement indiquée par l'*Épître aux Hébreux* (XI, 39, 40) et par l'Apocalypse (VI, 9-11). Voici ces versets ; nous commençons par citer l'Épître aux Hébreux (XI, 39, 40).

L'apôtre, en parlant des croyants et des saints de l'Ancien Testament, dit : « Quoiqu'ils aient tous été recommandables « par leur foi, ils n'ont pourtant point reçu l'*effet* de la pro-« messe ; Dieu ayant pourvu à quelque chose de meilleur « pour nous, afin qu'*ils ne parvinssent pas à la perfection* « *sans nous.* »

Les versets 9, 10 et 11 du chapitre VI de l'Apocalypse ne sont pas moins clairs ; en voici le texte : « Quand il eut

« ouvert le cinquième sceau, je vis sous l'autel les âmes de
« ceux qui avaient été tués pour la parole de Dieu, et pour
« le témoignage qu'ils avaient maintenu. Et elles criaient à
« haute voix, disant : *Jusqu'à quand, Seigneur, qui es saint
« et véritable, ne juges-tu point et ne venges-tu point notre
« sang de ceux qui habitent sur la terre ?* Et il leur fut donné
« à chacun des robes blanches, et il leur fut dit qu'ils se
« reposassent encore un peu de temps, jusqu'à ce que le
« nombre de leurs compagnons de service et de leurs frères
« qui doivent être mis à mort comme eux, soit complet. »

Suivant Sextus Empiricus (*Contradict. lib. IX*, 66), la doctrine du *Hadès* est parvenue à la connaissance de l'humanité tout entière ; en effet, les mythologies, les poëtes et les penseurs de tous les peuples, l'admettent ; quant aux poëtes, il ne vaut guère la peine d'en citer des passages trop connus par tous les hommes de lettres de nos jours ; nous nous bornons donc à engager nos lecteurs à étudier surtout les œuvres du divin Platon, de cet homme immortel dont l'étoile ne pâlira que lorsque l'humanité aura été exterminée ou réduite à une animalité complète. (Gorg. 526, *de Rep. II*, 303, X, 608 ; Crat. 54 et 403, *de Leg. XI*, 959 ; Phædon, 108.)

Il y a suivant les traditions sacrées de l'antiquité dans le *Hadès* une variété infinie de sphères plus ou moins heureuses ou malheureuses. Homère (Iliade V, 395, XXIII, 72 ; Odyssée XI, 57) partage les enfers en *deux régions distinctes : l'Élysée* et *le Tartare*. L'Élysée est dépeint par l'Odyssée (IV, 561), comme une terre, où le juste coule en paix une vie facile sous un ciel toujours serein, dans un climat où soufflent sans cesse les chaudes haleines du zéphir. La fameuse région des Hyperboréens, les îles des Bienheureux, les îles Fortunées et le jardin des Hespérides appartiennent à ces *Champs Élysées*. Au-dessous du Champ Élysée (ἠλύσιον πεδίον) est le *Tartare*, vaste et profonde prison fermée par des portes de fer. C'est dans cet abîme ténébreux que sont relégués les *Titans*. C'est là un châtiment qui leur est infligé en punition de leur audace. Au surplus, toutes les âmes impies ne furent pas envoyées dans le Tartare. En général, celles qui n'étaient ni tout à fait bonnes, ni tout à fait mauvaises, erraient dans l'atmosphère. Ces *Esprits flottants* des Grecs ont une analogie avec les *Schen* des Chinois. Virgile fait allusion à ces Esprits flottants dans ces vers bien connus : « *Aliæ panduntur inanes suspensæ ad ventos.* » Dans Pindare (Olymp. II, 56), dans Platon (Phædon, §. 69, p. 248, édit. Becker), et dans Salluste (*de diis et mundo, cap.* 19) il en est aussi question.

On sait que le *Hadès* des Indiens fut le royaume de Yama. Les anciens Égyptiens croyaient aussi au *Hadès*, qu'ils appelaient *Amenthès*. Ce mot signifie recevoir et donner, parce que dans ce lieu les Esprits expient les fautes qu'ils ont commises durant leur vie terrestre. (Plutarque, d'Isis et d'Osiris; Ricard V, 347.)

Les anciens Perses (Anquetil, III, 585) admettent aussi, outre le séjour céleste des bienheureux, encore *des lieux d'expiation* appelés *Hamestan*, où vont les âmes dont la conduite n'a été ni bonne, ni mauvaise. Le Hamestan est le *Hadès* des Perses. Parmi ceux qui y demeurent, il y en a dont les connaissances spirituelles ont été plus parfaites et qui ont été plus nets de cœur. Ces derniers montent plus vite, en passant par les différentes sphères intermédiaires jusqu'au royaume des Cieux.

Avant de terminer nos citations concernant la métempsychose, il faut encore dire quelques mots sur *la différence entre la doctrine de plusieurs incarnations humaines et celle des transmigrations des âmes humaines dans les corps des animaux.* Ce dernier système, quelque étrange qu'il semble, a compté néanmoins dans l'antiquité des adeptes très-nombreux, surtout parmi les Indiens, les Égyptiens et les Chinois. La plupart des traditions religieuses attribuent des germes d'une intelligence presque humaine aux animaux. Les animaux parlent d'une voix humaine et avertissent les hommes d'un danger imminent ou les tirent d'un péril quelconque. Ces idées ont aussi trait à la doctrine obscure de l'immortalité des âmes des animaux, dont on trouve des traces même dans la Bible. (Épît. aux Rom. VIII, 19-21.)

Plutarque (Des noms des fleuves et des montagnes; Ricard, V, p. 401) raconte le phénomène remarquable d'un éléphant sauvant le fameux roi Porus. « Quand Alexandre,
« roi de Macédoine, fut entré dans l'Inde, à la tête de son
« armée, et que les habitants du pays eurent pris la résolu-
« tion de le combattre, l'éléphant de Porus, roi de cette
« contrée, entrant tout à coup en fureur, monta sur la colline
« du soleil, et *prononça distinctement ces mots d'une voix*
« *humaine : O roi, mon maître, fils de Gégasius, garde-toi*
« *de rien entreprendre contre Alexandre, car il est fils de*
« *Jupiter.* A peine eut-il fini de parler, qu'il expira. Porus,
« instruit de cet événement, fut frappé de terreur, et étant
« allé trouver Alexandre, il se jeta à ses genoux et lui
« demanda la paix; il l'obtint aux conditions qu'il avait pro-
« posées lui-même; et changeant le nom de la montagne, il
« l'appela le mont *Éléphas.* »

La Bible raconte un phénomène analogue, en parlant de la fameuse ânesse de Balaam ou Bileam (Nombre XXII, 27-34). Voici ces versets : « L'*ânesse* voyant l'ange de « l'Éternel, se coucha sous Balaam, et Balaam s'en mit en « grande colère et frappa l'ânesse avec son bâton. Alors « l'Éternel fit parler l'ânesse, qui dit à Balaam : Que t'ai-je « fait que tu m'aies déjà battue trois fois ? Et Balaam répon- « dit à l'ânesse : Parce que tu t'es moquée de moi ; plût à Dieu « que j'eusse une épée en ma main, car je te tuerais sur le « champ. Et l'ânesse dit à Balaam : *Ne suis-je pas ton ânesse,* « *sur laquelle tu as monté depuis que je suis à toi jusqu'au-* « *jourd'hui. Ai-je accoutumé de te faire ainsi?* Et il répondit : « Non.

« Alors l'Eternel ouvrit les yeux de Balaam, et il vit l'ange « de l'Éternel qui se tenait dans le chemin et qui avait en sa « main son épée nue ; et il s'inclina et se prosterna sur son « visage. Et l'ange de l'Éternel lui dit : Pourquoi as-tu frappé « ton ânesse déjà par trois fois ? Voici, je suis sorti pour « m'opposer à toi, parce que ta voie est devant moi *une* « *voie détournée.*

« Mais l'ânesse m'a vu et s'est détournée de devant moi « déjà par trois fois ; autrement, si elle ne se fût détournée « de devant moi, je t'eusse même déjà tué, et je l'eusse « laissée en vie.

« *Alors Balaam dit à l'ange de l'Éternel : J'ai péché, car* « *je ne savais point que tu te tinsses dans le chemin contre* « *moi* ; et maintenant, si cela te déplaît, je m'en retournerai. »

S. Pierre (2ᵉ Épître II, 16) confirme ce fait merveilleux, en disant : « *Une ânesse muette parlant d'une voix humaine,* « *réprima la folie du prophète Balaam.* »

Le phénomène des *corbeaux intelligents nourrissant Élie* (1 Rois. XVII, 4 et 6) est aussi bien étrange. Peut-être un jour on sera même obligé de tenir compte de la fable de la fameuse louve nourrissant Romulus et Rémus. En tout cas, il y a quelque chose de mystérieux dans ces phénomènes qui, suivant les traditions sacrées de l'antiquité, révèlent une intelligence humaine dans les animaux susceptibles d'être inspirés, à la façon des hommes, par les êtres invisibles du monde surnaturel. Tous ces faits semblent supposer ou le système *de transmigrations des âmes humaines dans le corps des animaux, ou l'existence d'une âme intelligente et immortelle dans les animaux.* Le verset 20 du chapitre XLII du prophète Ésaïe concernant les animaux est aussi bien remarquable; en voici le texte:

« *Les bêtes des champs, les dragons et les chats-huants* « *me glorifieront*, parce que j'aurai mis des eaux au désert, « et des fleuves au lieu désolé, pour abreuver mon peuple, « que j'ai élu. »

On sait que S. Paul (Romains VIII, 21) parle des créatures qui soupirent après la délivrance et sont en travail; ce qui semble avoir trait à l'immortalité de l'âme des animaux.

CHAPITRE XX.
Délivrance finale ou Eschatologie.

Les idées de l'éternité, de la préexistence, *de l'immortalité* de l'âme et de la métempsychose aboutissent, suivant les traditions sacrées de tous les peuples de l'antiquité, à une délivrance ou à une rédemption finale.

Selon Sankhya-Karika (art. 68), la séparation absolue de l'âme et du corps s'étant enfin opérée, et la nature procréatrice s'étant retirée après l'accomplissement de ses desseins, l'âme obtient la jouissance d'une abstraction sans fin. Toutes les écoles et toutes les sectes des Indiens s'accordent dans la promesse d'une béatitude ou perfection finale, la délivrance du mal (*Mokcha* ou *Moukti*), pour récompenser les Esprits bienheureux d'une parfaite connaissance des principes de la vérité. Cette délivrance est la séparation absolue, le dégagement complet de l'âme immortelle des liens du corps périssable. La délivrance finale est regardée comme le bonheur suprême, et comme l'état le plus parfait de l'être ou de l'âme. L'objet des vœux les plus ardents de tout pieux Indien, c'est le rétablissement, la restauration complète de l'être primordial de l'âme avant la chute primitive. La délivrance finale, c'est le but glorieux des transmigrations de l'âme, c'est l'état du pur Esprit, dégagé de tout ce qui est matériel (Lois de Manou XII, §. 90); c'est un état de pure intelligence; l'âme devient une pensée pure. L'âme, désormais exempte de toute transmigration, est intimement liée et unie à la divinité, *mais malgré cette union avec Dieu, son individualité ne cesse point* (Gotama I, 1-8). Les écoles de Sankhya et de Védanta sont d'accord avec Gotama, auteur du système de *Nyaya*, concernant *l'éternité individuelle de l'âme, car si l'âme sortait de la divinité et retournait finalement en elle, alors il n'y aurait ni récompense ni châtiment ni même un autre monde.* (Rig-Véda, 8, 4, 17; Brâhma-Soutra II, §. 17; Atma-Bodha, §. 13-20; Sankhya-Karika, 18 et 33.)

Parmi les anciennes écoles des Indiens, il n'y a que les

Pantcharatras et les *Bhagavatas*, qui croient que l'âme est créée. Suivant ces sectes hérétiques et panthéistes, l'âme sort de la divinité et retourne finalement à elle; elle se plonge dans sa cause, étant réabsorbée en elle. Le *Boudhisme* professe les mêmes doctrines panthéistes qui tendent à la négation de la morale et de l'autre monde, aux yeux de l'école orthodoxe.

Les *lois de Manou*, bien qu'elles soutiennent que l'âme s'identifie avec l'Être suprême, parlent plutôt d'une *union morale* que d'une absorption complète ou d'une extinction de l'individualité.

Le douzième livre des lois de Manou (§. 91) dit que celui qui offre son âme en sacrifice, s'identifie avec l'Être qui brille de son propre éclat. Il est ici question d'un Saint ou d'un *Yogui*, qui parvient à une délivrance restreinte déjà durant cette vie, en s'identifiant avec l'Être suprême. Selon Brâhma-Soutra III (chap. 2, §. 1-4) l'unification ou l'émancipation *finale* n'est pas une absorption ou une *discontinuation de l'individualité*, mais une apathie morale, une résignation, à laquelle les Saints et les *Yogui's* aspirent déjà durant leur vie terrestre. *Djaimini*, en disant que l'âme s'identifie finalement avec Brâhma, semble parler également d'une union morale et intellectuelle. Il soutient *que l'âme, en quittant même le germe subtil de sa forme corporelle, est revêtue d'attributs divins et d'autres facultés transcendantes, mais les Soutras prétendent qu'elle n'atteint jamais à la possession absolue de toutes les facultés divines.* L'âme ne devient, aux yeux de l'école orthodoxe, *qu'une pensée pure*. (Pauthier, Essai sur la philosophie des Hindous, d'après Colebrooke, p. 140, etc.)

Suivant les anciens penseurs de l'Inde, l'identification *finale* avec l'Être suprême n'est donc qu'une *union morale*, comme, selon S. Jean (X, 30-36, et XVII, 21-23), celle du Fils et du Père éternel. On sait que, dans ces deux chapitres de S. Jean, il n'est nullement question d'une *identité de l'Être* ou d'une *unité essentielle*, mais seulement d'une *union morale* et représentative. Depuis le Concile de Nicée, beaucoup de *théologiens*, prétendus orthodoxes, *sont tombés dans une erreur grossière et antibiblique*, en soutenant l'identité de l'*Être* et de l'*Essence du Fils et du Père éternel.* De là le *trithéisme* ou la *trinité des trois prétendues personnes égalitaires de la divinité*, cette violation odieuse du *Décalogue.* (Exode XX, 3.)

Il nous semble donc qu'il est aussi injuste d'adresser à la plupart des anciennes écoles des Indiens le reproche d'un *théopantisme* final et absolu qu'à S. Paul (1re épître aux Corinth., chap. XV, 28). Voici ce fameux verset qui a donné lieu à tant de discussions et de controverses :

« Après que toutes choses lui auront été assujetties, alors
« aussi le Fils lui-même sera assujetti à Celui qui lui a assu-
« jetti toutes choses, *afin que Dieu soit tout en tous.* »
S. Paul ne parle ici que de la fin de la *christocratie* et de l'absorption du règne du Fils dans la Providence divine et *universelle* de l'*Éternel lui-même.* L'expression : « *Dieu est tout en tous* » n'est nullement une pensée *panthéiste* ; elle ne veut pas dire l'absorption ou l'extinction finale de tous les êtres individuels dans la divinité. Or, pour parvenir à la perfection morale et intellectuelle, c'est-à-dire, à l'union morale et intellectuelle avec Dieu, il ne faut *pas anéantir l'individualité*, mais *l'égoïsme*, qui ne veut ni offrir son

âme en sacrifice moral à Dieu, ni voir *l'âme suprême* dans *tous les Êtres*, ni *tous les êtres dans l'âme suprême*, suivant les lois de Manou. (Livre XII, §. 91.)

Le séjour des âmes qui sont parvenues à la délivrance finale et à la perfection de la divine connaissance a lieu selon *Djaimini chez Brâhma ;* mais suivant les commentateurs des Soutras et la secte de *Djina* (les gymnosophistes) qui soutiennent que Brâhma n'est pas l'Être suprême, *Aloka-kasa* est le lieu où demeurent les âmes qui sont délivrées d'une longue captivité pour n'y rentrer jamais.

Aloka-kasa est au-dessus de tous les *mondes* ou *lokas*, y compris *Brâhma-loka.* (Paüthier, p. 150, etc.)

La libération (*Moukti* ou *Mokcha*), outre son sens propre qui est celui de la délivrance finale au moyen de la parfaite connaissance de Brâhma et l'union conséquente avec Dieu après la mort, est employée dans une *acception secondaire* pour ce qui conduit l'âme après la mort aux *lokas* des âmes bienheureuses, tels que *Brâhma-loka, Agni-loka, Indraloka*, etc., mais où l'âme cependant ne demeure pas dépourvue d'une forme corporelle subtile ; enfin on dit d'un *Yogui extatique, qu'il parvient à une libération restreinte et relative même* durant sa vie terrestre. (Brâhma-Soutra, IV, 4, §. 7.)

Il y a donc *trois degrés de délivrance ; l'un absolument immatériel, la délivrance finale* par l'union avec Dieu, *l'autre moins parfait* commence *à la mort d'un homme de bien*, et *le troisième degré de libération* a lieu dans la vie d'un *Yogui* extatique. La délivrance, la plus parfaite, la plus complète, est la délivrance immatérielle et incorporelle (Vidihâ Moukti). Dans le deuxième degré, l'âme n'est pas encore dépourvue d'une forme corporelle subtile. La délivrance, la moins parfaite, appartient à un *Yogui*. Ces *trois degrés* de libération correspondent aux trois degrés de perfection intellectuelle et morale, à mesure que l'âme se dégage *en partie*, ou *tout à fait de la matière* dans laquelle il faut encore ranger le corps éthéré et les éléments subtils. (Sankhya-Karika, art. 20.)

Quant aux moyens d'obtenir la délivrance finale et complète des naissances mortelles, il n'y en a que la *connaissance* (c'est-à-dire la perception ou l'intuition intellectuelle) *de l'univers, comme le seul Être unique, et l'expiation des péchés par des austérités rigides,* qui puissent procurer aux hommes la béatitude, selon *Sankara-Atcharya*. (Atma-Bodha, §. 2.)

Les articles 104 et 125 du douzième livre des lois de Manou disent que l'homme, qui reconnaît dans sa propre âme *l'âme suprême présente dans toutes les créatures* et qui se montre le même à l'égard de tous, obtient le sort le plus heureux, *celui d'être à la fin uni avec Dieu ou absorbé dans Bráhma.*

Suivant le paragraphe 90 du douzième livre des lois de Manou, l'homme qui accomplit fréquemment *des actes religieux intéressés*, parvient au rang des *Devas* (dieux secondaires); mais celui qui accomplit souvent des *œuvres pieuses désintéressées*, se dépouille pour toujours des cinq éléments subtils et obtient la délivrance des liens du corps.

Les anciens Perses admettent également la doctrine de la délivrance finale ou plutôt de la réhabilitation de tous les Esprits. Le fameux pont *Tchinevad* sera abaissé, selon les traditions sacrées des *Perses*, à la résurrection générale et au rétablissement de l'état primordial. (Anquétil, III, p. 586, etc.)

Théopompe dit, d'après les *mages*, qu'au bout de *trois mille ans* le mauvais génie (Ahriman) succombera pour toujours, et qu'alors les hommes vivront à jamais *heureux* dans le ciel. (Plutarque, d'Isis et d'Osiris; Ricard, V, p. 365.)

Suivant les Perses, l'idée de la résurrection générale est liée avec la doctrine du rétablissement général de toutes les choses, ou de la réhabilitation de tous les Esprits. Les idées *eschatologiques des Perses* offrent de l'analogie avec celles de la Bible. On sait que le quinzième chapitre de la première épître aux Corinthiens contient l'*eschatologie* majestueuse de la Bible, c'est-à-dire la réhabilitation de l'état primordial, *la fin de la christocratie et le rétablissement complet de la théocratie primitive.* Il en est de même du chapitre III (versets 20 et 21) *des Actes des apôtres.* Voici ces versets : « Quand les temps de rafraîchissement seront venus
« par la présence du Seigneur, et qu'il aura envoyé Jésus-
« Christ qui vous a été auparavant annoncé ; et lequel il faut
« que le ciel contienne jusqu'au *temps du rétablissement de*
« *toutes les choses que Dieu a prononcées* par la bouche de
« tous ses saints prophètes, dès le *commencement* du monde.»

Daniel (VII, 13, 14 et 22) dit de même : «Voici le Fils de
« l'homme, qui venait avec les nuées des cieux; et il vint
« jusqu'à *l'ancien des jours,* qui lui donna le règne jusqu'à
« ce que *l'ancien des jours* fût venu, et que le jugement fût
« donné aux saints du Souverain, et que le temps vînt au-
« quel les saints obtinssent le royaume.»

Ésaïe (LXV, 17) dit : « Car voici, je m'en vais créer de
« nouveaux cieux et une nouvelle terre; et on ne se sou-
« viendra plus des choses précédentes, et elles ne revien-
« dront plus au cœur.»

S. Pierre (2ᵉ épître, chap. III, v. 7) croit à une catastrophe finale par l'ardeur du feu, *comme Héraclite et les Stoïciens*. Il dit, concernant le rétablissement final (2ᵉ épître, III, 13) : «Nous attendons, selon sa promesse, de nouveaux cieux, «et une nouvelle terre où la justice habite.»

S. Jean (Apoc. XXI) fait une description magnifique de ce nouveau ciel et de cette nouvelle terre, et surtout, de la sainte cité, la nouvelle Jérusalem.

Quant à l'état des saints, le même apôtre dit (Apoc. XXII, 4 et 5) : «Et ils verront sa face (la face de l'Éternel) et son «nom sera sur leurs fronts.»

«Et il n'y aura plus là de nuit, et il ne sera plus besoin «de la lumière de la lampe ni du soleil; car le *Seigneur Dieu* «les éclaire, et ils règneront aux siècles des siècles.»

Le *prophète Ésaïe* (LX, 19 et 20) dit, concernant la prospérité de *Sion* : «Tu n'auras plus le soleil pour la lumière «du jour, et la lueur de la lune ne t'éclairera plus; mais «l'Eternel *te sera pour lumière éternelle, et ton Dieu pour* «*ta gloire.*»

«Ton soleil ne se couchera plus, et ta lune ne se retirera «plus; car l'Éternel te sera pour lumière perpétuelle, et les «jours de ton deuil seront finis.»

S. Paul dit (1 Corinth. II, 9) : «Ce sont des choses que «l'œil n'a point vues, que l'oreille n'a point ouïes, et qui ne «sont point montées au cœur de l'homme, lesquelles Dieu «a préparées à ceux qui l'aiment.»

Les Israélites et les chrétiens connaissent aussi le beau verset 5 du Psaume CXXVI : «Ceux qui sèment avec larmes, «moissonneront avec chant de triomphe.»

Les *Égyptiens* admettent également la doctrine du rétablissement final de l'état primordial. Selon leurs traditions sacrées, les transmigrations aboutissent au séjour final des âmes bienheureuses auprès de Dieu. (*Clemens Alex. Strom.*, *lib. VI, cap. 2.*)

Les *Grecs* et les *Romains* croient aussi à une transformation finale du monde visible. (*Comm. Sybill.*, *lib. II et III*, ap. Er. Schemid, *Or. 3 de Sibyll.*; Ovid., *Métamorph. I, fab. 7.*)

Suivant *Héraclite*, le feu est le principe et la fin de tout (Plutarque, *De placit. philos.*, *lib. I, cap. 3*); toutes les substances sont sorties de cet élément, et tout doit se résoudre en lui. Les stoïciens croyaient aussi à la destruction du monde visible par le feu, et à un rétablissement de l'ordre des choses primordial (Plutarque, *Adv. stoïc.*, *17*). L'école de Pythagore (Pindare, *Od. II*) et Platon (Timée, 42, 90, etc.) croient que l'âme parvient finalement au séjour céleste et éternel, après avoir expié dans les corps terrestres ses péchés. Platon fait une description magnifique des demeures des âmes délivrées du joug des passions. Ces âmes saintes s'élèvent jusqu'aux régions sidériques, et parviennent à une vie purement spirituelle auprès de Dieu, après avoir acquis la connaissance parfaite de la vérité. (Phædon, 108; Timée, 42.)

Pindare dit que les âmes des hommes pieux habitent dans le ciel et chantent dans des hymnes le grand Dieu. (*Olymp. I, 109-123; Olymp. II, 56.*)

Euripide dit de même (Alcest., 943; Troad., 608, 643) que l'âme bienheureuse va au ciel. Dans ce monde invisible, elle est délivrée des maux de cette vie; transportée parmi les dieux immortels, placée sur un trône d'or, au milieu des sphères constellées, enivrée du nectar qui coule à la table des immortels, l'âme jouit de la vue perpétuelle de la lumière et chante les louanges de la divinité.

CHAPITRE XXI.
Culte des Pitris ou des Mânes des ancêtres.

Toutes les traditions sacrées de l'antiquité, depuis la Chine et l'Inde jusqu'à Rome, regardent le culte des mânes des ancêtres comme l'un des principaux devoirs des hommes. Ce culte spiritualiste est lié intimement au respect dû aux morts et aux tombes.

Suivant les anciennes traditions indiennes, les Pitris passent pour avoir institué les cérémonies du culte, car les Pitris connaissent seuls la véritable théologie. (Lois de Manou, liv. I, §. 12, etc., etc.)

Le troisième livre des lois de Manou ne traite que des cérémonies en l'honneur des mânes. Voici quelques prescriptions de ces lois :

Le paragraphe 72 dit que celui qui n'a pas d'égards pour *cinq sortes d'êtres*, savoir : *les dévas* (dieux), *les mânes, les hôtes, les personnes dont il doit avoir soin* et *lui-même*, bien qu'il *respire,* ne *vit* pas.

Les paragraphes 81 et 82 ordonnent d'honorer les mânes tous les jours par des *straddhas* (sraddha ou sraddka) ou *offrandes* avec du riz, avec de l'eau, ou bien avec du lait, des racines et des fruits, afin d'attirer leur bienveillance.

Ce *straddha* est nommé *nityâ* (constant), parce qu'on doit le faire tous les jours.

Selon les paragraphes 85-91, et d'après le paragraphe 204, il faut commencer par une offrande aux dieux, afin de préserver les oblations destinées aux mânes, car les démons dévastent tout repas funèbre qui est privé de ce préservatif. On fait d'abord l'oblation aux divinités : à *Agni* (dieu du feu), à *Soma* (qui préside à la lune), à *Indra* (roi du ciel inférieur), à *Yama* (juge des morts, souverain de l'enfer, qui récompense et punit les mortels selon leurs œuvres, en envoyant les bons au ciel, et les méchants dans les différentes régions infernales), et aux autres dieux qui président aux diverses régions célestes, ainsi qu'aux *génies* qui forment leur suite. *Puis on offre tout le reste aux mânes, la face tournée vers le Midi.*

Suivant les paragraphes 122 et 123, le Brâhmane qui entretient un feu doit faire le grand repas funèbre (*sraddha, pindân wâhâryâ*) de mois en mois, le jour de la nouvelle lune ; ce strâddha est appelé *pîndân wâhâryâ*, parce qu'il a lieu après l'offrande des gâteaux de riz (pindas).

Dans les paragraphes suivants, jusqu'au paragraphe 150, les lois de Manou insistent sur la présence, à cette fête mensuelle, des Brâhmanes versés dans les saintes écritures et sur la pureté de leurs familles, en remontant jusqu'à un degré éloigné. Il faut même, selon le paragraphe 149, examiner plus scrupuleusement le lignage d'un Brâhmane pour l'admettre à cette grande cérémonie en l'honneur des mânes, que pour celle des dieux.

Les paragraphes suivants, jusqu'au paragraphe 166, contiennent une longue liste des personnes qui sont exclues de ce festin mensuel.

Les paragraphes 213 jusqu'au paragraphe 249, traitent des cérémonies à observer pendant ce festin.

Le Brâhmane autorisé par les autres Brâhmanes également invités, adresse d'abord à *Agni*, à *Soma* et à *Yama* une offrande de beurre clarifié; puis il fait le tour du feu sacré pour satisfaire les mânes par une offrande de riz; il fait cette tournée du feu, en marchant de gauche à droite, et en jetant l'offrande dans le feu, après avoir répandu avec la main droite de l'eau sur l'endroit où doivent être placés les trois gâteaux de riz; ensuite il dépose trois gâteaux sur des brins de l'herbe *Kousa*, ayant le visage tourné vers le midi, et étant en même temps plongé dans le plus profond recueillement. L'herbe Kousa est une herbe sainte, employée dans les cérémonies religieuses; *de nos jours, les Esthoniens, peuple d'origine finnoise, font usage dans les funérailles de branches de sapin sacrées (Koused).*

Les trois gâteaux de riz, dont nous venons de parler, sont offerts aux mânes du père, du grand-père paternel et du bisaïeul; *les trois Brâhmanes* invités doivent d'abord en manger, parce qu'ils représentent ces aïeux décédés. Après avoir mangé, les Brâhmanes disent au maître de la maison que l'oblation soit agréable aux mânes; ces mots sont une excellente bénédiction, parce que les mânes, *bien qu'ils soient invisibles, prennent leur part du festin suivant le paragraphe 237*. Pendant cette cérémonie en l'honneur des mânes, le chef de maison lit à haute voix la sainte écriture (§. 232). Un Brâhmane, portant le cordon sacré sur son épaule droite et tenant à la main l'herbe Kousa, doit faire l'oblation aux mânes jusqu'à la fin. (§. 279.)

Après avoir congédié les Brâhmanes, le maître de maison

doit, plongé dans le recueillement le plus profond, garder le silence; et puis, s'étant purifié, se tourner vers le midi et demander aux mânes les grâces suivantes (§. 259): « Que « dans notre famille le nombre des hommes généreux s'aug- « mente! Que le zèle pour les *saints dogmes* s'accroisse, « ainsi que notre lignée! Puisse la foi ne jamais nous aban- « donner! Puissions-nous avoir beaucoup à donner! » On doit offrir *quinze sraddhas* dans le courant de l'année de la mort d'un parent, afin d'élever au ciel l'âme de la personne décédée. Ces sraddhas particuliers sont terminés par un Sraddha solennel appelé *Sapindana*, qui se fait le jour de l'anniversaire de la mort. (Recherches asiatiques, vol. VII, p. 263, édit. in 8°.)

Au reste, selon les lois de Manou (III, §. 275), toutes les oblations, faites selon les règles par un mortel dont la foi est parfaitement pure, procurent à ses ancêtres une grande joie.

Vyasa, dans son abrégé du *Védanta*, dit : « Les âmes des « ancêtres de celui qui adore le seul être véritable, jouissent « de la liberté par le seul fait de sa pure volonté. (Pauthier, Essai, p. 160, etc.)

Le troisième livre des lois de Manou (§. 250) contient une punition absurde des mânes. Voici ce paragraphe étrange : si un homme, après avoir assisté à un Sraddha, partage le même jour la couche d'une femme, ses ancêtres, pendant le mois, sont couchés sur les excréments de cette femme.

Le livre IV des lois de Manou (§. 247) dit qu'il faut acquitter encore une dette envers les mânes, savoir : « *donner l'exis-* « *tence à un fils, pour accomplir après lui le sraddha* » (le service funèbre).

Ce n'est pas ici le lieu de faire la description des cérémonies dont se compose le culte des mânes chez les autres peuples de l'antiquité. Nous n'avons pas l'intention de tracer l'histoire des cérémonies du culte; il suffit d'indiquer la liaison intime du culte des mânes avec le spiritualisme.

Quant à la Chine, nous nous bornons à dire que, peut-être nulle part plus que dans ce pays, le culte des ancêtres fut porté plus aux nues. Les descendants rapportant tout le mérite de leurs actions glorieuses à leurs ancêtres, les anoblissent, tandis que dans les autres pays la renommée des aïeux confère la noblesse aux descendants.

Selon le *Lun-Yu* (chap. II), la vénération et le respect des parents, c'est le premier devoir de l'enfant ou de l'homme venant au monde; lorsque les parents meurent, il faut les ensevelir selon les cérémonies prescrites par les rites, et ensuite leur offrir des sacrifices.

Suivant le §. 481 du *Livre des récompenses et des peines,* le ciel permet aux âmes des ancêtres, pendant *cinq jours de l'année,* de retourner dans leurs anciennes demeures, pour y recevoir des offrandes funèbres.

Les §§. 465 et 466 dudit livre des récompenses et des peines, parlent de l'apparition d'une mère qui est venue exhorter son fils à visiter exactement sa tombe, et à lui offrir des sacrifices pour procurer le repos à son âme. Ceux qui négligent ces devoirs sont cruellement punis.

Le culte des mânes et des héros, ou des esprits des ancêtres illustres chez les *Grecs et les Romains,* est connu de notre public lettré, les chefs-d'œuvre immortels de ces deux peuples étant entre les mains de tout le monde. Nous ne citons ici qu'*une idée spiritualiste de Philon qui l'est peut-*

être moins. Ce penseur dit (*Philo, de execrat.*, *937*, ed. *Mang.*, *II, 436*), que la prière des ancêtres morts, qui ont été des hommes pieux, est d'une grande efficacité pour leur postérité survivante. Les héros intervenaient en effet souvent en faveur des hommes auprès des dieux plus puissants qu'eux.

On sait que ce culte des morts se conservait jusque par delà le paganisme, et que des traces en subsistent encore chez nous. L'existence de la chapelle des *saints morts* dans des cimetières et des églises est un souvenir de l'adoration des âmes. (Θεοί ἥρωες.)

CHAPITRE XXII.
Tutelle des Esprits (anges gardiens) selon les traditions sacrées de la Chine.

La doctrine des Esprits gardiens est adoptée par les traditions sacrées de tous les peuples de l'antiquité. La tutelle des Esprits a rapport au culte des mânes, des pitris et des héros.

Nous nous bornons dans ce chapitre à la Chine seule, de même que nous n'avons tenu compte que de l'Inde dans le chapitre précédent, pour ne pas rendre trop volumineux cet ouvrage.

Selon les traditions sacrées de *la Chine*, l'univers tout entier n'est qu'une famille. Le ciel, la terre, le monde des purs Esprits, les âmes des morts et l'ordre de la nature tout entière, ne font partie que d'un seul empire, fondé et gouverné par la raison éternelle de *Schang-ti*. De même que le ciel n'est gouverné que par un seul Dieu, de même la terre n'a qu'un seul empereur, le Fils du ciel et le représentant de la Divinité sur la terre. Les bons Esprits aident l'empereur de leurs conseils bienveillants; ils l'initient dans l'art de gouverner ses peuples; ils lui enseignent l'organisation de la société, afin qu'il sache mettre chacun à la place qui puisse lui convenir le mieux, car ce n'est qu'en remplissant sa mission et sa vocation, que l'homme peut se réhabiliter et se perfectionner par la vertu. L'homme, ennobli par l'exercice de la vertu, s'élève jusqu'à la société des purs Esprits, après s'être dépouillé de son enveloppe terrestre. Les Esprits gardiens sont en quelque sorte les aides de camp de l'empereur; ce n'est que grâce au secours efficace qu'ils lui prêtent, que l'empereur parvient à dompter les mauvais Esprits et leurs alliés terrestres, les criminels (Mémoires des miss., t. IX, p. 106).

Les *Ssé-Chou*, ou les quatre livres moraux des disciples de Confucius parlent dans le chapitre XVI du premier livre, des Esprits qui sont répandus comme les flots de l'Océan au-dessus de nous; ils sont cause que les hommes se purifient pour offrir *des sacrifices* (Notes et Extraits des manuscrits, t. X, p. 321).

Selon le paragraphe 489 du livre des récompenses et des peines, les Esprits se promènent en tout lieu; il ne faut pas dire : «La nuit est obscure et personne ne le saura ce «que je fais.»

Le paragraphe 1er dudit livre des récompenses et des peines dit que les actions bonnes ou mauvaises font une impression sur les Esprits célestes. Ceux-ci envoient aux hommes, suivant la nature de leurs actions, une récompense ou un châtiment.

Le paragraphe 516 dudit livre dit que l'homme vertueux est récompensé au bout de *trois ans;* mais, si l'homme vicieux ne se corrige pas au bout de mille jours, les Esprits le punissent, croyant qu'il ne changera plus.

Suivant le paragraphe 512, les bons Esprits accompagnent l'homme, si son cœur forme une bonne intention, quoiqu'il n'ait pas encore fait le bien; mais, si le cœur de l'homme forme une mauvaise intention, quoiqu'il n'ait pas encore fait le mal, les mauvais Esprits l'accompagnent. Un homme, voulant se venger de l'ingratitude d'un autre, alla pour le tuer, *mais, voyant qu'une troupe de démons le suivait, il renonça à ce projet, effrayé par cette apparition funeste; soudain les démons disparurent, et il vit un nombre considérable de bons Esprits.*

Selon le paragraphe 124 jusqu'au paragraphe 129, les démons s'éloignent de l'homme vertueux, et les Esprits célestes l'entourent, le défendent et contribuent au succès de ses entreprises.

Suivant le paragraphe 480 de ce livre intéressant, nous ne sommes pas seulement entourés des Esprits et des démons, mais il y a trois Esprits, qui sont même au dedans de notre corps, et qui nous surveillent assidûment. Durant notre sommeil, ces Esprits, qui habitent dans les trois régions de notre corps, montent au palais du ciel, pour y raconter nos pensées et nos actions.

L'*Esprit du foyer,* qui habite dans l'intérieur de notre

maison, enregistre toutes nos actions, et en rend un compte exact au ciel, le dernier jour de la lune.

Le paragraphe 502 dit que cet *Esprit du foyer*, qui préside à la vie de l'homme qu'il surveille, inscrit tous ses péchés et ses crimes, et, suivant qu'ils sont graves ou légers, il retranche des périodes de douze ans ou de cent jours de la vie de l'homme; quand le nombre de jours est épuisé, l'homme meurt, et si, au moment de sa mort, il lui restait encore quelque faute à expier, il faut descendre le malheur sur ses fils ou ses petits-fils.

Selon le paragraphe 481, il est défendu de danser le premier jour de la lune, parce que c'est au dernier jour de la lune que l'*Esprit du foyer* monte au ciel, et va faire connaître le mérite et la faute des hommes. Quand ces jours sont arrivés, tous les hommes doivent examiner leurs fautes et redoubler de vigilance sur eux-mêmes. Pendant *cinq jours de l'année*, c'est-à-dire, le *premier jour du premier mois de l'année*, le *cinquième jour du cinquième mois*, le *septième jour du septième mois*, le *premier jour du dixième mois*, et le *troisième jour du douzième mois*, les Esprits du ciel jugent les fautes et les crimes des hommes, et le ciel permet aux âmes de nos ancêtres de retourner dans leurs anciennes demeures, pour y recevoir des offrandes funèbres.

Le paragraphe 491 dit qu'aux *huit époques*, appelées *Pa-tsie* (le 4 février, le 21 mars, le 6 mai, le 21 juin, le 8 août, le 23 septembre, le 8 novembre et le 22 décembre), c'est-à-dire, aux changements des diverses saisons, il ne faut pas infliger des supplices à quelqu'un, parce qu'à chacune de ces époques, *In* et *Iang* se succèdent mutuellement dans la nature, et un changement analogue s'opère dans le corps humain. A ces époques, les Dieux rendent leurs décisions sur les peines ou les récompenses des hommes; si donc l'on inflige alors des supplices, on allume infailliblement la colère du ciel.

Suivant le paragraphe 485, les Esprits font quelquefois mourir peu à peu les femmes et les enfants d'un homme, pour le punir d'avoir acquis injustement une grande fortune.

Selon le paragraphe 345, il y a des *apparitions des morts* qui font découvrir *les criminels* qui ont été les auteurs de leur mort prématurée. Un trésorier, suffoqué au milieu de son sommeil, apparaît en songe au gouverneur de son district, et lui raconte l'attentat odieux dont il a été victime; il le prie de le venger, en lui indiquant les moyens de découvrir les coupables.

Les apparitions des Esprits furent très-fréquentes, surtout dans la haute antiquité, selon les anciennes traditions sacrées de la Chine. Les bons Esprits et les Génies se manifestent souvent aussi en songe, pour instruire les sages et les hommes vertueux. C'est une faveur du ciel que de les voir et de nouer des relations avec eux. C'est pour cette raison que, suivant le *Lun-Yu* (liv. Ier, chap. VII, §. 5), le philosophe (Confucius) dit: «*Combien je suis déchu de moi-* «*même! Depuis longtemps je n'ai plus vu en songe Tcheou-* «*Koung.*»

Les paragraphes 296 et 297 du livre des récompenses et des peines racontent la mort subite d'un matérialiste effrayé par l'apparition d'un Esprit, qui s'est manifesté pour le convaincre de la réalité du monde surnaturel. Nous en avons parlé dans le chapitre XV, traitant de l'immortalité de l'âme.

On sait que chez les Indiens les mânes des ancêtres sont les Esprits gardiens de leurs descendants. Quant aux Perses, ils admettent même des Anges gardiens femelles (*Féroüès*). Les démons des Grecs, qui correspondent aux Schen des Chinois, sont des Esprits gardiens des mortels. De même que les Schen, les démons observent les bonnes et les mauvaises actions des hommes; ils sont le lien nécessaire entre les dieux et les hommes. Les Génies invisibles président à la divination; ils excitent l'enthousiasme. Les oracles cessent quand leurs Génies les abandonnent.

Hésiode (*Op. et dies*, 121, etc.; Plutarque, d'Isis et d'Osiris, traduct. française de Ricard, V, 344), Pythagore (Diog. Laërt., VIII, 32), Pindare (Pyth. III, 109), Platon (Phædon, §. 147, p. 389; Conviv., §. 28, p. 72, édit. Bekker) et Empédocle (Plutarque, d'Isis et d'Osiris; Ricard V, 344, et Ricard II, 433) croient que les Génies veillent sur les hommes. Pindare attribue *à chaque homme* un Génie ou un démon (Olymp. XIII, 105). Chaque homme en a un qui préside à sa destinée, témoin le fameux démon de Socrate. Empédocle en suppose même deux. (Plutarque, trad. Ricard, tome II, p. 433.)

Les démons étaient des Génies protecteurs selon l'opinion presque unanime des anciens Grecs. Il n'y a que les Épicuriens qui en nièrent l'existence. (Plutarque, *De placit. philos.* I, 8.)

Pindare parle des démons qui président à la naissance des hommes (Olymp. XIII, 105, etc.). On sait que Clemens Alexandrinus (Strom. I et III) prétend que l'âme est conduite par l'un des anges qui président à la procréation dans le ventre de la mère.

Au surplus, les *démons* n'étaient pas non-seulement les protecteurs d'*êtres individuels* tels que les hommes, mais ils veillaient encore sur les *contrées*, les *villes* et les *peuples*. Il y avait des *Génies*, des *Nymphes* et des *Héros* qui présidaient à la destination des villes. Sparte, Thèbes, etc., en avaient de ces Nymphes protectrices (Pausanias II, *cap. 16,* §. 3). Tous ces Génies protecteurs étaient invoqués comme les divinités des villes et des contrées qu'ils gardaient. En général, les Génies et les Héros intercédaient auprès des dieux plus puissants qu'eux, ainsi que le faisaient les saints du moyen âge (Pausanias, VIII, *cap.* 13). On se supposait, en effet, dans l'antiquité, entouré de toutes parts par des êtres surnaturels qui se manifestaient à l'homme de différentes manières.

Quant aux Romains, on connaît leurs *Lares* et leurs *Pénates*, ces dieux protecteurs et Esprits gardiens par excellence.

CHAPITRE XXIII.
Inspiration.

L'*inspiration* fut, selon l'opinion unanime de l'antiquité, l'œuvre de Dieu et du monde surnaturel des Esprits. La Bible, l'Inde, la Chine, la Perse, l'Égypte, la Grèce et Rome sont d'accord sur ce sujet.

L'inspiration est, selon Pythagore, une *suggestion des Esprits* qui nous révèlent l'avenir et les choses cachées. (Diog. Laërt., VIII, 32.)

La langue est même, suivant ce penseur profond, l'œuvre de l'inspiration. (Diog. Laërt., VIII, 20. Τοὺς δέ λόγοῦς ψυχῆς ἀνέμους ἕιναι.)

Suivant Platon (Phædon, 244, 264), *l'inspiration est l'œuvre et la source de tout ce qui est sublime et beau dans l'homme.* Le poëte ne saurait faire des vers, ni le prophète prédire des événements futurs, s'ils n'étaient pas inspirés; il faut qu'ils passent dans un état supérieur, où leur horizon intellectuel est agrandi par la lumière surnaturelle. (Platon, Dialogues d'Io et de Menon.)

La véritable philosophie même est l'œuvre de l'inspiration, à l'aide de laquelle l'homme entre, au moyen de sa conscience (συνείδησις, *conscientia*), en relation avec le monde surnaturel des principes invisibles. (Platon, Phileb. 63.)

Suivant Plutarque (d'Isis et d'Osiris, trad. Ricard V, 395), Platon et Aristote donnent à cette partie de la philosophie le nom d'*Epoptique* (c'est-à-dire, intuitive), au moyen de laquelle on parvient au plus haut point de perfection où la philosophie puisse conduire, en s'élevant au-dessus du mélange confus d'opinions de toutes espèces jusqu'à ce premier Être dont l'essence est simple et immatérielle; mais cette perception de l'Être pur, saint et intelligible est comme un éclair rapide qui frappe un instant notre âme, et ne lui laisse apercevoir et saisir qu'une seule fois l'*Absolu.* On connaît le principe d'intuition intellectuelle qu'au commencement de notre siècle Schelling *a voulu établir, pour parvenir également à la connaissance de l'Absolu*, bien que ce philosophe allemand n'ait pas compris la haute portée de la véritable contemplation intellectuelle.

Anaxagoras croit également que l'inspiration est l'œuvre des Esprits et des dieux. (Diog. Laërt., II, 6.)

Selon Homère déjà, le *songe*, à plus forte raison, l'*inspiration*, provient du ciel. En effet, durant le sommeil déjà, l'inspiration conduit l'âme dans le pays des songes, jusqu'aux bords du monde des Esprits. De là les termes grecs : θεόπνευστος, ἐμπνευστος, πεπνεύμενος, dérivés du verbe πνέειν ; de là les termes latins : *Inspiratio, spiritu divino instinctus* (Livius V, 15), *afflatus numine, afflatus Dei* (Cicéron, *Arch.* 8). On compare l'influence qu'exerce l'esprit de Dieu sur l'esprit de l'homme au souffle de la respiration animale. Suivant Cicéron (*De natura Deorum*, II, 66), c'est du souffle divin que provient toute vie spirituelle.

Le caractère essentiel de l'inspiration consiste dans une fougue irrésistible. De là les termes grecs : Μανία, ὁρμή, κατέχεσθαι ἐκ θεοῦ φέρεσθαι ; de là aussi les expressions latines : *furor divinus, corripi, agitari Deo.*

La Bible indique nettement *cette fougue irrésistible de l'inspiration.* S. Matthieu (IV, 1) dit : « *Jésus fut emmené par* « *l'Esprit au désert, pour y être tenté par le diable.* »

Selon S. Marc (I, 12), l'*Esprit le poussa* à se rendre dans « un désert. » Suivant S. Luc (IV, 1), « Jésus fut mené par la « vertu de l'Esprit au désert. »

Suivant les Actes des Apôtres (XVIII, 3), « Paul, *étant* « *poussé par l'Esprit*, témoignait aux Juifs que Jésus était « le Christ. »

L'inspiration surprend et entraîne l'esprit de l'homme, dominé par une influence occulte et étrangère; *de là le caractère passif de l'homme inspiré*, que la Bible reconnaît également.

Suivant S. Matthieu (X, 20), Jésus dit aux apôtres : « *Ce
« n'est pas vous qui parlez, mais c'est l'Esprit de votre
« Père qui parle en vous.* »

Selon S. Marc (XIII, 11), Jésus dit de même aux apôtres :
« Quand ils vous mèneront pour vous livrer, ne soyez point
« auparavant en peine de ce que vous aurez à dire, et n'y
« méditez point ; mais *tout ce qui vous sera donné à dire en
« ce moment-là, dites-le, car ce n'est pas vous qui parlez,
« mais le Saint-Esprit.* »

Suivant S. Luc (XII, 12), le Christ dit également : « *Le
« Saint-Esprit vous enseignera dans ce même instant ce
« qu'il faudra dire.* »

Les Actes des Apôtres disent (XI, 28) : « Agabus s'éleva
« et *déclara par l'Esprit,* qu'une grande famine devait arri-
« ver dans tout le monde ; et, en effet, elle arriva sous
« Claude César. »

Selon les Actes des Apôtres (XIX, 21) : « Paul *se proposa
« par l'Esprit* de passer par la Macédoine, etc. »

L'Épître aux Romains (VIII, 14) dit : « *que tous ceux qui
« sont conduits par l'Esprit de Dieu, sont enfants de Dieu.* »

La deuxième Épître de S. Pierre (I, 31) déclare nettement que « *la prophétie n'a point été autrefois apportée par
« la volonté humaine ; mais les saints hommes de Dieu
« étant poussés par le Saint-Esprit, ont parlé.* « Or, suivant
S. Luc (I, 70), « *les saints prophètes ont été de tout temps.* »

Suivant les Actes des Apôtres (XX, 22), S. Paul *étant lié
par l'Esprit,* dit : « Je m'en vais à Jérusalem, ignorant les
« choses qui m'y doivent arriver. »

Les Psaumes disent également (CXLIII, 10) : « *Enseigne-*

« *moi à faire ta volonté, car tu es mon Dieu ; que ton bon*
« *Esprit me conduise comme par un pays uni.* »

Les anciens Grecs ont de même bien caractérisé la nature passive de l'homme inspiré.

Suivant Homère (Iliade, XII, 228), les voyants et les prophètes *sont les représentants de Dieu* (θεοπρόποι); *ils servent d'instruments passifs à la volonté divine.* (Μαντεύουσιν ὥς ἐνὶ θυμῳ ἀθάνατοι βάλλουσι. (Odyss. I, 200, 201, 347; XV, 112; XXII, 346.)

Platon dit dans le Dialogue d'Io et de Menon, que ce *ne sont pas les prophètes, les voyants et les poëtes qui parlent, mais c'est Dieu qui parle par eux* (οὔχ οὗτοί εἰσιν οἱ ταῦτα λέγοντες); c'est pour cette raison qu'ils passent *pour des saints* et pour des hommes de Dieu, parce qu'ils ne songent pas à ce qu'ils disent.

Lucain, l'illustre auteur de la Pharsale nous donne une description détaillée de la fougue irrésistible de l'inspiration, et des fureurs surnaturelles des pythies, lorsqu'elles rendaient des oracles. Nous citons les versets 71-223 de ce poëte d'après la traduction de Philarète Chasles et de Greslon (p. 342, etc.) :

« Lorsque le commandement de la république fut décerné
« à Pompée, Appius n'osant affronter les hasards d'une lutte
« incertaine, alla consulter *l'oracle de Delphes :* à une dis-
« tance égale du couchant et de l'aurore, s'élancent dans les
« airs les deux cîmes du Parnasse, montagne chère à Apol-
« lon et à Bacchus dont les Ménades thébaines confondent le
« culte dans les fêtes triennales qu'elles viennent célébrer à
« Delphes.…

« Quelle Divinité se cache en ce lieu? Quel Dieu, possédant

« tous les mystères du monde éternel et les secrets de l'ave-
« nir, se résigne au séjour de la terre, toujours prêt à se
« révéler aux mortels et à souffrir le contact de l'homme;
« également admirable et puissant, soit qu'il révèle seule-
« ment la destinée, soit qu'il la détermine par sa parole?
« Quoi qu'il en soit, *dès que le souffle divin est entré dans*
« *le sein virginal de la prêtresse*, il ébranle avec un bruit
« terrible cette âme humaine; il fait éclater la bouche de la
« prophétesse, comme la flamme déchire en bouillonnant le
« cratère de Sicile.... Le dieu se montre accessible à tous,
« et ne refuse à personne ses oracles; *seulement il ne se*
« *rend jamais complice des passions humaines*. Il n'est point
« permis de venir dans son temple murmurer à voix basse
« de coupables vœux; car, annonçant l'ordre fixe et im-
« muable des destins, il n'accorde rien aux prières de
« l'homme....

« *Le plus grand malheur de notre siècle, c'est d'avoir*
« *perdu cet admirable présent du ciel. L'oracle de Delphes*
« *est muet, depuis que les rois craignent l'avenir et ne*
« *veulent plus laisser parler les dieux*.... Ainsi dormaient
« les trépieds depuis longtemps immobiles, quand *Appius*
« vint troubler ce repos et demander le dernier mot de la
« guerre civile.... Sur les bords des sources de Castalie, au
« fond des bois solitaires, se promenait, joyeuse et sans
« crainte, la jeune *Phémonoée :* le pontife la saisit et l'en-
« traîne avec force vers le sanctuaire. Tremblante et n'osant
« toucher le seuil terrible, elle veut, par une ruse inutile,
« détourner Appius de son désir ardent de connaître l'ave-
« nir.... On reconnaît cette ruse, et la terreur même de la
« prêtresse *fait croire à la présence du dieu qu'elle avait*

« *nié*. Alors elle noue ses cheveux sur son front, et enferme
« ceux qui flottent sur ses épaules d'une bandelette blanche
« et d'une *couronne de laurier de la Phocide*. Mais elle hésite
« encore et n'ose avancer; alors le prêtre la pousse violem-
« ment dans l'intérieur du temple.... La vierge court vers le
« trépied redoutable; elle s'enfonce dans la grotte et s'y
« arrête pour recevoir à regret dans son sein *le dieu que lui*
« *envoie le souffle souterrain, dont les siècles n'ont point*
« *épuisé la force*. Maître enfin du cœur de sa prêtresse,
« Apollon s'en empare.... Furieuse et hors d'elle-même, la
« prêtresse court en désordre à travers le temple, agitant
« violemment sa tête qui ne lui appartient plus; ses cheveux
« se dressent; les bandelettes sacrées et le laurier prophé-
« tique bondissent sur son front; elle renverse le trépied
« qui lui fait obstacle dans sa course vagabonde; elle écume
« dans l'ardeur qui la dévore : *ton souffle brûlant est sur elle,*
« *ô Dieu des oracles!* Le tableau qui se déroule devant elle,
« est immense; tout l'avenir se presse pour sortir à la fois,
« et les événements se disputent la parole prophétique; le
« premier et le dernier jour du monde, la mesure des mers
« et le nombre des grains de sable, *tout se présente à la*
« *fois*. « *Tu échapperas*, dit-elle, aux dangers de cette guerre
« « funeste, et seul tu trouveras le repos dans un large val-
« « lon sur la côte d'*Eubée*. » Le sein de la Pythonisse vient
« heurter la porte du temple qui cède à son effort; elle
« s'échappe; mais sa fureur prophétique n'est pas encore
« apaisée : elle n'a pas tout dit, *et le dieu resté dans son sein*
« *la domine toujours*. C'est lui qui fait rouler ses yeux dans
« leurs orbites, et lui donne ce regard farouche et égaré;
« son visage n'a point d'expression fixe : la menace et la peur

« s'y peignent tour à tour : une rougeur enflammée le colore
« et succède à la pâleur livide de ses joues, pâleur qui inspire
« l'effroi plutôt qu'elle ne l'exprime. Son cœur battu de tant
« d'orages ne se calme pas encore, mais il se soulage par de
« nombreux soupirs semblables aux gémissements sourds
« que la mer fait encore entendre quand le vent du nord a
« cessé de battre les flots. *Dans son passage de cette lumière*
« *divine* qui lui découvre l'avenir *à la lumière du jour, il*
« *se fit pour elle un intervalle de ténèbres. Apollon versa*
« *l'oubli dans son cœur pour lui ôter les secrets du ciel ;* la
« science de l'avenir s'en échappe et la prophétesse retourne
« aux trépieds fatidiques. Revenue à elle-même, la malheu-
« reuse vierge tombe expirante. »

On voit donc que *les pythies grecques ;* comme nos *somnambules* et *extatiques modernes* ne prophétisaient et ne
rendaient leurs oracles, qu'*en passant de l'état normal à un
état surnaturel.* Les pythies oubliaient, comme nos somnambules magnétiques et *artificielles*, ce qu'ils avaient vu,
entendu et dit pendant leur extase. La lucidité de la pythie
fut généralement provoquée par les moyens artificiels de la
magie ; *de là l'oubli au réveil* comme chez la plupart des
somnambules magnétiques ; il n'en est pas de même lorsque
la lucidité est spontanée ; l'extatique naturel, le voyant spon-
tané conserve généralement le souvenir de tout ce qu'il a
vu durant son état extatique.

Ces citations suffisent pour nous démontrer que *les anciens seuls,* et principalement la *Bible, Homère, Pythagore*
et *Platon,* savaient bien ce que c'est que l'inspiration et
l'extase, tandis que nos prétendus philosophes modernes,
pour qui le monde surnaturel n'est qu'une lettre morte ou

un x absolument inconnu, croient que l'inspiration est un état purement interne et subjectif; nos *pseudophilosophes* ne devinent pas la cause objective et surnaturelle de cet état sublime. *Les magnétiseurs fluidistes* sont tombés dans une erreur non moins grossière : voyant que le magnétisme animal donne lieu souvent aux phénomènes de la lucidité somnambulique, ils croyaient que ces phénomènes merveilleux n'étaient qu'un simple échauffement du cerveau, à l'aide d'un prétendu *fluide magnétique, dont on n'a jamais pu prouver la réalité.* Les disciples de Mesmer ont pris l'extase et l'inspiration pour une simple *exaltation cérébrale*, produite par l'addition des forces vitales de deux êtres dans un seul individu. Les *Mesmériens* n'ont pas remarqué que le magnétisme n'est qu'un simple moyen soporifique pour engourdir les sens, tels que l'*opium*, le *chloroforme*, l'*éther*, le *soma des Indiens*, et tous les autres moyens de la magie, pour parvenir à la lucidité artificielle. Il en fut de même dans l'Égypte ancienne des exhalaisons de *kyphi* (parfum composé de seize ingrédients différents) qui agissait puissamment sur l'imagination, le siége des songes, en la rendant plus claire et plus pure. Ces exhalaisons ne furent, suivant Plutarque (d'Isis et d'Osiris, Ricard, V, 399), pas moins efficaces que les *sons de la lyre, auxquels les Pythagoriciens avaient coutume de s'endormir.* Tous ces moyens soporifiques ne peuvent *pas produire la lucidité; ils ne font que la préparer en renversant les obstacles qui proviennent de l'influence du monde matériel.* Ces moyens engourdissent les sens et interrompent par conséquent les rapports de l'âme avec le monde matériel. Or, l'âme isolée et délivrée du joug des impressions matérielles à l'aide des sens, devient plus apte à subir l'influence du monde surnaturel. Néanmoins, avant qu'un génie invisible soit parvenu à s'emparer de l'âme d'un homme, le rapport de l'âme avec le monde supérieur des Esprits est très-imparfait. De là, le désordre et la confusion la plupart du temps dans la série des idées et des événements dans les songes, dans le *noctambulisme* et dans *le somnambulisme inférieur ou non inspiré*. Certes, l'âme est affranchie des bornes ordinaires du temps et de l'espace; elle jouit déjà pleinement des facultés merveilleuses, inhérentes à sa nature, telles *que la vue à distance, la vision à travers les corps opaques,* le reflet des pensées, etc.....; mais ce qui lui manque, c'est la *boussole divine*, c'est l'influence d'en haut, qui seule puisse la vivifier. Le sage *Salomon* a bien caractérisé cette phase du développement des facultés de l'âme humaine, pour parvenir à la véritable inspiration. Il dit dans les Proverbes (XVI, 1): *Les* « *préparations du cœur sont à l'homme; mais le discours de* « *la langue est de l'Éternel.* » En effet, tant que l'âme n'est pas encore inspirée, toutes les belles facultés dont elle a la possession entière, sont plus ou moins stériles; l'influence de deux mondes s'entre-croise encore, grâce à l'imagination et à la mémoire, malgré l'isolement qui ne peut jamais être complet, tant que l'âme n'est pas tout à fait délivrée des liens du corps par la mort. Les fonctions chimiques et physiques du corps et l'écho du monde matériel arrêtent l'âme dans son vol sublime vers la région des purs Esprits et des causes invisibles. *Tout change soudain, lorsqu'un bon génie s'empare de l'âme;* le calme renaît dans le cœur, l'équilibre de toutes les facultés intellectuelles et morales est rétabli; *l'âme se dépouille des illusions terrestres et parvient à la vé-*

ritable contemplation divine. Au reste, plus les relations de l'âme humaine avec les Esprits deviennent plus intimes, plus ces rapports durent, *plus les manifestations des Esprits deviennent directes, matérielles et palpables.*

Le corps du voyant ou de l'extatique commence même à ressentir l'influence du monde surnaturel et à participer aux phénomènes spirituels. Les visions sont même aperçues par les sens grossiers et externes à l'état de veille ordinaire. C'est alors qu'un état plus étrange et peut-être plus merveilleux que l'état extatique du voyant, se révèle. Un génie invisible s'empare du corps d'un voyant ou d'une personne sensible, sans en déloger l'âme, sans même l'inspirer ou l'entraîner dans un état supérieur. L'âme de l'homme, au contraire, conserve ses pensées et sa manière de voir, de sorte *que deux âmes, dont les pensées diffèrent, animent* passagèrement le même corps; pourtant le corps subit bientôt plus l'*influence supérieure du pur Esprit,* bien que ce *génie invisible* soit loin de vouloir dompter l'âme en même temps que le corps, comme dans les phénomènes de l'obsession et de la possession. L'*Esprit surnaturel laisse donc dans cet état à l'âme de l'homme sa liberté pleine et entière, et n'aspire qu'à se servir de son bras sans intelligence* pour exprimer ses idées. Les personnes qui se trouvent dans cet état étrange sont appelées de nos jours *Médium,* parce qu'elles servent d'intermédiaire à ceux qui veulent communiquer avec les Esprits. Le *médium* est un instrument d'autant plus docile qu'il met au service de son hôte passager de l'autre monde seulement son corps et principalement son bras, pour exprimer par *écrit* les pensées du génie invisible. Le *medium* n'est qu'une main obéissante, un instrument tout à fait passif, dirigé par les Esprits comme les tables et d'autres objets inertes et inanimés, pour manifester leur présence et pour exprimer leurs idées. Le médium n'est que l'écho d'un pur Esprit, qui envahit son corps momentanément. Les anciens ont connu cet état absolument passif. Homère (Iliade, XII, 228) *parle de ceux qui servent d'instruments passifs à la volonté divine;* il en est de même de Platon, dans le dialogue déjà cité d'Io et de Menon; néanmoins, il n'y a que *la Bible* qui nous démontre nettement dans le récit de la tentation de Jésus dans le désert, la différence entre l'état de *médium et l'inspiration. Jésus fut amené ou poussé par l'Esprit dans le désert;* il était inspiré par le Saint-Esprit; le diable ne pouvait nullement l'influencer, ni moralement, ni spirituellement; pourtant le tentateur infernal remua et transporta le corps de Jésus dans un autre lieu. S. Matthieu dit (chap. IV, 5 et 6) : «le diable le transporta dans *la sainte ville, et le mit sur le* «*sommet du temple*» (bien que le Saint-Esprit l'eût amené dans le désert). Et le diable lui dit : «Si tu es le fils de Dieu, «jette-toi en bas.»

S. Luc dit également (chap. IV, 9) : «Le diable l'amena «aussi à *Jérusalem* et le mit sur la *balustrade du temple,* et lui dit : Si tu es le Fils de Dieu, jette-toi d'ici en bas.»

CHAPITRE XXIV.
L'extase chez les Indiens.

Le *Yoga-Sâstra de Patandjali*, dans le quatrième chapitre, est un traité de l'extase et de la magie. Ce livre est plein d'enseignements et de directions pour développer les facultés somnambuliques.

Le deuxième chapitre de la troisième lecture de Brâhma-Soutra (III, 2, §. 1-4) traite des quatre états ou conditions de l'âme, revêtue d'un corps grossier, savoir : l'*état de veille normal*, l'*état de rêve*, le *profond sommeil* et l'*extase;* on y comprend également l'évanouissement et la stupeur, qui sont intermédiaires entre le profond sommeil et la mort.

Dans l'*état de rêve*, qui est intermédiaire entre l'état de veille et de profond sommeil, il s'opère un cours fantastique d'événements, une création illusoire, qui, cependant, témoigne de l'existence d'une âme qui en a la conscience.

Dans le *profond sommeil*, l'âme s'est retirée au sein de l'âme suprême par la voie des artères du *péricardium*. Durant la période du profond sommeil, l'âme est passagèrement réunie avec l'Être suprême, auquel elle se joint, d'une manière permanente, à l'époque de son émancipation finale. Cette *unification* n'est pas une *absorption ou discontinuation de l'individualité*, mais une apathie complète, à laquelle les Saints aspirent par la pratique de la mortification et par l'acquisition de la véritable science.

L'*extase* ou l'*état de calme profond* (*Nirwana* ou *Anandâ*) est le suprême bonheur auquel l'Indien aspire. En cela le *Djina* (*Gymnosophiste*), aussi bien que le *Bouddhiste*, s'accorde avec l'*orthodoxe Védantin*.

Dans l'*extase la plus élevée*, l'homme parvient à l'intuition intellectuelle pure ; il peut prévoir la destinée réservée aux morts, conformément à leur degré de perfection dans l'autre monde. L'agrandissement futur de notre être, le perfectionnement progressif de nos facultés dans une série d'existences, dont l'état terrestre n'est que le prélude, est constaté par le pouvoir transcendant du *Yogui*. Les lois de Manou (liv. VI, §. 73) disent, concernant le *Yogui extatique* : « En se livrant à la méditation la plus abstraite, qu'il
« observe la marche de l'âme à travers les différents corps,
« depuis le degré le plus élevé jusqu'au plus bas. »

Les poëtes indiens, dans le *Ramayana* et dans le *Makabharata*, attribuent à un grand nombre de religieux ou d'*Anachorètes ascétiques* (*Yogui* et *Sanjasi*) la faculté de voir à travers les corps opaques, de deviner la pensée d'autrui, de prédire les événements futurs, etc.

Selon la quatrième lecture de *Brâhma-Soutra* (chap. IV), *un Yogui extatique*, possesseur des facultés surhumaines et transcendantes, n'est sujet au contrôle d'aucun autre être ; il peut, à son choix, être investi d'un ou de plusieurs corps, ou bien être *dépourvu d'une forme corporelle* (en se rendant invisible ?) ; maître *de plusieurs corps par le simple acte de sa volonté, le Yogui n'en occupe qu'un seul, laissant les autres inanimés comme autant de machines de bois. Le Yogui extatique peut animer plusieurs corps de la même manière, qu'une simple lampe peut alimenter plus d'une mèche.*

Le philosophe Kanada admet la transposition des sens, la faculté de voir par le nombril, etc. (Pauthier, Essai sur la philosophie des Hindous, traduit de l'anglais de Colebrooke, 170, etc.)

Il y a une analogie frappante entre ces tours extraordinaires des *Yogui's* et les phénomènes de la magie, réhabilitée de nos jours, grâce aux efforts de MM. d'Ourches et du Potet.

Sankara dit, dans l'*Atma-Bodha* (art. 40) : « Celui qui « comprend l'invisible essence, ayant rejeté l'idée de formes « et de distinctions, existe dans l'Être universel *vivant* et « *heureux*. » Le même penseur y ajoute (art. 41) ce qui suit :

« Absorbé dans ce grand Esprit, *il n'observe pas la dis-* « *tinction de percevant, perception et objets perçus*. Il con- « temple une *existence infinie, heureuse*, qui est rendue « manifeste par sa propre nature. » De là la physionomie rayonnante de l'extatique. Le *Yogui* contemple toutes choses comme demeurant en lui-même, et ainsi, par l'œil de la connaissance, il perçoit que toute chose est esprit. L'*esprit est le seul être qui existe véritablement*. (*Atma-Bodha*, art. 47.)

Le *Yogui* parvient déjà durant cette vie à une libération, à une délivrance incomplète et restreinte. (Moukti, *Brâhma-Soutra IV, 4, §. 7.*)

Le but de l'âme c'est sa délivrance des liens terrestres, selon toutes les sectes de l'Inde.

Suivant les *Djina's* (*Gymnosophistes*), l'âme parvient à la délivrance ou à la perfection au moyen d'une profonde abstraction ou concentration de la pensée et de la volonté

(*Yoga-Siddha*) et d'une extase contemplative ou d'une intuition purement intellectuelle. Cette délivrance est obtenue par une connaissance ou science droite et par la doctrine et les observances religieuses. *L'œuvre de la délivrance est une ascension continuelle de l'âme,* résultant de sa tendance naturelle à s'élever en haut, bien qu'elle soit retenue en bas par les liens corporels.

Le sixième livre des lois de Manou, qui traite des devoirs de l'anachorète et du dévot ascétique, indique de nombreux moyens pour parvenir à la délivrance.

Suivant le paragraphe 75 dudit livre, on parvient ici-bas au but suprême, qui est de s'identifier avec Brâhme, en ne faisant point de mal aux créatures, en maîtrisant ses organes, en accomplissant les devoirs pieux prescrits par les Védas, et en se soumettant aux pratiques de dévotion les plus austères.

Les paragraphes 80, 81 et 82 du sixième livre des lois de Manou disent de même ce qui suit : « Lorsque, par sa « connaissance intime du mal, l'homme devient insensible à « tous les plaisirs des sens, alors il obtient *le bonheur dans* « *ce monde et la béatitude éternelle dans l'autre.* S'étant de « cette manière affranchi par degrés de toute affection mondaine, devenu insensible à toutes les conditions opposées, « comme l'honneur et le déshonneur, il est absorbé pour « toujours dans Brâhme. » (On sait que *Brâhme*, comme nom neutre, est l'*Éternel*, et *Brâhma* est ce même Dieu se manifestant comme créateur.)

« Tout ce qui vient d'être déclaré s'obtient par la *médita-* « *tion de l'essence divine ;* car aucun homme, lorsqu'il ne

« s'est pas élevé à la connaissance de *l'âme suprême*, ne « peut recueillir le fruit de ses efforts. »

La connaissance est ou *spirituelle* et *intérieure*, ou *temporelle* et *extérieure*. La connaissance extérieure ou temporelle comprend l'étude de la sainte écriture et de la nature externe, *mais la connaissance intérieure ou spirituelle seule* donne la connaissance de soi-même, (le fameux γνῶθι σεαυτόν de Chilon), en distinguant l'âme de la nature, et opérant ainsi la délivrance de l'âme du corps et des sens. Ce n'est que par l'acquisition de la science au moyen de l'étude des principes, que l'on apprend la vérité définitive. Au reste, suivant Sankara (Atma-Bodha, art. 47), la vertu, c'est-à-dire la direction droite des organes par l'âme, favorise l'ascension de l'homme vers la région supérieure; *le mode le plus prompt d'obtenir la béatitude dans la contemplation absorbée,* par laquelle la délivrance de l'âme va s'accomplir, *c'est la dévotion à Dieu.*

L'âme parvenue, grâce à la pratique magique des Yoguis à l'état de pur esprit, ne prononce que le fameux monosyllabe *Aum* (nom mystique de Dieu), absorbée qu'elle est dans la méditation de l'âme suprême. La répétition de ce monosyllabe, en méditant en même temps sur sa signification, fait surtout partie de la dévotion d'un Yogui. Selon les Maheswaras et Pasoupatas (écoles de philosophie dualistes), l'abstraction et la persévérance dans la méditation de la syllabe *Aum*, l'extase et la profonde contemplation de l'excellence divine délivrent déjà ici-bas du mal et des biens corporels.

La secte de Bouddha admet également *l'extase contemplative,* l'abstraction mentale comme l'état le plus parfait, comme un état heureux d'imperturbable *apathie*. *Cette apathie parfaite* est le bonheur suprême et nécessaire pour élargir d'une manière infinie *les facultés humaines*.

La pratique des Yogui's fut cruelle et bizarre (comme le *Schamanisme*); en retenant l'haleine, ils serraient leurs membres comme une tortue; ils boivent le Soma, qui se compose du jus de cette plante, mêlé au lait caillé. (Dubois, Mœurs, institutions, etc., des peuples indiens, t. II, p. 271.)

Suivant les lois de Manou (IV, §. 24), il y en a qui sacrifient constamment leur respiration *dans leur parole*, en récitant la sainte écriture au lieu de respirer, et leur parole *dans la respiration*, en gardant le silence, trouvant ainsi dans leur parole et dans leur respiration la récompense éternelle des oblations.

CHAPITRE XXV.
L'extase mystique chez les Chinois et chez les Perses.

La doctrine des Indiens, concernant l'extase et l'unification mystique, se retrouve chez les Chinois et chez les Sofis des Perses. (Tholuck, *Suffismus*, Berlin, 1821.)

On remarque une analogie entre les idées de Patandjali et la doctrine de l'école de Tao, dont Laotseu est le fondateur. On retrouve des idées magiques et mystiques dans le *Tao-teking* de ce sage célèbre. Laotseu dit dans le *Tao-teking* (chap. XVI), que l'extase et la quiétude parfaite, le *non-agir corporel est la réunion à l'Être suprême,* dont il y a *deux degrés,* c'est-à-dire *la réunion simple, qui consiste à voir les choses en Dieu, et à renoncer à toute autre puissance que celle de Dieu. Le second degré de l'unification* ou *la réunion de la réunion* consiste à s'anéantir totalement, *et à se passer de tout, excepté de Dieu.* (Notices et extraits des Manuscrits orientaux, t. X et XII, contenant les deux savants Mémoires de Sylvestre de Sacy.)

L'intime ressemblance des *Sofis* des *Perses* et des *Derviches mystiques* chez les Musulmans avec les *Yoguis des Indiens* prouve que leurs doctrines sont bien anciennes. Le but auquel les Sofis tendent comme tous les mystiques, c'est une union parfaite avec Dieu, ou plutôt *une absorption morale* de leur volonté dans la divinité. On ne parvient à cette absorption qu'en contractant peu à peu et par degrés l'habitude de renoncement à soi-même, d'une indifférence parfaite à toutes les choses extérieures et de l'abnégation de toute affection et de toute volonté propre. Celui qui aspire à cette perfection, ne peut y arriver que par des efforts soutenus et réitérés; il est déjà censé avoir fait de grands progrès, quand il éprouve de temps à autre une sorte de quiétude plus ou moins parfaite, dans laquelle, s'oubliant lui-même plus ou moins complètement, *il se trouve disposé à recevoir les lumières surnaturelles que la divinité fait briller à ses yeux,* et à contempler l'Être suprême, qui, soulevant pour un moment, quoique dans des degrés divers, les voiles qui le dérobent à la vue des mortels, se laisse apercevoir à lui, mais comme un éclair auquel succède bientôt une nouvelle obscurité. Il y a dans cette perfection de la vie spirituelle une gradation successive d'états et de stations, qui ne se termine qu'à l'identification parfaite avec Dieu.

Les Sofis aspirant à la contemplation divine à l'aide de l'*Extase* (Not. et Extr. des Manuscrits, t. X, p. 81), distinguent surtout *deux états* ou stations principales :

1° *La réunion*, c'est-à-dire *voir Dieu dans les créatures*;

2° *La réunion de la réunion*, c'est-à-dire *voir toutes les créatures existant en Dieu*.

Les Sofis ont l'habitude de peindre leurs extases et les ravissements de l'amour divin sous les figures les plus voluptueuses. Le sofisme consiste essentiellement à s'adonner constamment aux exercices de piété, à vivre uniquement pour Dieu, à renoncer à toutes les vanités du monde, enfin à se séparer de la société, pour se livrer dans la retraite aux pratiques du culte de Dieu.

L'étymologie du nom de cette secte mystique et théosophique vient de *souf* (laine), car le plus ordinairement ils s'habillent de laine. La raison en est qu'ils affectaient, en adoptant des vêtements de laine, de se distinguer du commun des hommes qui aimaient la magnificence dans leurs habits; mais les *Sofis* se distinguent surtout des autres *par des états supérieurs et surnaturels* dont ils sont favorisés. L'essence de tout leur système consiste à *développer l'extase*, laquelle naît des combats livrés aux inclinations naturelles. Les *Sofis* et les *Derviches* ont une théologie ésotérique et mystique; ils pratiquent des devoirs religieux particuliers. L'indifférence dont ils font profession pour les religions positives, semble justifier l'horreur qu'ils inspirent aux fidèles disciples de l'islamisme. Le pouvoir surnaturel que les *Derviches* s'attribuent, ne paraît aux fidèles disciples de Mahomet qu'une méprisable jonglerie, *ou les effets d'un art diabolique*. Les combats spirituels et les méditations religieuses des

Sofis et des *Derviches* sont suivies ordinairement *du dégagement des voiles des sens et de la vue de certains mondes* qui font partie des choses de Dieu, c'est-à-dire des choses dont Dieu s'est réservé la connaissance, et dont il est impossible que l'homme, qui fait usage de ses sens, ait aucune perception. *En renonçant aux sens extérieurs, la vigueur de l'esprit, qui n'appartient* qu'à ces mondes invisibles, *s'accroît.* La méditation aide puissamment à cela, car la méditation est comme la nourriture qui donne la croissance de l'esprit. L'esprit de l'extatique ne cesse point de croître et de s'augmenter *jusqu'à ce que de science, qu'il était, il devienne présence,* c'est-à-dire *l'objet d'une connaissance immédiate et,* pour ainsi dire, *d'une intuition intellectuelle* pour celui qui est parvenu à se dégager des voiles des sens. *Dans cet état, l'âme jouit de la plénitude des facultés qui lui appartiennent en vertu de son essence* (Not. et Extr., tome XII, p. 303), et perçoit les objets par une perception immédiate, sans faire usage des organes des sens. L'âme étant parvenue à lever les voiles des sens, *reçoit les dons divins* et les faveurs spontanées de Dieu ; enfin sa nature, en ce qui concerne la connaissance exacte de ce qu'elle est, approche de l'horizon le plus élevé ; nous voulons dire, de la sphère des anges, ces êtres qui sont exempts de toute union avec la matière. L'homme obtient ainsi une perception de la véritable nature des êtres. *Ces extatiques ont souvent la connaissance de l'avenir;* c'est-à-dire, des événements, avant qu'ils arrivent ; ils disposent par l'influence de leurs vœux (prières et désirs) et par la force de leurs âmes des êtres inférieurs qui sont contraints d'obéir.

Dans le livre arabe *des définitions de Djordani,* il est

question aussi de la possession et de l'attouchement des démons; l'épilepsie et la folie résultent de l'influence des démons; selon l'opinion commune, c'est un génie qui trouble la raison de l'homme. Il y est, en outre, *question des voyants et des illuminés qui sont les possesseurs de l'intuition et de l'inspiration des Esprits et des morts*, et qui voient les sens cachés et les choses réelles qui existent derrière les voiles, c'est-à-dire les idées originelles, les prototypes de tout ce qui existe. (Not. et Extr. des manuscrits, tome X, p. 21 et 81.)

Le mot *Elyas* veut dire la contraction qui a lieu dans la contemplation extatique de Dieu, et qui affecte le cœur de l'homme spirituel *par l'effet d'une cause invisible qui survient et agit sur lui*. Cette contraction est une sorte d'absorption morale. *Ce mot Elias vient d'un individu qui a été élevé dans le monde des Esprits*, et dont les facultés corporelles se sont perdues dans le monde invisible, et y ont été absorbées par contraction. (Not. et Extr., tome X, p. 78.)

Insidaa (rupture) signifie l'état d'un extatique qui, après avoir considéré Dieu sous le point de vue d'une unité absolue, où il n'y a point de distinction, retombe de ce haut degré de contemplation à un degré inférieur, où l'unité cesse pour lui d'être absolue, les attributs se présentent à son entendement comme distincts de l'essence.

Igma s'appelle l'*évanouissement* anormal qui est souvent la suite du ravissement extatique.

CONCLUSIONS.

Il semble que notre tâche soit remplie; nous avons *prouvé* dans la première partie de ce volume, *la réalité du monde surnaturel des Esprits, par la voie expérimentale*, c'est-à-dire par un grand nombre d'expériences répétées *de l'écriture directe des Esprits*, en présence de *cinquante témoins sains d'esprit et de corps*. Néanmoins nous ne nous sommes pas contentés de la *démonstration expérimentale, bien qu'un fait soit plus brutalement concluant que toutes les théories et tous les raisonnements*. C'est pourquoi nous avons eu recours dans la seconde partie de ce volume à *l'opinion de quarante siècles, dont le témoignage* presque unanime confirme également la *réalité d'un monde invisible de purs Esprits, d'où émanent les révélations religieuses et les enseignements moraux*. Cette ébauche a donc jeté les premiers fondements de la grande science du *spiritualisme ou de la pneumatologie positive*. Si nous ne nous faisons pas illusion, l'heure de la défaite définitive du matérialisme et du scepticisme rationaliste de nos prétendus savants modernes va bientôt sonner. Désormais il faudra rayer un siècle tout entier de ténèbres sur toute la création invisible. Tous les livres, écrits durant ce laps de temps, *sur le véritable sens de l'antiquité*, sur les oracles et sur les inspirations des grands hommes de l'histoire vont devenir illisibles, car ils partent tous d'une base fausse, l'absence de *ce merveilleux dont nous venons de démontrer la réalité. La haute autorité de la Bible sera plus que jamais raffermie, non-seulement au point de vue religieux et moral, mais encore au point de vue scientifique.* Désormais nul n'osera contester que *la Bible ne soit le seul livre qui satisfait à tous nos besoins religieux, moraux et intellectuels.*

Il en est de même, bien qu'à un moindre degré des anciennes traditions sacrées de l'Inde, de la Chine, de l'Égypte, de la Grèce et de Rome, *car toutes partent* du principe de la *révélation* et de la *théophanie*. L'étude des poëtes de l'antiquité va surtout acquérir une haute importance, la plupart des poëtes réflétant mieux les anciennes traditions sacrées des temps primitifs que les philosophes. Néanmoins, la *haute renommée de Pythagore, de Platon, du système dualiste de Sankhya, de Gotuma, de Sankara,* etc., va grandir encore.

Le triomphe prochain du spiritualisme devrait donc remplir de joie les cœurs de tous les hommes religieux, mais malheureusement, il n'en est pas de même. Nos prétendus chrétiens orthodoxes, aveuglés par la démonophobie, regrettent la défaite du matérialisme, de cet adversaire acharné de toutes les religions. En vérité, on ne saurait s'imaginer cette démence du parti orthodoxe. M. de Mirville, le représentant le plus érudit de la démonophobie moderne, s'écrie, le cœur navré, dans sa pneumatologie qui n'est qu'une démonologie (des esprits et de leurs manifestations fluidiques, p. 447) : «Le matérialisme est vaincu ; mais à quel «prix peut-être?» M. de Mirville traite même le spiritualisme américain *de fléau* (des Esprits, etc., p. 444); *il redoute le retour des dieux du paganisme?* (par le moyen du spiritualisme moderne).

Cet auteur ne soupçonne pas que la *plaie morale de notre*

société consiste dans le penchant au matérialisme et nullement dans les tendances polythéistes. Certes, s'il y a de nos jours quelques velléités polythéistes, on ne les rencontre que dans l'ÉGLISE ROMAINE, qui naguère vient de proclamer *Marie* (Mère de Dieu? et Reine du ciel?) DÉESSE?

On sait que la doctrine de la Trinité, ce trithéisme des *trois prétendues personnes* de la Divinité, ainsi que le culte des saints et des saintes, canonisés par la cour de Rome, renferme également des germes polythéistes. En effet, le *parti prêtre et orthodoxe* démontre d'une manière évidente son incapacité radicale de guérir les maux moraux de notre société, puisqu'il ne sait pas même *où est le siège du mal* de nos jours? Les prêtres, aveuglés par la *démonophobie*, ne voient pas, *où est le danger*. Que penser de médecins, si dépourvus du coup d'œil diagnostique! —

On sait que le Christ lui-même a dit dans le fameux discours sur la montagne que le sel qui perd sa saveur ne vaut plus rien qu'à être jeté dehors et foulé des hommes (S. Matthieu, chap. V, v. 13). Il ne faut donc pas s'étonner que le *clergé orthodoxe* de tous les cultes chrétiens ait perdu le sceptre de la science, qu'il ait laissé mettre en lambeaux le saint drapeau du Christ par les savants sceptiques et matérialistes de notre siècle. Aujourd'hui, au lieu de tendre la main aux spiritualistes modernes pour terrasser le scepticisme et le matérialisme de nos prétendus savants, les prêtres et les pasteurs repoussent encore ce secours inattendu que le ciel leur envoie. Ces dignes successeurs des anciens *Pharisiens* vont jusqu'à regretter la chute prochaine de ce matérialisme hideux qui a détruit la haute autorité de la Bible, en bafouant sans cesse, depuis une centaine d'années le divin Martyr du Calvaire, cet Archange de la Face de l'Éternel lui-même !........

Quant à nous spiritualistes, tout en regrettant cet aveuglement insensé du parti orthodoxe de toutes les sectes chrétiennes, nous nous réjouissons de *la chute du Matérialisme, ce règne de Satan par excellence!* Nous sommes intimement convaincus que le triomphe final du spiritualisme entraînera avec lui le rétablissement complet de l'autorité de la Sainte-Écriture, cette parole de Dieu, qui renferme la plus haute sagesse révélée aux hommes par la disposition des anges de l'Éternel; nous remercions donc Dieu d'avoir daigné confier à l'humanité un excellent moyen de combattre le *Génie du mal,* en entonnant l'hymne sublime de *Jésus Sirach* (Ecclésiastique, XXXVI, 1, 2, 6, 7, 9, 10, 16, 17, 18, 19):

1. « O Seigneur ! Dieu de toutes choses, aie pitié de nous
« et nous regarde ! »

2. « Et répands ta terreur sur toutes les nations qui ne
« t'honorent point, afin qu'elles connaissent qu'il n'y a point
« d'autre Dieu que toi, et qu'elles racontent tes œuvres ma-
« gnifiques ! »

6. « *Renouvelle les prodiges et change les miracles.* »

7. « Montre la gloire de ta main et ton bras droit, afin
« qu'ils publient tes faits merveilleux. »

9. « Détruis l'adversaire, et mets en pièces l'ennemi. »

10. « Hâte le temps, et souviens-toi de ton serment, afin
« qu'on raconte tes merveilles ! »

16. « Remplis Sion, afin qu'elle magnifie tes oracles; rem-
« plis ton peuple de ta gloire. »

17. « Rends témoignage à ceux qui ont été ton héritage

«dès le commencement, et *suscite des prophètes en ton* «*nom.*»

18. «Donne la récompense à ceux qui s'attendent à toi, «et fais qu'on ajoute foi à tes prophètes.»

19. «Écoute, Seigneur, les prières de tes serviteurs, et «conduis-nous dans la voie de justice, et *tous les habitants* «*de la terre connaîtront que le Seigneur est le Dieu éternel.*»

FIN DU PREMIER VOLUME.

TABLE SOMMAIRE.

Première Partie.

		PAGES.
Dédicace.		vij
Introduction		xiij
Chapitre I. — Spiritualisme dans l'antiquité		1
Chapitre II. — Le spiritualisme depuis l'avénement du Christ		25
Chapitre III. — Écriture directe du décalogue par l'Éternel.		40
Chapitre IV. — Écriture mystérieuse lors du grand festin du roi Belsatsar.		45
Chapitre V. — Statue parlante de Memnon		47
Chapitre VI. — Des lieux hantés et fatidiques.		49
Chapitre VII. — Premiers phénomènes de l'écriture directe des Esprits, constatés par l'auteur durant le mois d'août 1856		60
Chapitre VIII. — Fac-similé des écrits directs des Esprits. . .		77

Deuxième Partie.

Source du spiritualisme de l'antiquité.		88
Chapitre IX. — Remarques générales concernant les traditions sacrées de l'antiquité		89
Chapitre X. — Hiérarchie céleste suivant les traditions chinoises		95
Chapitre XI. — Armée des Cieux, suivant les traditions indiennes		102
Chapitre XII. — Hiérarchie céleste selon les anciens Perses.		109
Chapitre XIII. — Les êtres invisibles selon les penseurs grecs.		111
Chapitre XIV. — De l'âme humaine		119
Chapitre XV. — Immortalité, éternité et préexistence de l'âme		122
Chapitre XVI. — Corps éthéré		133
Chapitre XVII. — Corps terrestre		142
Chapitre XVIII. — De la mort		149
Chapitre XIX. — Métempsychose		153

Chapitre xx.	— Délivrance finale ou Eschatologie	168
Chapitre xxi.	— Culte des Pitris ou des Mânes des ancêtres.	177
Chapitre xxii.	— Tutelle des Esprits, selon les traditions sacrées de la Chine	182
Chapitre xxiii.	— Inspiration.	189
Chapitre xxiv.	— L'extase chez les Indiens	200
Chapitre xxv.	— L'extase mystique chez les Chinois et chez les Perses	205
Conclusions		210

ERRATA.

Page XXI (introduction), ligne 13, *au lieu de :* Il y avait en effet et du temps, *lisez :* Il y avait en effet du temps.
— 7, ligne 7, *au lieu de :* prouve, *lisez :* prouvent.
— 12, — 27, *au lieu de :* tel, *lisez :* tels.
— 21, — 30, *au lieu de :* XXVIII, 3-25, *lisez :* 1 Samuel, XXVIII, 3-25.
— 22, — 17, *au lieu de :* cet, *lisez :* ce.
— 37, — 16, *au lieu de :* excessive, *lisez :* exclusive.
— 42, — 12, *au lieu de :* suffirent, *lisez :* suffisent.
— 53, — 1, *au lieu de :* appartenus, *lisez :* appartenu.
— 68, — 23, *au lieu de :* inutililé, *lisez :* inutilité.
— 72, — 25, *au lieu de :* Les formes les plus parfaites entretiennent des relations positives avec les formes les plus parfaites, *lisez :* Les formes les plus parfaites entretiennent des relations positives avec les formes les plus imparfaites.
— 93, — 8, *au lieu de :* Toa-sse, *lisez :* Tao-sse.
— 118, — 18, *au lieu de :* satan, *lisez :* Satan.
— 120, — 30, *au lieu de :* Sankara, *lisez :* Sankara.
— 122, — 4, *au lieu de :* Calebrocke, *lisez :* Colebrooke.

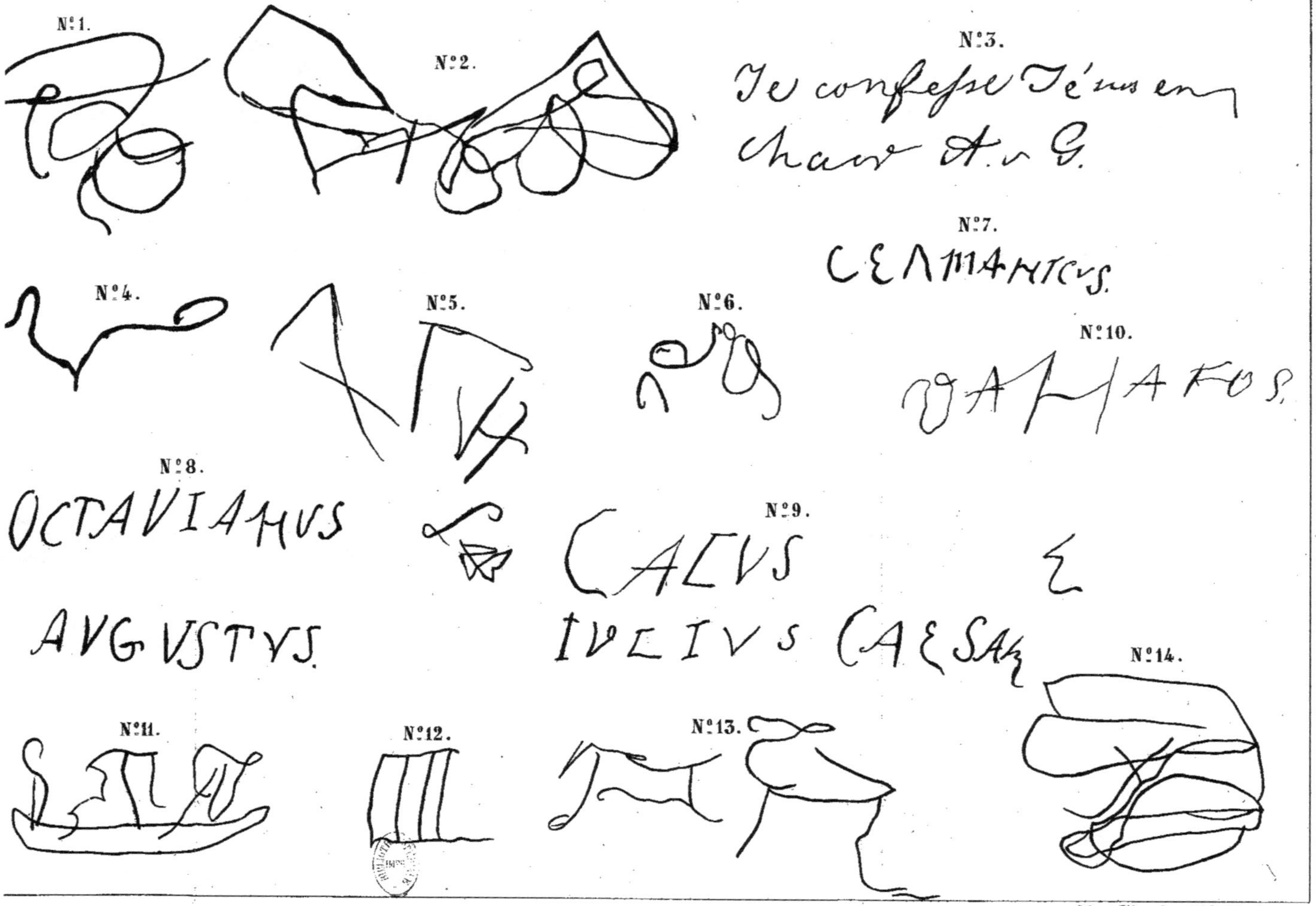

Pl. I.

N° 1.

N° 2.

N° 3.
Je confesse Je n'en
chans H. v. G.

N° 4.

N° 5.

N° 6.

N° 7.
CERMANTVS.

N° 8.
OCTAVIANVS
AVGVSTVS.

N° 9.
CAIVS
IVLIVS CAESAR

N° 10.

N° 11.

N° 12.

N° 13.

N° 14.

Lithog. de F. Berger-Levrault & Fils à Strasbourg.

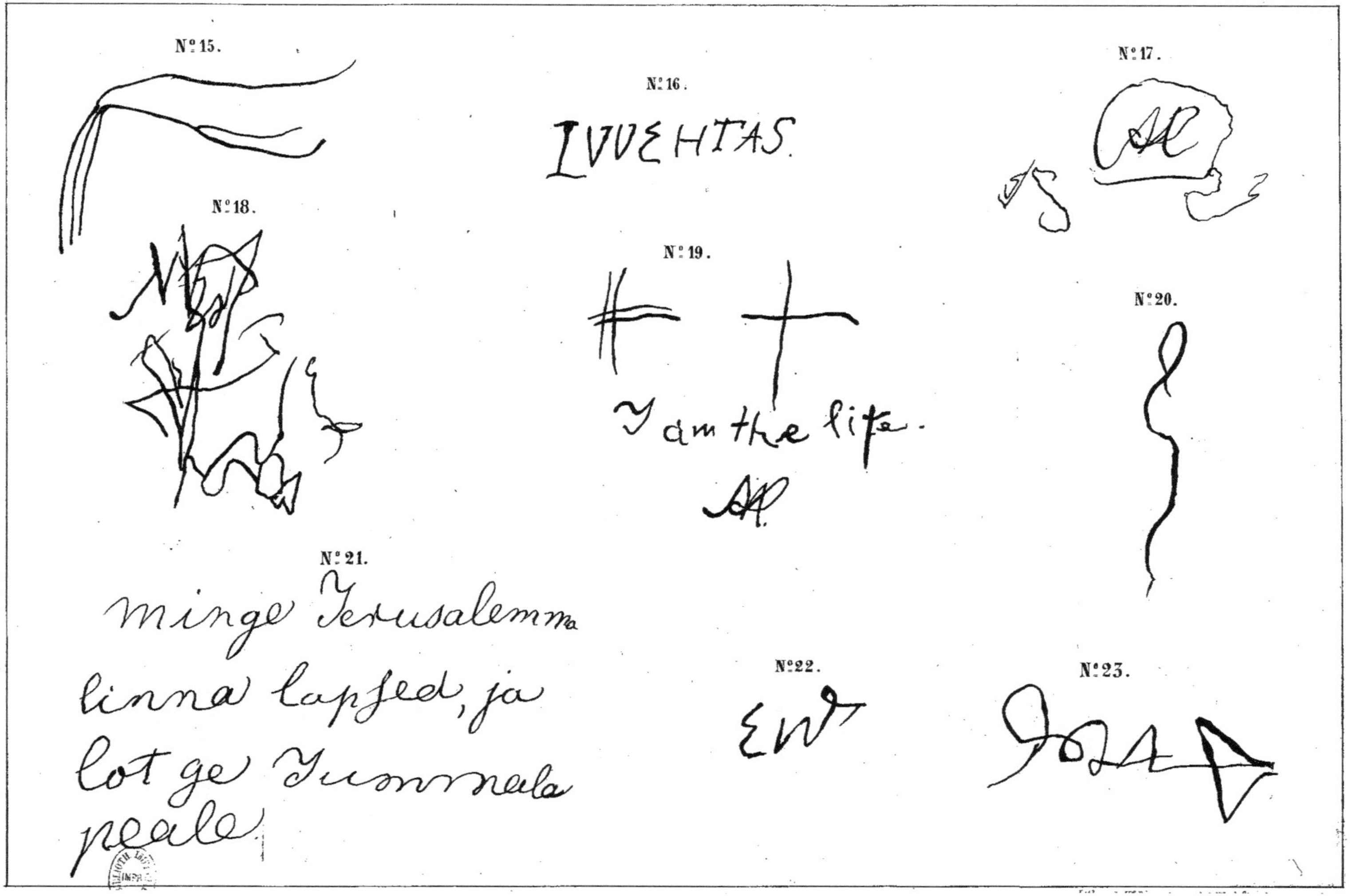

Pl. II.

Nº 15.

Nº 16.

IVVΣHTAS.

Nº 17.

Nº 18.

Nº 19.

I am the life.

Nº 20.

Nº 21.

minge Jerusalemma
linna lapsed, ja
lot ge Jeenarela
neela

Nº 22.

Nº 23.

Pl. III.

N° 24.

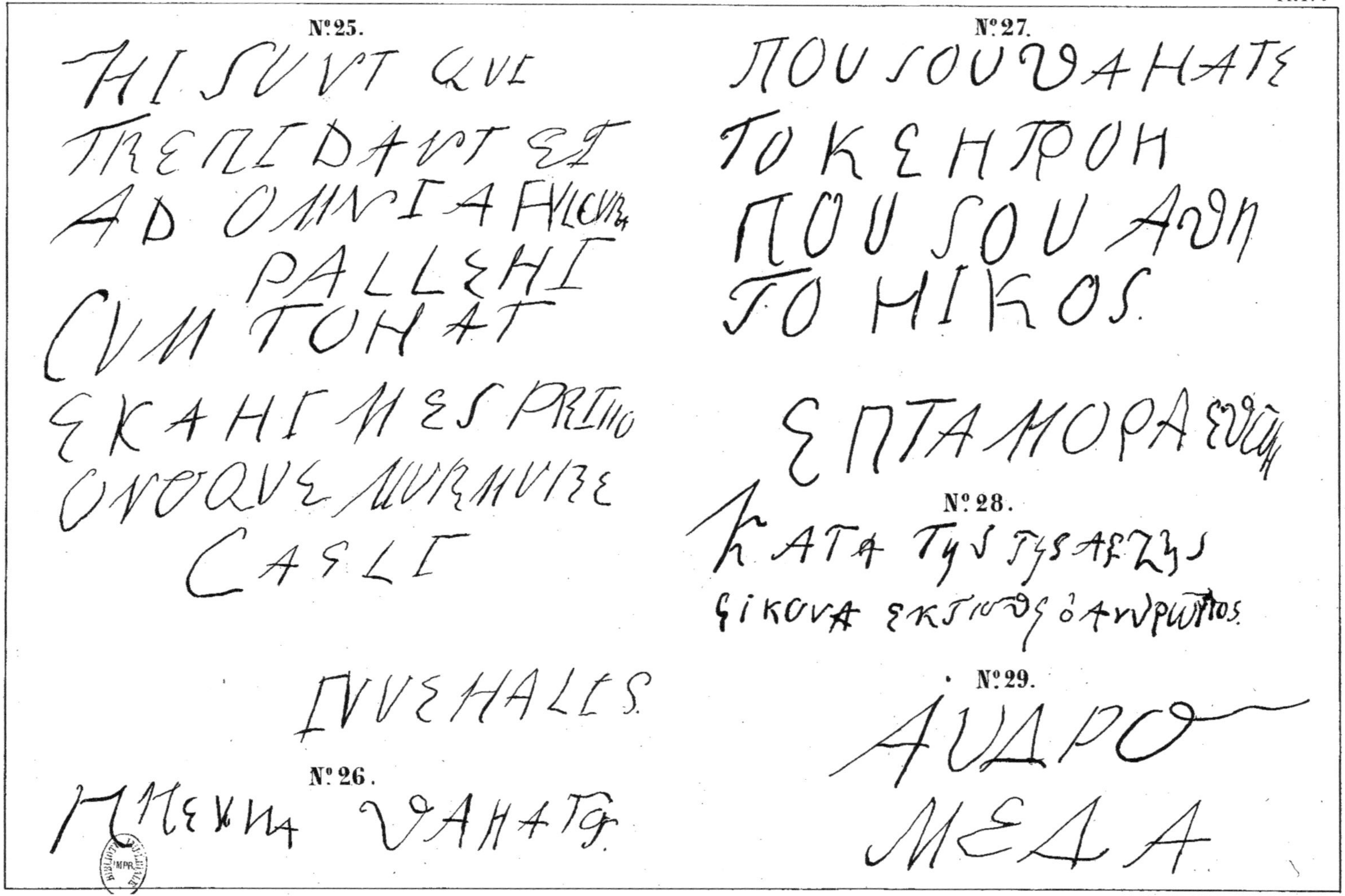

Pl. IV.

N° 25.
HI SVNT QVI
TENIDAT SE
AD AMAIAHICVR
PALLEHI
CVM TOHAT
EKAHIMESPRIMO
ONQVSAVRMVIZ
CASLI

N° 26.
IVEHALES
GIAHAL AMRZIM

N° 27.
ΠΟΥ ΣΟΥ 29 AHIZ
ΤΟ ΚΛΗΤΡΟΝ
ΠΟΥ ΣΟΥ Λ09Ι
ΤΟ ΜΙΚΟS

N° 28.
SNTA MOPΛΙΙΖ
KATA TYSTYSIZZY

N° 29.
ΛΙΛPΟΛ
εικονΛ εκτυπωσοι ΛνρωΠos.

N° 30.

Cui Aula tanti
Antistites subito
non vultus nec colorum
non vanitas manere
coma, sex retuscante
stabis feracerulat
at praeli nonduum
patientissima
antro
bachaturoratos magnam
si rector possit
excussisse Deum.

P.V.17

XII. ELEUS.

N° 31.

Εἰκὼν Τοῦ
Ὑιοῦ

ΙΩΑΝΝΗΣ
ΑΠΟΣΤΟΛΟΣ
Ὁ ἠγάπα ὁ
ΙΗΣΟΥΣ

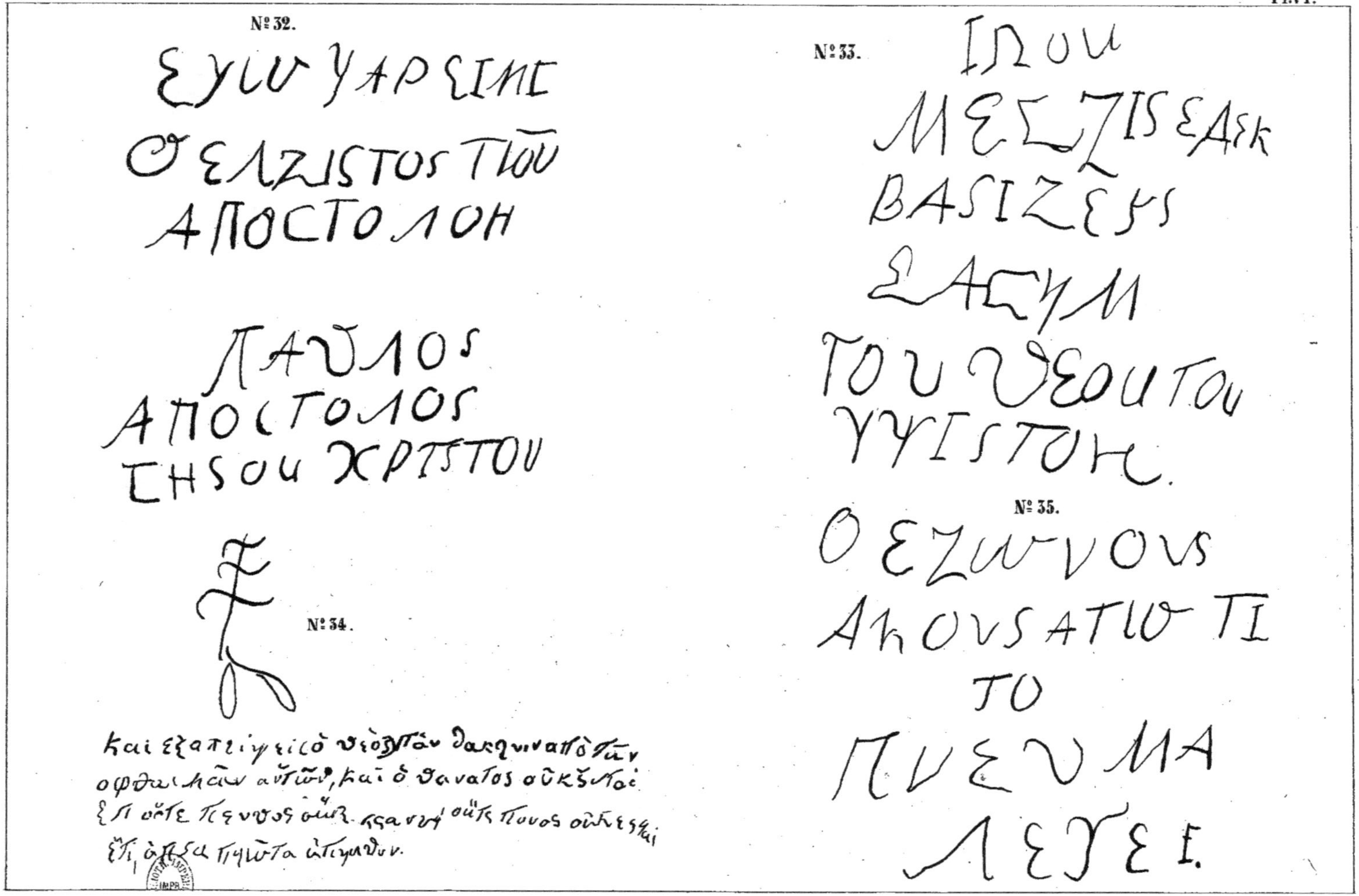

Pl. VI.

N° 32.
ΕΓΩ ΓΑΡ ΕΙΜΙ
Ο ΕΛΑΧΙΣΤΟΣ ΤΩΝ
ΑΠΟΣΤΟΛΩΝ

N° 33.
ΠΑΥΛΟΣ
ΑΠΟΣΤΟΛΟΣ
ΙΗΣΟΥ ΧΡΙΣΤΟΥ

ΙΗΣΟΥ
ΜΕΣΣΙΑΣ
ΒΑΣΙΣΤΗ
ΒΑΣΙΛΕΥΣ
ΤΟΥ ΘΕΟΥΤΟΥ
ΥΨΙΣΤΗ

N° 34.
(monogram)

N° 35.
Ο ΕΧΩΝ ΟΥΣ
ΑΚΟΥΣΑΤΩ ΤΙ
ΤΟ ΠΝΕΥΜΑ

καὶ ἐξετάζη τις ὁ υἱὸς τῶν ἰατρῶν ἀθανάτος τῶν
ὀφθαλμῶν αὐτῶν, καὶ ὁ θάνατος οὐκ ἔσται·
ἔτι οὔτε πένθος οὔτε κραυγὴ οὔτε πόνος οὐκ ἔσται.
ἐξ οὗ ἡ ἄγκυρα τὰ πρῶτα ἀπῆλθον.

PL.VII.

N° 36.

FRANÇOIS ΦΡΑλιϚ

N° 57.

Ποικιλάνδεξ ονίμς οδυςς∝ερα γίνεται όιγος
και αυτες Λυσάζηρια φορμαχς 934
Τον δε κοωαις υδοις κυζάταμενον ανυακειςτε
Αμφάνος ζειγοιν αιγ αθθρι νιν.
αει Αθηνᾷ τε.
δημεβοτ Ιφικλευς.

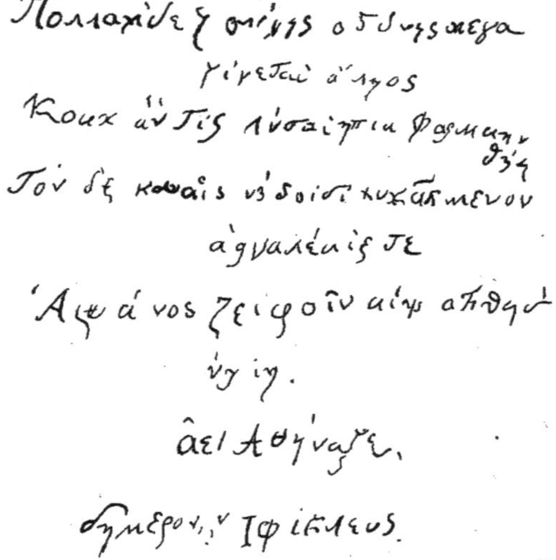

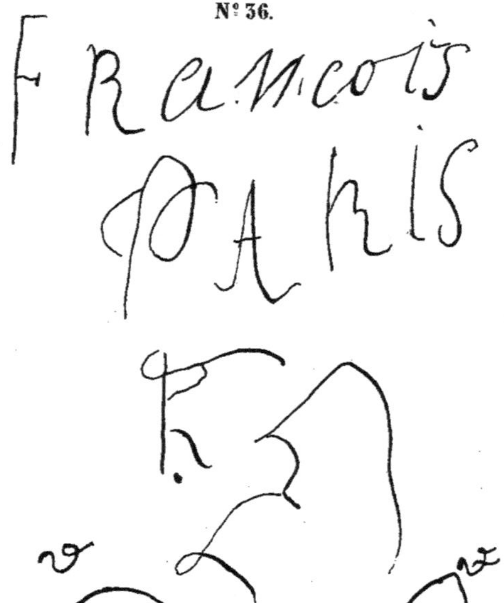

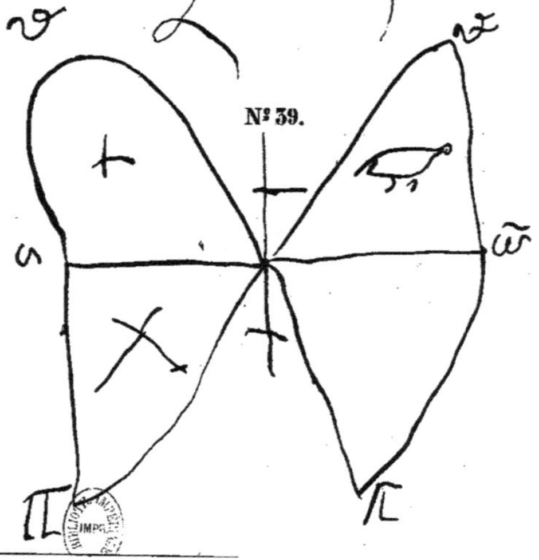

N° 58.

Ξ

N° 39.

N° 40.

OCTOVLIVS
ΗΖΚLIT

Pl. VIII.

N° 43.

N° 42.

N° 41.

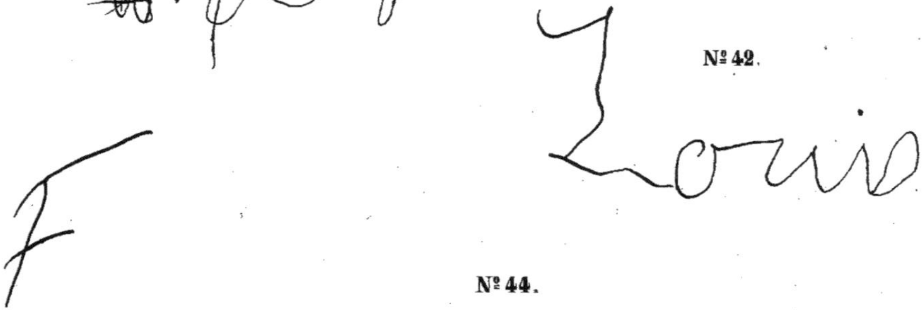

N° 44.

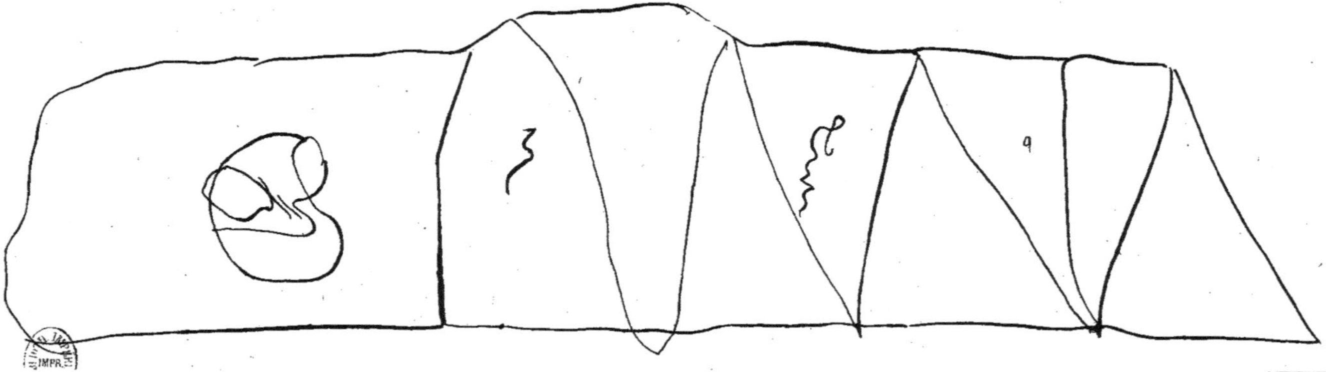

Pl. IX.

N° 45

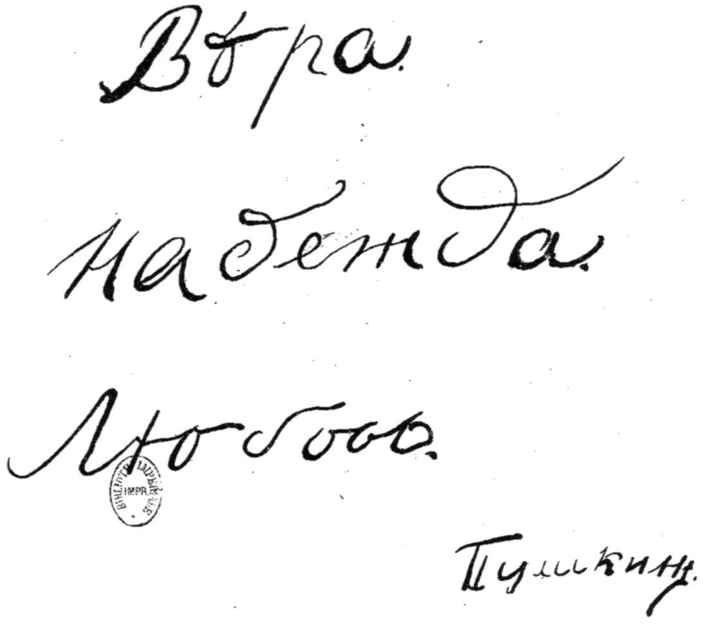

Вѣра.
Надежда.
Любовь.

Пушкинъ.

N° 46.

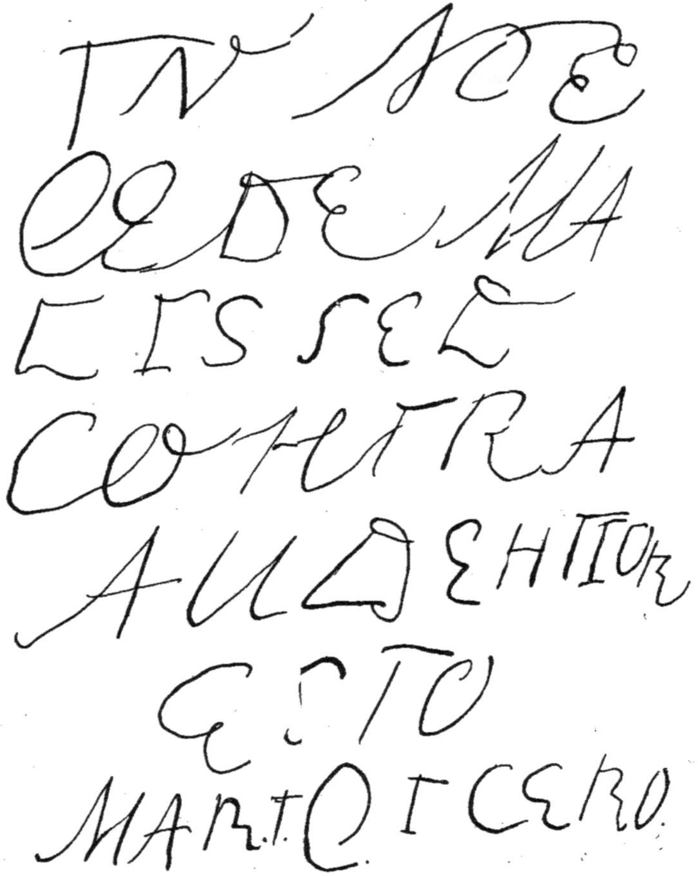

TV NOE
CREDITA
FISSE
COPERTA
AMAE HITOR
CRTO
MART. CICERO.

Lithog. de V° Berger-Levrault & fils à Strasbg

Ἡ ΑΓΑΠΗ ΤΟΥ ΘΕΟΥ

Ἡ ΦΙΛΟΤΗΣ ΠΛΑΤΩΝ.

N° 47.

N° 48.

Pl.XI

N° 49.

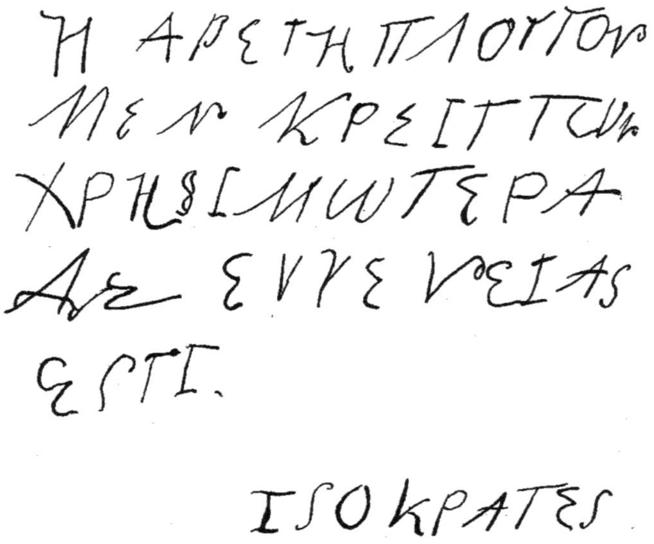

Η ΑΡΕΤΗ ΠΛΟΥΤΟΥ
ΜΕΝ ΚΡΕΙΤΤΩΝ
ΧΡΗΣΙΜΩΤΕΡΑ
ΔΕ ΙΣΧΥΟΣ ΕΣΤΙ.

N° 50.

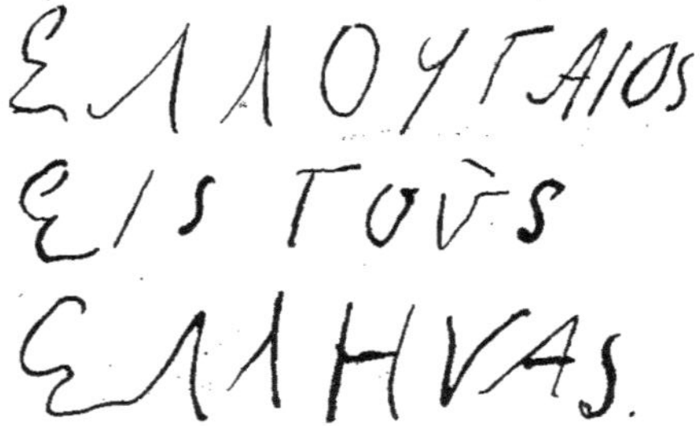

ΕΛΛΗΝΕΣ
ΕΛΛΟΥΣ
ΕΙΣ ΤΟΥΣ
ΕΛΛΟΥΤΑΙΟΣ

N° 51.

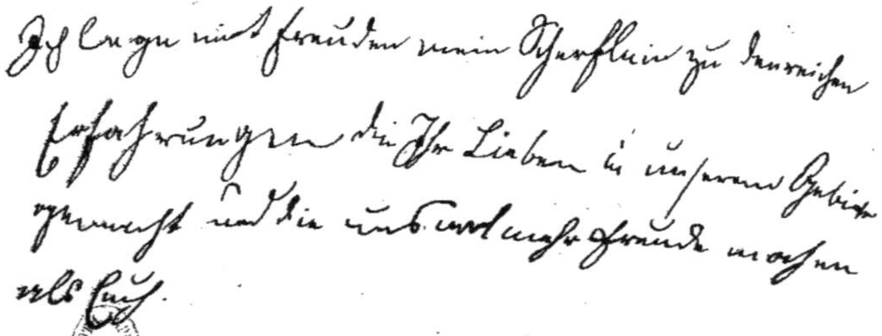

ISOKPATES

N° 52.

Σωκρατης

Louis seks
miséricorde.

Ich liege nicht strachen meinem Ehepflicher barreiher
hofigaringen die Chr Liebre ii infrarot Galix
Thranyn und die embendenghogene uneigen
alo Ruy

Nº 53.

Mein liebes Kind

[illegible]
[illegible] Herz und Hände
[illegible]
[illegible] Ziel und Ende

[illegible]
[illegible]

[illegible]
[illegible]

Nº 54.

Omnes qui enim
ADAmo participavimus
atque a serpente in
fraudem inducti
sumus, per peccatum
mortui, ac per coe=
lestem ADAmo
saluti restituti
atque ad vitae
lignum, unde
exciderimus
per ignominiae
lignum reducti
sumus.

P. ABAELARDUS

N° 55.

[signature illisible]

N° 56.

Allez mon cher Louis, allez nous trois à St Denis demain à onze heures.

M.

N° 57.

[écriture illisible]

N° 58.

Mon très cher Ami, quelle jouissance pour moi de pouvoir vous assurer de ma main d'outre-tombe que vous aviez raison en ce qu'il y a de plus consolateur pour l'homme! — Oui, nous existons, nous pensons, nous agissons, nous prenons part aux maux ainsi qu'aux moments etc.

Pl. XIV

N° 59.

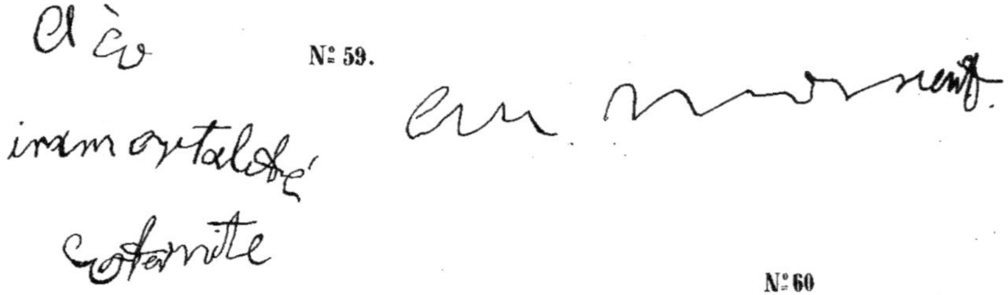

Olis en mouvement.

immortelle
cotonnée

N° 60.

H

N° 61.

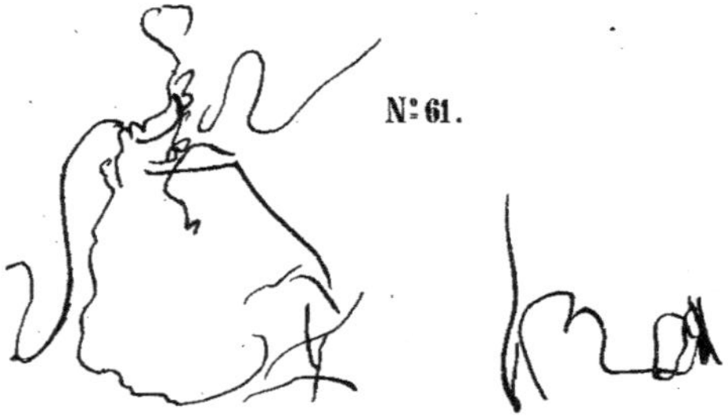

N° 62.

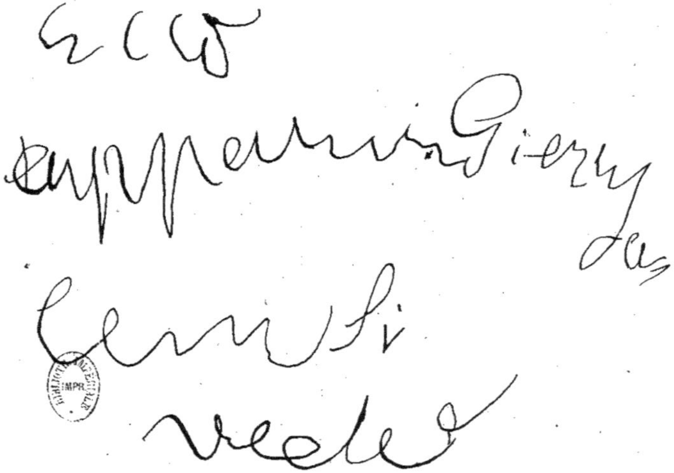

N° 63.

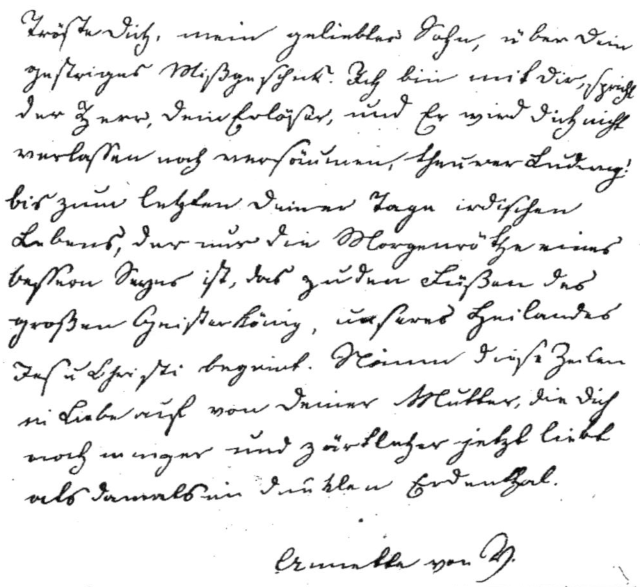

Empfindlich, meine geliebte Sophie, ist dem ein
getreues Volksherz! Daß dein weiß, so sagst
du zwar beruhigend, und es wird sich nicht
verhalten nach meiner für immer Entsagung
die zwar Entsagung eines Tages irgend
bedarf, nur worin die Langmuth zu unserer
beyden Bogen ist, hat zu dem Süßen zu den
großen Gastgebung, äußeres Heiland
ich schöpfte ergeht. Deinen süßen Zügen
ich lebe nicht von deinem Apostel, die sich
auch in immer mit zärtlicher gefühlt leide
als immerhin selber in Ewigkeit.

Gemahl von B.

PL. XV.

N° 64.

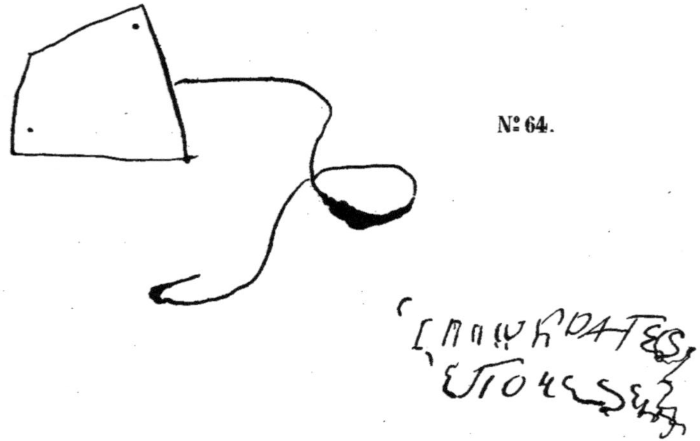

N° 65.

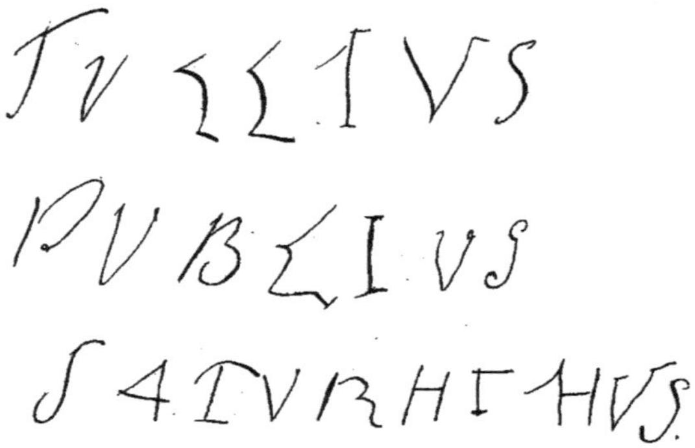

TVLLIVS
PVBLIVS
SATVRNINVS.

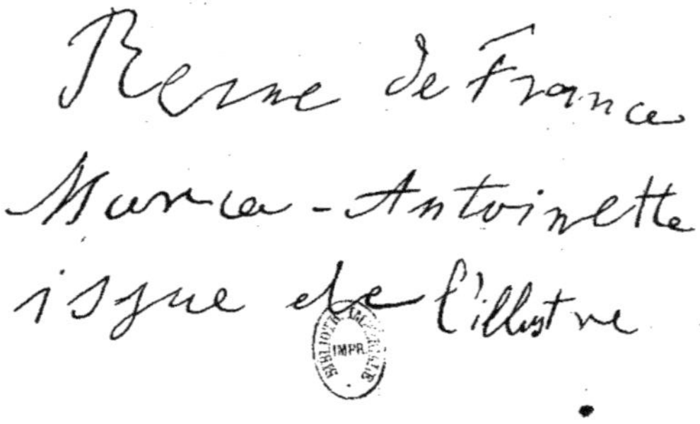

N° 67.

SALVE

N° 66.

Pierre de France
Marie-Antoinette
signe de l'illustre

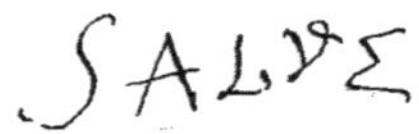

www.ingramcontent.com/pod-product-compliance
Lightning Source LLC
Chambersburg PA
CBHW070744170426
43200CB00007B/649